経済学

上巻

宇野弘蔵＝編著

角川文庫
21643

はしがき

本書は、大学の教養課程における経済学の入門書たることを目標として執筆したものである。本来ならば、抽象的な原理論からはじめて、具体的な歴史的過程の解明に入り、最後に現在の世界経済、あるいは日本経済の概略を述べるというのが、概説書としても当然のことであるが、序論でも述べたように、経済学の原理論は、それを展開することも、したがってまた理解することも、きわめて困難な点をもっているのであって、かえって誤解をまぬかれない。そこで入門書としての本書では、特にそういう本来の方法を避けて、まず最初に資本主義の発展過程の内にその構造の基本的な点を解説し、つぎに学説の発展の解明によって、原理論の基本概念についての第一部での解説の補充をなし、最後に経済学の窮極の目標をなす現状分析の一例として日本資本主義の諸問題を第三部で取扱うことにした。もとより便宜的方法に過ぎない。ただ経済学の入門者に、経済学とは大体どういうものであるかが明らかにされればよいと願う次第である。

第一部は、主として東京教育大学の大島清氏と私、第二部は、東京大学教養学部の玉野井芳郎氏、第三部は、東京大学社会科学研究所の大内力氏が担当して執筆し、全体にわたって私が調整した。

昭和三十年八月九日

宇野弘蔵

目次

上巻

第二部　経済学説の発展

第四章　古典経済学の確立とその解体　275

下巻目次

解説——リストに注目した慧眼　佐藤優

序論

広い意味での経済学は、われわれの社会生活の物質的基礎をなす生活資料の生産・分配の仕方を研究するものといってよい。しかし実際に経済学として特殊の学問をなすにいたったのは、けっしてそういうものとしてではなかった。物質的生活資料の生産・分配、いいかえれば経済の仕方を研究するといっても、われわれの社会は同じ仕方で発展してきたわけではない。たとえば領主と農民との関係を基礎とする中世封建社会と、資本家と労働者との関係を中心とする資本主義社会とでは、非常に異なった仕方がおこなわれ、その社会の発展もいちじるしく異なっている。もちろん同じ人間の社会として、そういう種々異なった仕方の内にも共通な、一般的な規定を与えうるものがないわけではない。しかしそういう一般的な抽象的規定からは、それぞれに異なった仕方は何等解明されることにはならないのであって、それだけでは経済学にはならない。それではそういう種々異なった仕方のおこなわれる社会において、それぞれに異なった仕方が特殊の経済学としておこなわれてきたかというと、そうでもない。たとえば中世の封建社会では、領主の支配する土地で農民の生産する生活資料が、領主と農民との社会の物質的基礎をなしたのであるが、その関係は特に経済学として研究されることにはならなかった。領主と農民とのあいだには、支配・服従のいわゆる経済外の強制がおこなわれ、したがってまたその範囲も限られていたのであって、その経済過程は、ただちに経済学的規定をもって解明しうるというものではなかったし、またその必要もなかったといってよい。経済学が特殊の学問として発展してきたのは、物質的生活資料の生産・分配の仕方が、そういう経済外の強制から解放された形で、いわば純経済的な形態でおこなわれ、その範囲をいちじるしく拡大してきた資本主義社会においてである。また実際そういう社会においてはじめて経済の仕方が、経済学的に問題とせられることになったのである。

しかし資本主義社会においてその経済過程が純経済的な形態でおこなわれるというのは、この社会の基本的社会関係をなす資本家と労働者との関係が、商品形態をとおして結ばれるということにほかならない。ところがこの商品形態自身は、すでに資本主義に先行する社会において、しかも種々なる社会においてその生産物に与えられていたのであって、何も資本主義社会においてはじめて現われたものではない。その点では資本主義以前の古代、中世の社会においても、その経済は、多かれ少なかれすでに商品形態によって処理せられ、その影響をこうむってきたものといってよい。しかしそれらの社会ではいずれもその社会の基本的社会関係を商品形態をもって律するものではなかった。いいかえればそれらの社会の物質的生活資料の生産・分配は、基本的には純経済的な形態をもって規制せられるというのでなく、ただその生産物が部分的に商品として売買せられ、それによってその生産も影響されるというにすぎなかったのである。これらの社会の経済問題は、部分的にはともかく、全体としては経済学的究明を要しなかったのも当然である。ところが資本主義社会においても、その最初から全経済関係が商品形態をもって処理せられるというのではない。それは多かれ少なかれ旧社会の残存物を残しながら、漸次に資本主義化してきたのである。それもその発展の初期においては、のちに明らかにするようにしばしば政治的権力に擁護せられながら商品経済を拡充し、ある程度資本家的生産方法が確立したところで、はじめて政治的援護を受けることなく、みずからの経済的力をもって全社会の物質的生活資料の生産を処理しうることになるのであった。しかもそれは資本主義化した諸国で一様にそうなるというのでもない。一八世紀末から一九世紀中葉までの西欧諸国の中心をなしたイギリスに、ある程度そういう社会が実現せられたというにすぎない。そしてまた一九世紀末以後イギリスの外にドイツ・アメリカ等が資本主義社会の指導的地位に加わってくるとともに、そういう発展の傾向は逆転してきたのであって、再び政治的権力が重要な役割を演ずることになる。いいかえれば資本主義社会がその経済関係を純粋に経済的な形態をもって処理するといっても、それはその発展の一定の段階において、しかもある程度までおこなわれたというにすぎない。しかし資本主義社会が、その一定の発展段階において、ある程度までそういう関係を自力でもって展開することになり、純経済的な形態をもって全社会の物質的生活資料の生産を、したがってまた分配を処理する方向に進展しつつあったということは、けっして軽視することのできない重要な点なのである。

古代社会でもそうであろうが、中世社会の基本的社会関係をなす領主と農民との関係は、すでに指摘したように、純粋に経済的な関係ではない。支配・服従の権力的関係の下におこなわれる経済過程である。しかもこの社会では多かれ少なかれ商品経済の介入を見るのであるが、封建的社会関係はこの商品経済の介入を止揚して、自己の基本的社会関係をもって統一する方向に進むというものではなかった。もちろん商品経済自身もかかる社会では、その基本的社会関係によって影響され、多かれ少なかれ制限せられた発展を見るにすぎなかった。しかしそれにしてもその発展が当時の支配的な社会関係によって漸次に阻害され、排除せられるということにはならなかった。これに対して資本主義社会における商品経済の発展は、旧来の社会関係を排除し、少なくとも経済的過程では、一般に政治的権力関係を形式的なる法的関係に解消して、いわゆる自由と平等とのもとにその経済過程を、純経済的関係によって処理する社会を実現する方向に進むことになるのであった。このことはまさに経済学の研究対象を、いわば実験室的に純粋化するものといってよい。それは単に他の諸関係の内におこなわれる経済過程をわれわれの頭脳によって抽象して論ずるというものではない。一社会の全経済過程が、特有な形態をもってではあるが、体系的に組織せられうることを現実的に示すことになるのであった。われわれの頭脳は、これを観念的に再生するにすぎない。ここにわれわれは、はじめて経済学の体系を確立することになる。経済学の原理論はそういう客観的な、歴史的根拠をもっているのである。

もっとも資本主義社会の基本的原理をなす商品経済は、元来他の何等かの基本的社会関係によって処理せられている社会の生産物が、たがいに交換せられるという、いわば社会と社会とのあいだに発生した関係をもって、一社会の内部的原理とするものであって、われわれの社会生活の物質基礎をなす生活資料の生産・分配の仕方としても、最初から直接的なものではない。むしろ反対である。商品は、結局は消費の対象をなす使用価値として、何等かの欲望を充足するものでなければならないものであるが、直接的にはそうでなく、他の商品との交換によって、はじめて使用価値として実現せられるという、生産物に与えられる特殊の形態をなすものである。資本主義社会は、あらゆる生産物にこの商品形態を与えるのであるが、それは生産物の生産過程自身が商品形態をもっておこなわれる、いいかえれば資本家と労働者との関係も商品関係をとおして結ばれるということになって、はじめて実現せられるのである。資本家にとっても、また直接商品の生産にあたる労働者にとっても、その生産物はみずから消費の対象をなす使用価値をなすものではない。その生産物はすでに商品としてこれを販売し、それによって得た貨幣をもって、他の資本家の下に、他の労働者によって生産された生産物を商品として購入するという関係にある。それはもはや販売されなければみずから使用価値として消費するというものではない。生産物の使用価値は、かかる商品にとっては使用価値でなければ商品として販売しえないという消極的なるものにすぎない。商品としては他の商品と同様に貨幣に実現せられなければならない価値としてあるということが、その積極的な面をなしている。特定の使用価値として生産され消費される生産物が、ここでは商品として交換されることによって使用価値として実現せられるというだけでなく、まったく逆転した関係におかれる。使用価値が目的で交換価値がその手段となるというのでなく、価値が目的で使用価値がその手段となるのである。その点は資本家的生産が価値増殖を目標とするということに端的にあらわれている。しかも生産物の商品形態は結局そういう関係において完成するのである。

資本主義社会に先行する諸社会に出現する商品経済は、前にも述べたように部分的なるものであって、生産物の商品形態も資本家的に生産される商品のような徹底したものではない。しかし資本主義になっても、いわゆる小生産者は多かれ少なかれ残存するし、また一般に自ら消費する物を生産するということがなくなるわけではない。したがって実際上は資本主義社会においてもそういう関係にある生産物が商品化するという場合も少なくないのであって、資本主義社会を商品経済の全面的におこなわれる社会として理論的に再構成するにあたってその点はきわめて困難な問題となる。『資本論』のような経済学の原理を、厳密に科学的に体系化するものにあっては、その出発点は当然に「商品」となるのであるが、それは資本家的生産が生産物の使用価値を消極的なるものとすることから生ずるものといってよい。ところがまた資本家的に生産されない生産物の商品形態にも、形態自身には資本家的商品と同様の面があり、そしてその面から商品は貨幣形態を、商品・貨幣はさらに資本形態を展開せずにはいないのであって、それが実際上は部分的な商品経済の発展の内におこなわれるために、この面だけを資本家的商品と共通に有する抽象的規定として展開するということがむしろ困難となり、またかかる論理的展開を理解するということも容易ではなくなってくる。

しかしそれは単に商品・貨幣・資本の形態的展開に限らない。資本の生産過程にしても、また生産過程において増殖された価値、すなわち剰余価値の分配関係としての利潤・地代・利子にしても、純粋の資本主義社会としてでなければ、けっして法則的には把握されえないために、難解のそしりをまぬかれない。それはもちろん原理論の欠陥をなすわけではない。さきにも述べたように、現実の資本主義社会はけっして原理論に展開されるような純粋の資本主義社会を実現するものではない。科学的論証は、現実に基礎をおいたものでなければならないといっても、純粋の資本主義社会は単に与えられたる資本主義社会から抽象して得られるものではない。その対象が任意に採用されたり、その抽象の基準が勝手に樹《た》てられたのでは、純粋にはならない。一九世紀中葉のイギリスにおいて、実現せられた資本主義社会が原理論の基礎をなすというのは、それまでの発展が旧社会関係を排除しつつ純粋化の傾向をとっていたからである。のちに明らかにするように経済学は、イギリスにおける資本主義の発展のそういう具体的過程に応じてその理論体系を完成して来たのであった。この点を無視して、たとえば一九世紀末のドイツの資本主義的発展や、あるいはまた現在のいずれかの国の資本主義の諸関係を、いかに分析し、抽象したとしても、そこからただちに体系的な理論を展開するということはけっして容易なことではない。マルクスによって与えられた原理論の体系化を理解しない経済学者の理論が、理論のない歴史主義に陥ったり、また逆に歴史のない抽象的規定に終るのは当然といわなければならない。それはまったく歴史科学としての経済学の任務を忘れたものというほかはない。

歴史的過程を理論的に解明するという経済学の任務は、もちろんそういう結果的には資本主義の永久論と化する企てによって、解消されるわけではない。しかし歴史科学としての経済学は、その原理を上述したような特殊の歴史的過程によって基礎づけられると同時に、その原理の応用にもまた特殊の方法を要請される。それは自然科学のばあいのような技術的目的に適用されるものではなく、あくまでも歴史的過程の解明にあてられるものとして、原理をもってただちに資本主義社会のあらゆる過程を分析し、これを一定の目的にしたがって改造しうるというようなものではない。資本主義の各国における発展はもちろんのこと、国際的関係の発展もまたそれぞれ個別的事情に規定されながら、この一般的原理に規制されるのであるが、それと同時に資本主義の世界史的発展過程の特殊段階に制約される。先進国イギリスにおける資本主義の発生が、けっしてイギリス自体の事情によるものとはいえなかったと同様に、後進国における資本主義の発生・発展の過程は、すでに一定の発展段階に達した資本主義との接触と輸入とによって制約されざるを得ないのである。一九世紀末に資本主義化して来た日本のような国にあっては特にその点は明確にあらわれる。そこではもはやイギリス資本主義にみられたような純粋の資本主義的関係を実現しつつあるものとして原理の客観的基礎をなす、いわゆる自由主義時代を経ることなくして、資本主義化するのである。この点は、経済学の原理の理解をきわめて困難ならしめずにはおかない。原理的な資本主義社会は、資本主義の世界史的発展段階に制約される個別的過程の底に埋没されるからである。それは原理的に解明される純粋の資本家的関係を、将来に希望しうるものでもなければ、また個別的事情のためにそういう原理的規制を受けないというものでもない。原理は、発展段階的制約をとおして、資本主義化を実現するのであって、経済学は、この複雑なる過程自身を理論的に解明しなければならない。それはしかし原理論をもってただちに解明しえないことを明確にしなければ、けっして正しくおこなわれるものではない。

原理論の理解の困難さは、しかし現在では単にわが国のような後進国にかぎられるものではない。ドイツ・アメリカのようなイギリスについで資本主義化した国も、イギリスと同じ過程をもって資本主義化したわけではない。しかもこれらの国々がイギリスとともに指導的な資本主義国となったのは、株式会社形式を産業に広汎《こうはん》に普及せしめることによってであって、もはや一九世紀中葉までのイギリスのように典型的な産業資本の時代によって原理論の展開に基礎を与える資本家的生産関係を近似的にでも純粋に実現するということはなかった。少なくとも不十分なる産業資本の発展をもって金融資本の時代に入ったのである。先進国イギリスにあっても一九世紀末以後はすでに資本主義の世界史的発展段階に規制されて、中葉までのような事情にはなかった。他の新興資本主義国と共にあらたなる段階に入っている。多年にわたる「世界の工場」としての資本主義の発展は、のちに明らかにするように海外投資と植民地支配とによって、いわゆる寄生資本家的性格をもつことになった。それは資本主義的関係を原理論で解明するような純粋の形で展開するものとは、いえなくなってくる。

かくてわれわれのように最近の資本主義の現状をもって経済学の研究に入るばあいには、原理論は、その展開はもちろんのこと、その理解にもきわめて困難なものとならざるをえない。原理は、現状と離れた架空の抽象論のように考えられ、到底、複雑なる現在の経済関係は、一九世紀中葉までの世界を基礎にした『資本論』などで解明しうるものではないように考えられる。新しい発展には、新しい理論がなければならぬというのである。しかしこういう考え方は、まったく歴史的過程の理論的解明を目的とする社会科学の基礎をなす経済学の特殊の任務を理解しないものである。経済学の対象をなす資本主義が、一歴史的過程として、始めと終りとをもつものとすれば、その一社会としての体系的展開は、それがそれ自身にその発展をなしつつ、みずからの体系的組織を完成しつつある時期にとられるものとしなければならない。それと同時にまたその体系的展開は、始めがあり、終りがあるという歴史的過程としてけっして完全におこなわれるものではなく、単に近似的に、しかもイギリスにおいてのみみられるということにもなる。そしてこのことは資本主義国の現状は、いかなる国、いかなる時代においても、一般的原理をもってただちに解明されるものでなく、かならずその資本主義化がいかなる世界史的段階においておこなわれるかを明らかにすることによって、原理的にはいわば間接的に解明されなければならないことを示すのである。ただイギリスの、少なくとも一九世紀前半は、その現状分析が直接原理をもっておこないうる唯一のばあいをなしていたものといってよい。それもしかし一七、八世紀を初期の資本主義の時代として、そして一九世紀後半を末期の資本主義として把握する世界史的段階論をもって位置づけなければ、けっして十分にはおこないえないといってよいであろう。

本書は、大体、以上のような見地から、経済学の入門書としてただちに原理論をもってはじめないで、まず第一に資本主義の発生・成長・没落の歴史的過程のうちに、経済学の原理の展開される基礎が発生し、確立され、また埋没されてくるゆえんを明らかにし、ついで第二にこの資本主義の世界史的発展過程に応じて、経済学の理論が如何《いか》なる発展・転化を示すかを考察し、最後に経済学の窮極の目標をなす現状分析の、われわれにとって最も重要なるものの一例として、日本の経済の特質を明らかにするという方法をとることにした。もとよりそれは便宜的な手段にすぎない。したがって原理論にしても、段階論にしても不十分なるをまぬかれない。ただおおよその概念を与えることを目標とする。経済学説史、ならびに日本経済論にしても同様である。ただ原理論の不十分さは学説史によってある程度補充されるものと考える。また日本経済論はおそらく資本主義の発展段階論を明確にすることに役立つであろう。

第一部　資本主義の発達と構造

第一章　封建社会とその崩壊

一　序説

第一部の課題

この第一部ではわれわれは資本主義がそれ以前の社会からどのような道すじを通って発展してきたかを明らかにすることを課題とする。もちろんこのような歴史的事実の詳細なあとづけは、こんにち経済史学と呼ばれている経済学の一分科の仕事とされており、それ自体大きな研究課題である。しかしここでは、そのような詳細な問題に立ち入る必要はない。ただ、資本主義の発展史の大すじを明らかにし、資本主義社会とそれ以前の経済体制とがどのように異なっているか、そして資本主義の特色はいかなる点にあるか、を理解する手がかりを与えうればたりるのである。

イギリスを問題にするゆえん

さて、右のような観点から資本主義の発生と発展とをみるに際して、われわれは主としてイギリスの事実に着目し、ほかの国のことは必要におうじてふれる程度にとどめようと思う。なぜイギリスを例にとるかといえば、イギリスは資本主義がもっとも順調に、かつ典型的に発達した国だからである。

すでに前にもふれたように、経済学は一般に資本主義社会をその研究対象とする。しかし特にこの社会の経済法則を明らかにすることを目的とする経済学の原理論では、いきなりイギリスやアメリカや日本といったような特殊の国の資本主義社会を問題にするわけにはゆかない。むしろ経済学の原理論は、そういう各国の資本主義の個別的な特殊性も、またその資本主義のさまざまの発展段階におうじて生ずる特殊性も捨象して、いわば純粋な形で形成された資本主義社会を想定し、そこで作用する経済法則を明らかにしなければその目的を達することはできない。だから、それはいずれの資本主義国にも現実には存在しない実験室的な資本主義を問題にしているわけであるが、ただイギリスの資本主義は、他の諸国のばあいと異なって資本主義のもっとも原始的な段階から順次に発達してきたのであって、資本主義がいちおう完成された一九世紀の中頃にも資本主義を代表する唯一の国として、このように理論的に想定される資本主義にもっとも近い姿をもっていた。この点は資本主義の基礎をなす商品経済の歴史的に特殊な性格を示すものといってよい。いいかえれば経済学の原理論が想定するような純粋の資本主義が、近似的にではあるが、現実の資本主義によってそれ自身に実現されることになるのであった。そして、かかる意味でわれわれは、資本主義の発生・発展の過程を考察するばあいにも、イギリスをもっとも典型的な国としてとることができる。少なくとも資本主義が一九世紀末以後帝国主義の段階に到達する以前においては、イギリスを例にして考えてみることが一番適当だ、ということになるのである。のちに明らかにするように、資本主義も帝国主義の段階になると、もはや原理的に想定されるような純粋の資本主義社会を実現する方向に発展しつつあるとはいえなくなるとともに、またイギリスをもって唯一の典型的な資本主義国となすわけにもゆかなくなる。ドイツ・アメリカ等をイギリスとともに考察しなければならない。それはともかくとして、資本主義の発生・発展を問題にする際には、おくれて資本主義化した他の諸国についても、イギリスと比較してみれば、どこに共通点があるかということとともに、どこにその国々の特殊性があるかも知ることができるのである。

といっても、むろんイギリスにはイギリスの特殊事情がある。なかんずく、イギリスは、ヨーロッパ大陸を中心に発達した封建社会からいえば、むしろその辺境に位置していたために、封建社会としてみると、かえってここでは封建制度がドイツやフランスにおくれて移入されたという特殊性のあることを注意しておかなければならない。しかしこのことは、逆に資本主義がイギリスでほかの国よりずっと早く、かつ順調に発達することを可能ならしめた重要な条件をなすのであった。したがってこのような特殊性は、資本主義の発生・発展を主として問題としているわれわれにとっては、イギリスを例としてとることを少しもさまたげないのである。

二　封建農村の構造

封建社会の概要

イギリスの封建社会はほぼノーマン・コンケスト（一〇六六）ごろ成立したといわれる。そこでそのころの状態をみると、まず中央に王があり、王の下に貴族、僧侶《そうりょ》などがあり、この貴族にはさらに騎士が従属していた。王自身も大きな領地と住民を支配していたが、それ以外の土地と住民は貴族や僧侶（教会）に領地として支配されていた。そしてこれらの領土はその一部分をさらに騎士に分与されていた。こうして王—貴族（諸侯）—騎士という階層身分関係（Hierarchie）が成立するのであるが、この関係は住民に対する支配を基礎とするいわゆる封土の関係と呼ばれるもので、主君は家臣に対して封地を与えるかわりに、後者は前者に対して忠誠を誓う、といった関係であった。封建制度とは、まずこのように土地の分与関係にもとづく住民の身分的な従属関係を基軸とする社会制度であるといっていい。それはヨーロッパにも日本にもひろく存在した制度である。

さてこうして全国の土地は、王、宗教諸侯、世俗諸侯、もしくは騎士の領地に分割されていたのであるが、これらの領地は通常一個ないし数個の村落にわかれていた。この村落はのちにみるように、それ自体が一つの共同社会であり、生産の単位であった。だから領主が一定の領地を支配していたということは、いうまでもなく、単に土地を所有しているということではなく、土地とともにこのような共同体を形成する人間を支配することを意味していたのである。そしてこのような村落が、封建社会の構成単位をなしていた。イギリスではこのような村落をマナ（manor）と呼ぶが、ドイツのグルントヘルシャフト（Grundherrschaft）、フランスのセニューリー（seigneurie）、日本の荘園などは、それぞれ特殊性をもってはいるものの、本質的には同じものだといっていいのである。

マナの農地制度

同じくマナといっても、イギリスの各地方によってかなり異なっている。そしてさきにもふれたように、イギリスではその発生にも特殊の事情があったのであるが、しかしここではともかくいちおう典型的なマナをとってその構造を解明してみよう。

まずマナの中心には人家がかたまっており、その中心には領主の家や教会や公会堂があった。各農家のまわりには菜園があり、蔬菜《そさい》がつくられ、小家畜が飼われていた。この中心部の外側が耕地であり、その外側が森林・原野になっていた。この耕地はマナの農民によって耕作されるわけであるが、まず全体が大きく三等分されていた。その第一の部分は冬　畑《ウインター・フイールド》で、秋播《あきま》きのライ麦、小麦などがつくられ、第二の部分は夏　畑《サマー・フイールド》で、春播きの燕麦《えんばく》、大麦、豆類などがつくられた。第三の部分は休閑地《フアロウ》で、作付はされない。そしてこの三つの部分が年々この順に回転することになっていた。このような農法を三圃《さんぽ》制度(three fields system)というが、このようなやり方がおこなわれたのは、肥料や輪作の技術が十分に発達していなかった上に、飼料の関係で家畜数も制限されていたので、廏肥《きゆうひ》も十分に与えられなかったから、地力を回復させるためにどうしても休閑が必要だったからである。なおイギリスでも、ところによっては二圃制度だの四圃制度だのがおこなわれていたといわれる。

つぎにこの各耕地は縦横に区画されており、一区画が一エーカー(約四反一畝)程度になっていた。といっても、この区画はただ犁《ボ》き残し《ーク》によってなされていただけであって、垣根も境界石もなかった。それゆえこのような耕地を開放耕地(open field)と普通よんでいる。

なお川の近くには採草地があり、家畜の飼料が得られた。薪や材木は周囲の森林から得られた。そして原野や休閑地や収穫後の畑には牛・馬・羊などの放牧がおこなわれた。それは同時に、地力を回復させる意味をもっていた。

マナの農民

マナの中心をなしたのは農奴（villain）であった。この農奴にも当時標準とされていた三〇エーカーの土地を分与されていたフル・ヴィレン――ヴァーゲーター（virgater）とも呼ぶ――から一五エーカー程度の土地しか与えられていないハーフ・ヴィレン、さらに土地をまったくもたないか、せいぜい二、三エーカーしかもたないコッター（cotter）にいたるまで、さまざまの階層があった。またこれらの農奴のほかに少数の自由民（sockmen, sockage）と奴隷とがいた。その数は地方によって異なるが、ふつう各一〇％程度だったようである。なおこのほかマナには少数の手工業者がいた。むろん当時の農民は衣料品をはじめ多くの工業品も、自分で生産し自給していたのであるが、農具をつくるカジ屋だの大工だのはいちおう専門の職人の仕事であった。しかし彼等もふだんは農業をやっており、やはり自給的色彩の強いものだった。

これらの農民はそれぞれ土地を分与されてそれを耕作していたのであるが、その土地は一箇所に集中していたのではなく、各フィールドに三分の一ずつにわかれていた。さらに各フィールドのなかでも、一エーカーずつの小区画に分散されており、他の人の耕作地と入りまじっていた。このようないわゆる耕地混在制（Gemengelage）は、各農民の耕作地の自然的条件の差異を均等化する目的をもっていたものと考えられる。なお、マナのすべての土地が農民に分与されていたわけではなく、そのなかの一部分は領主の直営地

(demesne）になっていた。そしてこの直営地も農民の土地とやはり混在していた。それゆえ農民は、菜園だけは自由に耕作することができたが、耕地のほうは、作付作物についても、仕事の順序や日時についても、すべて共同の規律にしたがってやる以外にはなかった。むろんこういう作物や手順は、だいたいは慣習的にきまっていたし、封建社会では技術の進歩もきわめて緩慢であったから、大した問題はおこらなかったが、しかしばあいによっては農民たちが公会堂に集って相談してきめることもあった。そして一度きまれば、すべての農民はそれにしたがう義務があったのであり、領主の直営地といえどもそれにしたがわなければならなかった。それはマナが一つの共同体であることに由来する共同体的強制であり、耕作強制（Flurzwang）と呼ばれるものである。なおこのような共同体的強制は、飼育しうる家畜の数、放牧しうる数や時期、刈草の量などにもおよんでおり、ほぼ保有地の大きさに準じた権利が各農民に与えられていた。

領主と農民の関係

このような共同体のうえに領主と農民との関係があった。マナの農民の大部分は農奴であったが、この農奴は奴隷のように主人の所有物として、主人の生産手段で労働せしめられるのではなくて、ともかく土地・家畜・農具などの生産手段をみずから所有し、*みずからの責任において生活していた点において、奴隷とは区別される。けれども彼等は生れながらにして農奴としての身分に固定されており、そうした身分において人格的な束縛をうけていた、という意味では不自由人であった。このような身分的束縛はさまざまの点にあらわれるが、そのなかでも重要なのは、つぎのような点であった。第一に、農奴は土地に緊縛されており、農業をやることを強制されていた。すなわち移転の自由、職業の自由がみとめられていなかったわけで、それをおかせば領主に処罰された。第二に、結婚や相続も自由にはできず、領主の許可を必要とした。第三に領主はみずから規則を定め、ほしいままに彼等を処罰することもできた。さいごに、以上のような領主の強制力を基礎にして、領主に対して、のちに述べるような貢賦をおこなう義務を負わされていた。——以上のような人格的束縛は、少数の自由農民にはおよばなかった。しかし自由農民でも事実上村をはなれて生活することは困難であったから、移転の自由などは多くのばあい形式的なものであった。

＊　ここではいちおう所有といっておくが、今日の意味での所有とは性質がだいぶんちがう。特に土地は、農民も領主も勝手にこれを処分したり売買したりすることはできなかったのであり、こんにちの意味での所有権は農民にも領主にもなかったといわなければならない。

右のような農奴が領主に対して負っていた貢賦は、さまざまの形をもっている。が、そのなかで特に重要なのは労働提供の義務すなわち賦役であった。賦役はさらに週賦役(week work)と特別賦役(boon day)にわかれていた。前者は農奴が一週間のうち、二日なり三日なり領主の直営地にいって耕作にしたがうものであったが、そのほか家畜の世話、領主の家の修繕や掃除、生産物の運搬などもこの週賦役のなかにふくまれていた。後者は農繁期などの特別の労働で、これには農奴だけでなく自由農民もかりだされたし、妻や娘も働きにでた。以上の賦役のほかに農民の負担したものは、家畜・卵・魚などを領主に貢納すること、結婚・相続などの際に許可料を支払うこと、領主の不時の要求に対して貨幣を支払うこと、などであった。なお一三世紀以後になると、戦争の際軍役を課せられることもあったし、また教会に対しては、生産物の一〇分の一を年々おさめる一〇分の一税(tenth)が義務づけられていた。

マナ経済の本質

以上の説明でも明らかなように、マナの制度は、原則として自給自足的な封鎖的な経済であったといっていい。もちろんマナでもまったく商品交換がおこなわれなかったわけではない。特にのちにみるように十字軍以来商業が発達し、都市が成長してくるにつれて、マナの外からいろいろな品物、特に奢侈《しゃし》品ないし便宜品がもちこまれるようになったし、それを買うために農民は自分の生産物のうち余ったものを売って貨幣を得るようになった。特にイギリスのばあいには、農民の重要な生産物たる羊毛が、早くから輸出品として重要な地位を占めていたので、このような商品経済の農村への滲透《しんとう》は、他の国々よりむしろ早かったといっていい。しかし、それにもかかわらず、マナの農民の生活は、少なくとも生活必需品の部分においては自給的におこなわれていたのであって、単に食料だけではなく、衣料品や燃料・家具・什器《じゅうき》にいたるまで、主として家庭工業によって生産されていたのである。と同時に、ここでは農民の生活は、つねに共同体のなかでおこなわれていた。彼が何をどれだけ、どのような方法で生産するかは、けっして彼の自由にはならなかったのであって、共同体の社会的規制のうちにおいておこなわれなければならなかった。このことに対応して、ここでは領主と農奴との関係も、自然経済的な形であらわれてくる。すなわち領主がその生活をささえ、軍備をととのえ、領主たる地位を保持しうるのは主として彼の直営地の生産物がその収入となるからである。そしてこの直営地は、むろんいくらかは領主が人を傭《やと》って経営する部分もあったのであり、そのためにはほとんど土地をもたないコッターなどが利用されたわけであるが、しかしその主要部分は上述の農奴の賦役労働によって経営されていたのである。そこでこの事実に着目すれば、こういえるであろう。すなわち農奴は、彼の一年間の総労働時間のうち、その一部分は自分の畑で労働をし、それによって自己および家族の生活をささえている。そしてこの労働部分は、そのほか家庭工業にしたがう労働部分とともに、彼の生存のために必要な労働部分であるから、これを必要労働と名づけることができるであろう。他方、農奴はそれ以外の労働時間で、領主の畑を耕作するが、領主の生活は主としてこの農奴の労働によってささえられている。この労働部分は、そのほか領主に献納するさまざまの生産物を生産する労働時間とともに、農奴の必要労働をこえた労働部分であるから、これを剰余労働と名づけてよい。ここではこの両種の労働が、原則として空間的に分離された形でおこなわれているところに一つの特色があるのである。

　ところで、このばあい必要労働とか剰余労働とかいっても、その相互の大きさは不明確で、かなり強く領主の恣意《しい》に依存していた。特に剰余生産物の商品化とともに領主はその取分を増加させようとするのが常だった。百姓とゴマは、搾れば搾るほどとれる、というのは、東西を通じて領主の知恵だったのであり、領主はなるべく多くの貢賦をとろうとして、たえず努力していた。そしてそれが成功すればするほど農奴の生活は苦しくなるわけである。もちろん領主としても百姓というものは死なぬよう生きぬようと心得て搾らなければならないわけで、百姓にも最低限の生活は保証せざるをえなかった。しかしそれにしてもこのような貢賦の大きさは、慣習的に固定する性質もかなり強くもっていたから、農奴の生産力がだんだん大きくなるにつれて、農奴の手もとに剰余生産物が恒常的にのこる傾向も生じてくる。そして、それは彼を商品経済のなかに強くまきこむ役割を果したのであって、イギリスのばあいは特にそれがいちじるしかったと考えられる。このことは、のちにみるように、マナの崩壊にとって重要な意味をもつものなのである。

　それはともかくとして、このような封建制度のもとにおいては、農民と領主との関係は、このように直接に労働の搾取の関係として成立っていた。そしてこの労働の搾取は、上述のように領主が農民に土地を分与していることを基礎として成立っているので、人はしばしばこの形態を労働地代と呼んでいる。しかし同じく地代といっても、それはこんにち農業資本家なり農民なりが地主に支払う地代とはまったく性質を異にする。こんにち農業資本家なり農民なりが支払う地代は、原則としては平等な人格のあいだの自由な契約関係によって成立するものであるが、この封建地代のばあいには、人格的な、身分的な支配・従属関係がその基礎にあるのである。そしてこのような経済外的強制によってのみ、領主は農奴を自己のために労働せしめえたのであって、けっして農奴が自由意思にもとづいて土地を借り、地代を支払うという単純なる経済的な関係ではなかった。その点に、封建社会と資本主義社会との基本的な差のあることは銘記さるべきであろう。

三　封建都市の構造

商業の発達と都市の成立

以上みたように、マナはいちおう封鎖的な、自給自足的な経済をいとなんでいたのであるが、さきにもふれたように、マナはけっして完全に自給自足的であったわけではなく、そこにも多少の商品経済は早くから存在していた。このような商品経済は、はじめは主として他の土地の生産物がマナの外部から商品としてもちこまれるという形をとっており、それに対して領主や農民は余剰の生産物を売るという関係にあった。けれども十字軍以後になると、領主は一方では外国の風物にふれたことによってますます奢侈《しゃし》的になったし、他方では兵器の発達によって軍備がいよいよ大きくなったので、当然商品経済のなかに深くまきこまれていった。また農民も、特に領主の搾取が比較的ゆるやかで、農民の手に剰余生産物が恒常的に残りうるような条件にめぐまれていたイギリスでは、だんだん恒常的に商品交換をおこなうようになったのであった。それもはじめはその生活に絶対的に必要なものとはいえないものを主として買っていたわけであるが、やがて彼等の生活も一層複雑になり、そうした商品購入なしには生活を維持することができなくなってくるのであった。

このような商品経済の発達は、当然に商品交換を媒介する商業を発達せしめる。商業は、むろんはじめは行商のような形でマナからマナへと商人が遍歴することによっておこなわれたのであるが、やがて交通の要点や港湾や城下などに定着した市が開かれるようになり、それとともに商人や職人がそこに定着して都市を形成するようになった。といっても、はじめは都市も、半農業的な、マナより多少人口稠密《ちゅうみつ》な集落にすぎなかったのであるが、次第にそれはマナから職人や、逃亡した農奴やをあつめて、大きくなっていった。かかる都市の発達は、いうまでもなくその地方の富を増大せしめたのであって、王や領主もより多くの収入をここから得ることができるようになった。それゆえ王や領主はこのような都市を逆に保護し、そこに一定範囲の自治権や人格的自由を与えて、その活動を活発にするように努力した。このような中世都市は一二、三世紀になるとかなり広汎《こうはん》に成立し、一四世紀がその一つの頂点をなすのである。

ギルドとその構造

かかる中世都市の市民はギルド（guild）と呼ばれる組合に組織されていた。ギルドははじめは一つの都市に一つで、商人がその中心勢力をなしていたが、次第に職人がふえるにつれて、職種別のギルド、すなわちクラフト・ギルド（craft guild）が組織されるようになった。このギルドを形成するのは親方（master）である。そして各マスターはその仕事場に数人の職人（journeyman）と徒弟（apprentice）とを使って仕事をしていた。この徒弟は、一定期間――イギリスでは普通七年――修業したのち、職人になる。そして職人はさらに数年修業をし、特にヨーロッパ大陸では、各地のマスターのあいだを巡歴して腕をみがき、さいごに試作品《マスター・ピース》をつくって合格すれば、一人前のマスターになりうるのであった。このようにマスターになる資格が厳重に制限されたのは、いうまでもなく当時の生産は、もっぱら手工業だったので、職人の腕が何よりも重要な意味をもち、これを保存し、伝承しなければならなかったからである。

ギルド的強制

同じ意味から、ギルドは各マスターの仕事についても厳重な制限をもうけ、たとえば仕事場の大きさ、職人や徒弟の数、営業時間、生産物の価格などを統制していた。これは一つには、当時のギルドの生産は、むろんその生産物を自分で消費するのではなく、他人に売ることを目的として生産していたという意味では商品生産と呼ぶことができるが、なお、こんにちのように不特定の人のために生産をする市場生産ではなく、あらかじめ特定の人から注文をうけて生産をする注文生産であったので、ここでは対人的な信用がきわめて重要であり、それを維持するために厳重な制限が要求されたためでもある。が同時に、ここでは各マスターの腕と、その腕にもとづく個性が伝来的な技能の保存と発達とにとって重要だったので、こんにちのような自由競争は問題にはなりえなかった。それゆえこういう制限のもとで仕事をすることは、少しも不都合ではなく、かえってその技能を保証することになるのであった。それはともかくとして、ギルドにおいても、やはりこのような共同体的な強制関係、すなわちさきの耕作強制に対してギルド的強制（Zunftzwang）と呼ばれる関係が存在し、そのもとに経済がいとなまれていたことは注目に値する。そしてここにおける商品生産は、資本主義社会のそれのように、市場めあてに大量生産をし、したがって生産者の個性や腕が問題になりえない生産とは、その性格を異にするのである。

都市の行政

ギルドのマスターは定期に総会（morningtalk）を開き、そこで年寄（olderman）を選挙して都市の行政を委嘱《いしよく》した。都市の行政は、こういう形で、自治的に処理されたのである。

四　マナおよびギルドの崩壊

農民層の分解

こうして一四世紀ごろ、その完成点に達した封建社会は、一四世紀の後半から崩壊過程に入ってゆく。

まずマナにおいては、このような商品経済の侵入につれて、農民のあいだに階層分化がすすんでいった。そして比較的富裕な農奴たちは、だんだん没落した農奴の土地をもあわせ、賃銀を支払って彼等を傭《やと》い入れて耕作をするようになってくる。また領主は、だんだん貨幣を必要とするようになってくるし、また農奴を直接に直営地で労働せしめることは、監督その他に多くの手間を要するので、だんだん農奴からは労働のかわりに生産物もしくは貨幣を地代として徴収し、直営地はむしろこのように没落した農民を賃労働者として傭い入れて耕作するようになってくる。さらに直営地もだんだん農民に分割してしまい、そこから地代を得るようにさえなってゆく。しかもこのような変化は、すでに生産力がある程度大きくなり、自由に処分しうる剰余生産物を恒常的にもっていた農民にとっても、それだけ彼の自由が拡大するわけであるから歓迎すべきことであった。このばあい注意すべきは、イギリスでは、その特殊の事情によって領主の搾取が比較的ゆるく、かつ農民が早くから商品経済に入りこんでいたので、右の転化は、労働地代の金納化(commutation)が直接的におこなわれるという形ですすんでいる点であろう。これは労働地代から生産物地代への転化が一般的なフランスや西南ドイツとは対蹠的《たいせきてき》である。そしてこのことは、農奴の地位を高くし、彼等の解放を容易にした事情の一つであった。また上述の直営地の分割に際しては、農奴の子孫ではあるがいまや自由民になった自由小作人がこれを借りるばあいが多かった。彼等は多くのばあい、一定の身代金を支払って自由な身分を買いとったのである。このようにして、一四世紀のはじめにはもはやマナの内部では、相当崩壊の前徴が見えはじめていたのである。

農民戦争

こうしたところへ一四世紀のはじめ、ヨーロッパでは黒死病の大流行があり、ヨーロッパの人口は三分の一に減じたといわれるほどの死亡者をだした。このような人口のはげしい減少は、マナにとっても重大な影響を与えた。すなわち、もともと領主の力が弱く、マナの崩壊がいちじるしく進んでいた地方では、領主は賃銀高騰のため直営地の経営がだんだん困難になったので、結局それを農民のあいだに分割してしまって、みずからは単なる貨幣地代の収得者に転化したのであった。しかも農民は人口減少のためどこでも労働力が不足していたから、領主が高い地代をとろうとすれば逃亡してしまう。したがってまた領主は安い地代で我慢せざるをえないということにもなるのであった。いいかえれば農民はきわめて有利な地位にあったわけで、わずかの地代を支払うだけの自営農民に転化していったわけである。

しかし領主の力がなお強かった地方では、領主は逆に農民の移動を禁止し、ふたたび賦役を強化することによって、直営地の経営を維持しようとした。しかしそのことは農民の反抗を呼びおこし、ついに一三八一年にはウォット・タイラー（Watt Tyler）を首領とする一大農民戦争がケント、エセックス等の東南部地方に勃発《ぼっぱつ》した。この農民戦争は結局農民側の敗北におわり、一五世紀には農民の地位は多くの地方で低下し、賦役の復活と強化がかなりみられた。しかしこの農民戦争の結果はけっしてそのまま封建社会を再建するものではなかった。領主の権力もまた衰勢をまぬかれなかった。そして以後農民は小さな一《いっ》揆《き》をくりかえしつつ自己の解放を進めてゆき、一五世紀の後半になると、多くの地方で、ただ軽少な地代を負担するにすぎない、そして領主の身分的束縛の非常にゆるやかになった農民層があらわれてくる。一般にこのようにして生じた独立自営の農民をヨーマン

(yeoman) と呼び、またその結果、事実上寄生化した領主のことをジェントルマン、あるいはランデット・ジェントリーと呼ぶのである。

ギルドの崩壊

ギルドは前にふれたように厳重な統制をおこなってその組織を維持していたが、これもまたやがてこのような統制をおこないえなくなってきた。それは一方ではだんだん職人の数が増加してきたのに対して、マスターたちは自己の地位を維持するために、なるべく職人がマスターになるのを阻止しようと努力しはじめたことによって生じた。このように志をえられなくなった職人たちは、やがて自分たちだけで、ジャーニーメンス・アソシエイション (journeymen's association) 乃至《ないし》はヨーメン・ギルド (yeomen guild) と呼ばれる組織をつくり、ギルドに対抗して生産をはじめたからである。このばあい、彼等の多くは、都市ではなおギルドの束縛が強かったので、農村に流出してゆき、ちょうど農村で形成されつつあったヨーマンリイとともに、農村工業をはじめたのであった。イギリスで小親方 (small master) と呼ばれているのは、こういう連中であるが、なかでも彼等は毛織物工業に重点をおいており、一四世紀後半からにわかに隆盛におもむくイギリスの毛織物工業を担うものは、主として彼等だったのである。なお、このように工業が農村にまで広がりえたということは、当時すでに商品経済が農村の内部までかなり深く入りこんでいたことを示すものであることは注意すべきであろう。

他方ギルドの崩壊は、商業の発達とそれにともなう商人資本の勃興《ぼっこう》とによっても促進された。すなわち一四世紀の後半から外国貿易が盛んになり、商業が隆盛におもむくにつれて、彼等は小生産者に原料・資金・道具などを前貸し、その生産物の代金からこの前貸分を回収する、という形で小生産者を支配しはじめる。このようなやり方を一般に問屋制度(putting-out-system)というが、一六世紀になるとこの制度が、のちにみるように強大な力をもつようになる。それとともにギルドはいよいよ有名無実になり、形骸《けいがい》だけをとどめることになってしまったのである。

こうしてほぼ一五世紀の末までに封建社会の崩壊は、その準備過程を完了する。そして一五世紀の末から一六世紀のはじめにかけて、コロンブスのアメリカ発見、ヴァスコ・ダ・ガマの喜望峯《きぼうほう》をまわる東インド航路の開発、マジェランの世界一周のごとき地理上の大発見があいついでおこなわれ、それに刺激されて世界貿易が急に活発になってくるのであるが、このいわゆる商業革命が、この過程をいよいよ決定的なものに発展させてゆくのである。

第二章　資本主義の発生

一　エンクロージャ・ムーヴメント（囲込み運動）

資本主義成立の前提条件

上述の十字軍以後の世界的な商業の発達は、中世的な諸制度とそれにともなう制約とを打破して資本主義を発達させる上で大きな役割をはたすこととなった。それは資本主義社会が成立するための根本的な前提条件の形成に、外部からではあるが、非常に大きな作用をおよぼしたからである。それではその根本的な前提条件とは何であるかといえば、社会的に一方には生産手段や生活資料を自己の手に集積しているか、あるいはこれを買入れうる貨幣を貨幣財産として蓄積した人々と、他方にはこのような生産手段や生活資料をもってもおらず、また自分でつくることもできない無産者、すなわち自己の労働力を商品として販売して、生活資料を購入する人々との対立ができるということである。いかに生産手段を集積しても労働力がこれに結合されなければ生産はおこなわれない。したがってまた大量に生産手段が集積されたとしても、あるいはまた商品として買入れられるにしても、労働力が商品として買入れられなければ、生産手段は資本にはならない。しかも労働力が商品化するには自己の労働力を販売する以外に生活の道のない――そしてそれはまた同時に自己の労働力を自由に、具体的にいえば、中世紀的束縛をうけないで売りうるものでなければならないが、そういう――無産大衆が創りだされなければならない。このような資本主義成立の前提条件を社会的に形成する歴史的な過程を資本の原始的蓄積(Ursprüngliche Akkumulation des Kapitals)と呼んでいるのである。世界史的にいって資本主義の最初の、そしてまた典型的発達をみたイギリスにおいて一六世紀から一八世紀にわたる期間がこの原始的蓄積の時期をなし、資本主義の初期の時代を代表することになる。

ところで社会の人口の大きな部分が、生産手段や生活資料から切りはなされて無産労働者となるばあいについてみると――封建制度がくずれ、領主制が解体して、家臣が禄《ろく》をはなれて無産者化するということもあり、また前章でもみたところであるが、商業の発展によってギルドが破壊され、徒弟や職人の中世紀的な束縛が解かれて、賃銀労働者化するということもあるのであるが、しかし社会の基本的な生産関係の上からいっても、中世においては農業が社会的生産の主要部分をなしており、したがってまた人口の大部分も農民によって構成されているのであるから、資本主義が発達するための前提条件たる無産労働者の創出も、農民が土地を失う過程がその最大なものとなるのである。事実、資本主義化がおこなわれるばあいには、どこの国でも農民が土地を喪失する過程が歴史的に生ずるのであるが、しかしどこの国も一様に同じ仕方でこの過程をたどるのではない。それは国によっても異なるし、また資本主義化がおこなわれる時期が異なれば、それに応じて異なった経過をたどることになる。たとえば同じく商品経済の影響をうけて資本主義化への道を開始する国にしても、その封建制度が強いばあいには、それの弱い国のようにはいかない。また資本主義が先進国ですでに発達しているばあい、ことに先進国から資本家的生産方法を比較的容易に輸入しうるというばあいには、あらたに資本主義化を開始する過程も非常に変ってくる。この点は、のちに、日本の事実についてみるとおりである。イギリスでは封建社会の根底をなす農奴制が早くから解体の過程をたどっており、そして世界商業の発達の刺激をうけて、他の国に先んじて農民の土地を喪失する過程がしばしば暴力的に、しかも徹底的におこなわれたのであって、その資本主義は歴史上もっとも早く、その初期的段階から順次に、しかも典型的に発達した国とされるにいたったのである。イギリスにおいて農民が暴力的に土地から追放されていった過程をもっとも端的に示すのが、いわゆるエンクロージャ・ムーヴメント（enclosure movement）である。*

＊　マルクスは『資本論』（第一巻、第七篇、第二四章）のなかで「いわゆる原始的蓄積」と題する章をもうけて、イギリスにおける上述の過程を克明に描写している。以下の説明はおおむねこれによるの

である。

「囲込み運動」

前章の最後でも言及したように、一五世紀末の新大陸の発見や、東インド航路の開発などを契機として世界的な商業の異常な発達がはじまる。そして当時のヨーロッパにおける強国スペイン・ポルトガル・オランダ・フランスおよびイギリスなどが新大陸の南北アメリカおよび東洋、特にインドとの貿易にしのぎを削って争うこととなった。

ところでこのような世界的な商業の発達はヨーロッパにも毛織物工業の隆盛をもたらした。ヨーロッパは古くから、イタリアから地中海を渡ってアレキサンドリアに出、アラビアを横切ってインドにいたる経路を経てインドその他のアジア諸国との交易をしていたのであるが、インドその他からヨーロッパにもたらされたのは、香料や絹によって代表されるいわゆる東洋品《オリエンタル・グッズ》であり、ヨーロッパはこれに対して主として銀を輸出したのであった。この銀は主として南ドイツの銀山から供給されていた。しかし、東インド航路の開発によって、いまやポルトガルが東洋品の主要な輸入国となるのであるが、それが大量に輸入されるにつれて、銀もいよいよ大量に要求されることになった。ところがあらたに開かれたアメリカ大陸との交易においては、煙草・蔗糖《しょとう》・藍《あい》その他の特産物とともに特に中南米の鉱山から金・銀が大量に欧州にもたらされ、これに対してヨーロッパからは織物類・食物類等が輸出されることになった。この新大陸貿易は、はじめスペインによって主としておこなわれたのであるが、ともかくこのような東西インド貿易の発展によってここにあらたなる世界貿易関係が生じてきたのである。それとともに織物類、特に毛織物が重要な世界的な商品となったのであって、ヨーロッパの諸国にとってはその毛織物工業の発展が、世界貿易に占める地位を決定することになるのであった。このような貿易関係のあらたなる展開は当然に従来の南ドイツ・イタリアの世界貿易における地位をスペイン・ポルトガルに、またさらにのちにはオランダ・イギリスに譲らしめることになったのであるが、それはまったくオランダ・イギリス等の諸国の羊毛工業の発達にもとづくものにほかならなかった。イギリスは中世以来その羊毛をヨーロッパに輸出していたのであるが、一四世紀の中頃からは、自国においても毛織物工業が発達してきていた。そして前章でみたように一四世紀にはすでに本来の農奴制が解体していたのである。ところで上述のような商業革命にともなって織物の需要が増大し、ヨーロッパ大陸、特にオランダにおいて羊毛工業が急激に発展してくると、その原料たる羊毛の需要も急速に増大し、羊毛の価格は、「羊の足は砂を化して金にする」といわれたほどに急激な騰貴を示しはじめた。そこでまたイギリスの封建貴族はみずから、あるいは商人や富裕な農民と結託しつつ、その領地を囲いこんで牧場にし、これをみずから経営したり、商人や富裕な農民に貸しつけて高い地代を獲得しようとしたりすることになったのであって、歴史的に一時期を画する動きをなしたのである。それは文字どおりに農民を土地から駆逐し、追放することによって耕地を牧場化することにほかならなかった。

このように毛織物工業の発達にともなう羊毛の需要増加は、領主にとっては耕地の牧場化によって大きな利益をあげうることになるのであって、その権力は従来の農民に対する直接的な支配から、いまや転じてその追放の手段となるのであった。そしてこれによって農民はその土地から追いたてられ、その結果多数の無産者が急激につくり出されることとなったのである。それまでは農民も土地に対しては、領主に支配されながらも、封建的権利をもっていたのであって、全然無産者というわけではなかった。ことに共同地については封建制以前の古い時代からの慣習によって共有的権利を有していたのであるが、領主はその権力をもってこれをも収奪したのである。また当時カトリック教会はイギリスにおいて大きな封建的土地領有者であったが、一六世紀の宗教改革にともなってこの教会所領は王にとり上げられ、ここでもまた農民の土地は収奪をうけることとなった。一七世紀後半には国有地の私有化も大規模におこなわれた。

以上の過程は封建的土地領有制度をうち破り、土地の私有化を広汎《こうはん》に実現するとともに、農民を身分的に解放し、領主と農民との封建的関係を解消するものにほかならなかったのであって、マルクスのいわゆる二重の意味で自由なる——生産手段からとともに封建的束縛からも自由なる——近代的無産労働者を大量的に創りだすものであった。いわば封建的権力が、その最後の権力を行使してみずからを否定することをやってのけたのである。もちろんこれでただちに資本主義社会が出現するというのではない。しかし私有財産制度は、この生産者と生産手段との分離による旧社会関係からの解放によってあらたなる発展の基礎を——それは政治的、宗教的その他のあらゆる外被をはがれた、もっとも露《あら》わな形でおこなわれる経済的発展の基礎を——与えられたのである。

さてイギリスにおけるこれらの過程の中心をなすエンクロージャ・ムーヴメントは一五世紀末から一八世紀にわたってみられるのであるが、一六世紀初めと一八世紀はじめの数十年間が特に激烈をきわめたといわれる。ところが一六、七世紀においては、国王はなおこのエンクロージャ・ムーヴメントをむしろ抑制する態度をとったのに反して、一八世紀においては議会の立法をもって共同地の囲込みを強行することになる。この点は特に注意を要するのである。

一六世紀のオランダにおける羊毛工業の発展は上述したようにイギリスにおいて耕地の牧場化を促進し、土地から追放される農民を増大したのであるが、このことは農民にとっては突如として生活の手段をとりあげられることを意味した。しかも彼等はただちに賃銀労働者として働く口も得られなかったから、その多くは浮浪人化せざるをえなかったが、このように浮浪人・乞食《こじき》・盗人が増加することは社会不安をうみださずにはいなかった。この理由からも国王としては、これを抑制せざるをえなかったのである。実際また一五世紀末以来一五〇年にわたって、国王はたびたび小農民からの土地の収奪に対して、これを抑えようとする法令をだしたのであるが、しかしいずれもその効果をあげることはできなかった。エリザベス女王に始まる有名な救貧法（Poor Law）は、むしろこれらの抑制にもかかわらず多数の救恤《きゅうじゅつ》を要する農民の続出を証明するものにほかならない。

ところが一八世紀になると議会は「共同地囲込み法案」（Bills for Enclosures of Commons）を制定し農民の共同地の私有化を強行するようになった。これはすでにイギリスにおいては近代的な土地の私有制が共同地の存在を許さなくなったことを示すものであって、ここに一八世紀の特徴があるのである。一六、七世紀においては、なお封建的権力にもとづくいわば個人的暴行としておこなわれた囲込み運動が一八世紀においては立法によって促進されることになったのであって、この変化はまったく一六世紀に対する一八世紀のブルジョア的発展を示すものにほかならない。しかしそれは単に土地の私有化としておこなわれたのではない。一七世紀にはなお、独立自営農民たるいわゆるヨーマンリイがきわめて有力な地位を占めていたのであるが、一八世紀後半になると、共同地の消失とともにこれもまた消滅し、それにかわって牧羊だけではなく、本来の農耕においても資本家的経営が成立することになる。こうして、近代的土地所有は、耕作農民自身の土地所有としてではなく、資本家的土地所有――資本家的計算で地代を支払う借地農業者に土地を貸付ける関係――として確立されるのである。それはあたかも商品経済が一社会を支配するものとなるには、単なる商品生産としてではなく、資本家的商品経済としてであるのと同様な関係にあるわけであるが、また他の面では土地の近代的私有化も資本主義の発展によって確立されるものであることを示すものにほかならない。

もちろん、この三世紀にもわたる長い期間におこなわれた農民からの土地収奪の過程は、資本主義の発展の基礎をなすものである。しかしそれにしてもかくして出現した土地所有者がそのまま資本家となるわけではないし、また土地を失った農民がただちに賃銀労働者となるわけにもゆかなかった。この農民からの土地収奪の過程は、むしろ資本主義の発展の過程を背後にもって、一面ではそれによって促進せられつつ、他面ではそれを基礎づけるといった関係にあった。この過程の出発点がオランダの羊毛工業の発展によって与えられながら、結局はイギリスにおける羊毛工業の発達によって促進されたという事実は、その点を示しているものといってよい。われわれは、進んでイギリスにおけるそういう新しい資本家的工業が、いかにして発展したかを明らかにしなければならないのであるが、ここでなおこの過程特に初期の時代における見逃すことのできない事実を述べておきたいと思う。

創出された無産者の状態

それはまさに近代的賃銀労働者の発生の異常な前史をなすものである。

以上に述べたような、発作的な、暴力的な土地の収奪によって、あるいは封建家臣団の解体によって創出された無産者の群は、ただちに新しい生活の道を見出《みいだ》すこと、いいかえれば賃銀労働者となることは、できなかったのであるが、それは資本家的産業がまだ発達していなかったので、急激に創出される多数の無産者を到底吸収しうるものではなかったからである。もっとも世界的な商業の発達につれて羊毛工業を中心に、のちにもみるように資本家的企業たる工場手工業《マニュファクチア》の発達もあるにはあった。しかしそれは社会的にはなお微々たるものであって、到底これらの農民のすべてを収容しうるものではなかったのである。

そこで、長い期間にわたって根本的にはほとんど何等の疑いももたないで過してきた従来の生活軌道から、突如として投げだされた農民たちは、新しい生活の基礎をうることができないで、さきにも述べたように群をなして乞食となり、盗賊となり、浮浪人とならざるをえなかった。国王もまたこれに対して、土地収奪を抑制する方策を採らざるをえなかったのであるが、同時にまたこれらの浮浪者に対してきわめて残酷なる処罰をもってのぞんだのである。『資本論』から二、三の例をあげてみよう。ヘンリー八世は一五三〇年つぎのような法令をだしている。老齢で労働能力のない乞食には乞食鑑札を与えるが、強健な浮浪人に対しては鞭《む》打《ち》ちと拘禁とが与えられる。エドワード六世の治世第一年である、一五四七年の一法規は、労働することを拒《こば》むものは、彼を怠惰者として告発した者の奴隷となることを宣告されるべきものと規定している。そして主人はパンと水とうすいスープと適当と思われる屑肉《くず》とをもってその奴隷を養うべきである。もし逃亡して一四日間におよぶと奴隷は終身奴隷の宣告をうけて、顔か背にS字を烙印《らくいん》され、逃亡三回目には国家の反逆者として死刑に処される。エリザベス女王の治世下でも一五七二年に同様に過酷な立法がおこなわれている。鑑札のない一四歳以上の乞食はこれを二年間雇おうとする者がないばあいには、烈しく鞭打たれて左の耳に烙印されねばならない。再犯のばあい一八歳以上の者はこれを二年間雇おうとするものがなければ死刑にする。三回累犯のばあいには、容赦なく国家の反逆者として死刑にするというのである。このような残酷きわまる立法がどうしておこなわれたのか。それは当時のいわゆる絶対王政の性格をもっともよく示すものといえるであろう。すなわちそれは或《あ》る程度封建的関係を否定しながら、一方では私有制の強力的実現としての収奪の過程を抑制しつつ、他方ではかかる強力的過程の必然的結果をまた強力的に防止する方策を採らざるをえなかったのである。それはまったく古い階級関係は解体しておりながら、新しい階級関係はまだ成立していないという事情からおこるのであるが、同時にまたかかる事情を基礎として成立する絶対王政自身の過渡的性格を示すものであった。マルクスもいうように、浮浪者はもはや存在しない関係のもとで労働すべきものとせられ、あたかもかれ自身の意志で浮浪人化したものとして、犯罪者の取扱いをうけたのである。

こうして農民は暴力的に土地から放逐され、浮浪人にされ、しかも奇怪兇暴《きょうぼう》な法律によって鞭打たれ、烙印され、拷問されることとなったのであるが、しかしまたそれは資本主義発生の歴史的過渡期として、近代的な賃銀労働者をつくりだすための訓練でもあったといってよい。実際また自己の労働力を売る以外には売るべきものをもたないという無産者ができただけでは、近代的賃銀労働者として十分ではない。これらの無産者は新らしい生産様式に順応した生活の仕方、すなわち自分の労働力を売ることによって生活することが人間として当然の生き方であり、それが自然的な制度であると思うまでに訓練されなければならなかった。一四世紀末以来の労働立法は、かくしていずれも同じように一方で長時間の労働日を規定するとともに、他方で労働賃銀の最高限を指示するという特色を示している。エリザベスの徒弟法では法規以上の賃銀を支払うものは、一〇日の禁錮《きんこ》に処され、さらにこれを受取るものは二一日の禁錮に処されたのである。これは要するに資本の要求する賃銀水準の枠のなかに、労働者を強制的におしこもうとするものであった。

資本主義的生産様式への変革の序曲は、生産手段としての土地の私有化と同時に、専制的権力をもってでも人間を古い型から新しい型に鋳なおすことであった。いわゆる自由平等の市民社会の形成がこういう前史をもっていることは銘記されなければならない。

二　商人資本の機能とマニュファクチァの限度

商品経済と商人資本

上述したようにイギリスのエンクロージャ・ムーヴメントは世界的な商業の発達と、それにともなう羊毛工業の隆盛とに刺激されて開始されたのであるが、このことはこの時期の商業が資本主義の成長にどういう役割をはたすものであるかということを示唆するものといってよい。もちろん資本主義は商品経済を基礎として成立するのであるが、商品経済の発展はかならず資本主義へ成長するというものではない。事実、商業は資本主義以前、古くは古代においても、地域を限られてはいたとしても、きわめて盛んにおこなわれたのであった。社会の生産力が増進すれば、余剰生産物の商品化の増大も当然におこりうるからである。しかしそういうばあいの商品では、それがいかなる社会関係のもとに生産されたものであるかは問題にならない。元来、生産物の商品形態なるものは一般的にそういう性質をもっているのである。もちろん生産物の商品化が何等かの程度におこなわれること となると、前にも述べたようにかならずその中から貨幣となる商品ができ、商品交換は商品と商品との直接の交換としてではなく、貨幣を媒介にした商品流通としておこなわれるようになる。これを個々の商品についていえば、一商品を売って貨幣を得、その貨幣をもって他の商品を買うという、いわゆる単純なる商品流通W（商品）——G（貨幣）——W'（商品）の形式、すなわち買うために売るという関係を展開するわけである。ところでこういう商品の流通は、左図のように、たがいに他の商品の流通と交錯して流通市場をなすと同時に、貨幣がいわゆる流通手段としてその中を流通することになるのであるが、この商品と貨幣との流通の発展は、かならず商人の手を通しておこなわれることになる。すなわち買うために売る人々から商品を買入れて、他の同じような、すでに商品を売って貨幣を手に入れていて、いまや買おうとしている人々に商品を売るという、売るために買うという商人資本の発生をみるのである。それは形態からみればさきのW—G—W'と正反対のG—W—G'という形態を展開する。単純なる商品流通においては、自分の商品を売るのは他の商品を買うため、いいかえれば自分の欲望を満たすための使用価値である他人の商品を買うために、他人のための使用価値である自分の商品を売る関係にあったのであるが、商人資本においては、ある貨幣額Gをもってより大なる貨幣額G'をうるために商品を買うのである。もちろんこういう購買をなすことができるためには、その前提として商品を売ったが、他

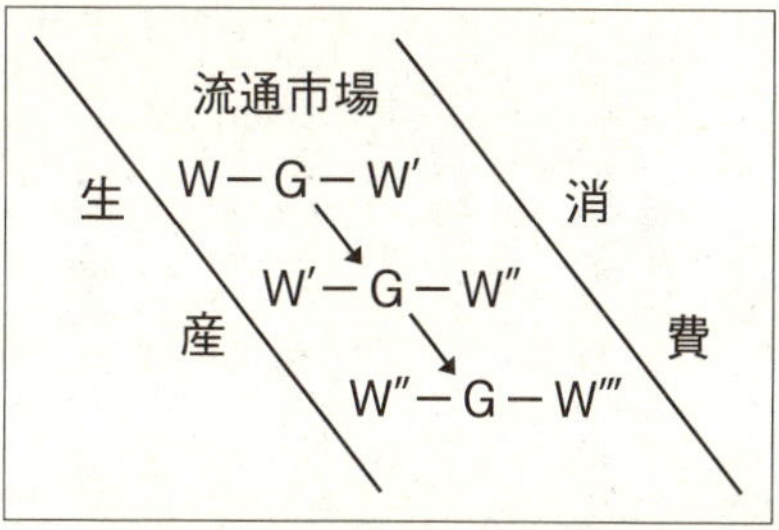

の商品をすぐには買わなくてもよいという余裕ができて、その結果一定量の貨幣が個人の手もとに蓄蔵されている、ということがなければならない。しかも商品流通はある程度発達すると、いつでも商品を買いうる貨幣自身を獲得し、蓄蔵することを人々の目的たらしめる傾向をかならず生ぜしめる。そのばあい貨幣は商品の売買の仲介をする流通手段としての機能から進んで、いわゆる蓄蔵貨幣としての機能をはたすことになるのであるが、それは他の一般商品と異なって貨幣を富の——といっても商品経済的富なのであるが——一般的な形態たらしめることを意味するものといってよい。それと同時に貨幣は、商品流通に対して流通手段としての貨幣とはまったく異なった関係におかれる。流通手段としての貨幣は、売買される商品価格の額によってその量を決定されるにすぎないが、蓄蔵貨幣は無限に追求されるものとなる。もちろん蓄蔵貨幣は、必要に応じていつでも流通手段としての貨幣に転化しうるものとして、いいかえればいつでも商品を購入しうる富として蓄蔵されるのである。しかしまたこういう貨幣の蓄蔵がある程度普及すると、こんどは商品を売ってもただちにその代価を請求しないで、一定期間その支払を猶予し、後になってこれを支払わしめるという売買の関係も可能になる。このばあいには貨幣はいわゆる支払手段としての機能をはたすことになるわけである。こういう関係を基礎にして貨幣は、単に蓄蔵のためにというのでもなく、また単に支払のために手に入れるというのでもなく、さらにまた商品を売って他の商品を買うという一時的な流通手段としてでもなく、いつでも商品を買いうるし、またいつでも支払をなしうるという、いわば流通過程を基礎としながらこれに対して独立に存在するものとして、マルクスのいわゆる世界貨幣となるのであるが、この貨幣は商品流通に対して、さきに述べた商人資本の出現をもたらすのである。それはいわば蓄蔵貨幣ならびに支払手段としての機能をさらに積極的に展開するものといってよい。しかし、売るために買うという商人資本にとっては、安く買って高く売ることによってより多くの貨幣を得、その間に差額を利得しなければ意味をなさない。そこで貨幣はより多くの貨幣をうる手段となり、資本として機能し、その差額を資本の利潤としてうることになるのであるが、それは相手が安く売って高く買ってくれなくては成立たない。ところが、資本家的生産方法が確立して賃銀労働者が資本家の商品の買手の大量を占めることになると、そうもゆかなくなるが、資本主義以前の社会ではもちろんのこと、資本主義の発展の初期にあっても、いわゆる小生産者がその相手をなすかぎり、地域の相違によって、あるいは生産条件の相違によって、商品の価格は当然異なるのであって、商人は一方で安く買った商品を他方で高く売るということもできるのである。たとえば一方の地方から離れた他の地方へ運ぶということだけで、商人資本はその資本の利潤をうることができる。もちろん、商人にとっては単にそれだけの利益が目的とせられるものではなく、相手の事情を利用して、つねにできるだけ安く買って、できるだけ高く売ることによってできるだけ多くの利潤をうるということが目標とせられるのである。

しかし資本主義が確立されるにしたがって、そういう利潤をあげる余地は漸次に少なくなってくる。実際上はもちろん全然その余地がなくなるというのではないが、商業は産業に投ぜられる資本に従属し、その機能の一部を担当するものとなる傾向を有している。純粋の資本主義社会を想定してその経済法則を明らかにする経済原論でいう商業資本は、ここでいう商人資本とは異なって、産業資本からその利潤の一部を分けてもらって、その商業機能を代行するものとして、その性格を明らかにせられるのである。だから商人資本が主として活躍するのはむしろ資本家的生産の発達しない、多かれ少なかれ自然経済に基礎をおく社会においてである。外国貿易がそういう商人資本のもっとも活発に機能しうる舞台であるゆえんもまたそこにある。こういう社会では、多くの生産者はその余剰生産物を商人資本を通じてはじめて商品化し、これによって、商品市場と接触するというばあいも少なくない。少々安く売って高く買ったとしても、そうでなければえられない物を手に入れることもできる。しかし個別的に分散している小生産者が一たび商人を通じて市場と接触してくると、そういう簡単な関係にとどまってはいられなくなり、しばしばその財産をも商人資本の利潤としてまき上げられることになる。ことに奴隷所有者、封建領主等の支配階級が商人資本に接触すると、しばしばその社会を崩壊せしめることにもなる。商人資本による貨幣財産の蓄積はかくして多かれ少なかれ掠奪《りゃくだつ》的性格をまぬかれないのである。一五世紀末にはじまる商人資本の活動と、それによる貨幣財産の蓄積が封建制度の崩壊とともに資本主義発生の出発点をなすというのも、それが従来の小生産者の収奪による旧社会関係の分解に、重要な一役を演じたからにほかならない。

商人資本が生産物の商品化を促進し、商品経済の範囲を拡大するということは、それ自身従来の社会を構成している生産関係に分解的な作用をなすのであるが、それは社会を商品経済的に単純化することにほかならない。従来、権力とか身分とかによって社会の生産関係が維持され、それによって社会の富である生産物の分配が決定されているところへ、貨幣が富の絶対的な形態としてその獲得が重要なことになれば、その社会の支柱たる権力関係あるいは身分制度が、分解的作用をうけることとなるのは当然である。貨幣の所有が多かれ少なかれ権力にかわることになるわけである。もちろん、商人資本は一定の生産関係のもとに生産された生産物の――それがどんな生産関係のもとで生産されたかには関係なく、たとえば奴隷の生産したものを封建領主に売るということもあるのであるが、そういう――商品化を通じてこの分解的作用を与えるのであるから、それ自身には生産関係に対して、いわば外部から影響するものにすぎない。したがってその社会の崩壊からどのような生産関係が生みだされるかは、商人資本自身によって決定されるものではない。それはもっぱらこの崩壊する社会の生産関係自身の中に発展してきた生産力によって、あらたに生みだされるよりほかにはない。古代奴隷社会、中世封建社会等のそれぞれ特定の歴史的社会は、前にも述べたようにある地域で崩壊し、他の地域で新しく起るというようにしてできたのである。資本主義社会もまた封建社会の崩壊によってそのなかから生じてきたのであるが、しかしそれは封建社会の崩壊からそのまま生ずるというのではない。

ここにもまた商人資本の特殊な役割が重要な意義をもっている。すなわち商業の発達が封建的な身分制度の崩壊のうちに、中世的な農民手工業者からその生産手段を分離し、前者を無産労働者化し、後者を資本化しうるのにもっとも有効に作用したところに資本主義生産への過程がはじめられたのである。それがドイツ・フランスではなくてイギリスであったことは特に注目すべきことである。

問屋制度

商人資本が単に旧社会に対する分解的な作用だけをなしたにすぎないとすれば、商人資本自身も個別的にはともかく一般的にはそう大した発展も見なかったであろうが、資本主義発生の過程における商人資本の役割はけっしてそういうものにとどまらなかった。元来、資本主義は商品流通を基礎として発達するものではあるが、それは生産過程をも資本の生産過程とすることによって、はじめて確立されるのであり、同時にそれによってはじめて一社会を根底から商品経済社会たらしめるものである。ところで近世初期の世界的な市場の開発とともに商人資本は、直接に市場と接触するので市場知識を有し、かつまた市場の需要に応じて生産を拡大するために必要な資金をも有しているということによって、直接の生産者に支配的影響をおよぼすことになり、いわゆる問屋制度によって間接的にではあるが、生産者自身をも支配することになってくる。それは特にイギリスにおいては原料としての羊毛を手近にもっていた小生産者を相手にすることによってオランダと異なった発展を見たのである。この商人資本による問屋制度のもとにあっては、形態的にはもちろん従来の独立小生産者の地位が維持されており、問屋とのあいだは、外見上は売買取引の姿をとるのであるが、その内部においては、しだいに資本関係と異ならないものに変ってくるのであった。たとえば、はじめは単にその生産物を商人に売り渡すにすぎなかった小生産者は、まず商人から渡された原料に加工するようになるばかりでなく、さらに進んで商人から貸与された道具、機械で仕事をするようになる。そしてまた、商人自身が仕上の過程で種々の過程を結合するというようなことがおこなわれることにもなる。こうなれば小生産者は実質的には賃銀をうける労働者に転化しているわけである。この制度は、しかし単に従来の手工業者を商人資本の支配下に入れたというだけではなかった。広く農村においで農業と結合されていた家庭工業を分離して、市場生産に動員することに役立ったのである。そうしてその点が特に重要である。こういう商人資本のもとにおこなわれた問屋制度は一六、七世紀のイギリス羊毛工業できわめて重要な役割を演じたのであるが、しかしまた、他方では多数の労働者を一箇所に集めて労働せしめる工場も出現してきた。マルクスのいわゆるマニュファクチァがそれである。

マニュファクチァ

マニュファクチァの形態においては、資本はもはや商人資本の形式をとるものではない。労働力をも原料その他の生産手段とともに商品として買入れ、これを生産過程で生産的に消費して新しい商品を生産し、これを販売して貨幣に実現するという$G—W<\begin{matrix}A\\Pm\end{matrix}\cdots P\cdots W'—G'$（Aは労働力、$Pm$は生産手段、Pは生産過程）の産業資本の運動をなすものとなる。それはまた資本主義に特有な、いわゆる特殊資本家的生産方法を実際上に開始するものとなるのである。すなわちマニュファクチァにおいては、労働に従事するものは最初から賃銀労働者として資本家の工場にあつめられ、そこでおこなわれる労働は資本の機能となり、かくて生産過程自身が資本の生産過程となる。そして多数のあつめられた労働者は、同一工場内でいわゆる協業をおこない、この協業にもとづいて分業の組織を展開する。同一作業場における分業は孤立分散的な小生産者のばあいとは質的に異なった労働組織をなし、これによる生産力の増進は、資本にとって特別の利益をなすことになり、それがまたその特殊資本家的生産方法を発展せしめる動力となるのである。

しかしこのマニュファクチァにおける協業と分業とによる生産力の増進には技術的に限界があった。したがってその発展にも限度があった。マニュファクチァはなお、手工業を基礎とするものであって、その成立にも、その発達にも、多かれ少なかれ熟練した技能を有する小生産者の存在を前提とする。もちろん、分業は生産過程を熟練を要する部分とそうでない部分とに分割し、熟練を要しない部分では単なる労働者をもって十分とすることになるのであるが、しかしそうでない過程では熟練手工業者を必要としたので、資本はしばしば労働者を完全に支配することができなかった。また分業による生産力の増進が、資本にもたらす利益は、商人資本が問屋制度によって小生産者から商人的に得る利益を圧倒するほどに大きいというわけにはいかなかった。ことに当時のような恒常的とはいえない世界市場を目当てにする商品生産では、みずからの資本をもって直接に生産をおこなわない商人資本のように市場の変化にともなう不利益を、容易に小生産者に転嫁しえないという点でも、これを圧倒することはできなかった。その上マニュファクチュア自身もしばしば市場との関係ではなお、商人資本の活動に依存しなければならなかった。のちに述べるように資本家的大工業の発達は、原料品や食料品を買入れながら製造品の市場を拡大してゆくという関係にもとづいて世界市場を形成していくのに反して、ここでは自国の原料品の輸出がその製品の輸出に転じたというにすぎないのであって、国際取引においてもなお、産業資本の発展は、商人資本の活動に従属するという関係にあった。マルクスのいうように当時は商業上の覇権が産業上の優勢を決定するという状態にあったのである。

要するに初期資本主義の時代における商人資本の活動は、それ自身で特殊資本家的生産方法を展開するというのではないが、それによって小生産者がその生活を分解され、生産手段と生産的労働者との分離が一般的に促進されるということにその歴史的意義を有していた。いいかえれば、かかる分離を基礎として、資本による生産の社会的発展が準備されたのであった。しかも土地を失った農民が近代的賃銀労働者に転化する過程においては、資本はただちにマニュファクチァの産業資本としてこの時代を支配することはできなかったのである。商人資本がこの時代の代表的な資本とされるのは、このような資本の原始的蓄積の過程におけるその役割によって規定されることである。

イギリスの羊毛工業

イギリスにおけるこの時代の代表的産業が羊毛工業であるということは、上述したように一面では世界市場との関係から決定されたのであるが、他面では、そしてこれが根本的に重要なのであるが、それが農村の分解を基礎とする資本主義の発展の端緒を与えたからである。前述したように、もともとイギリスは羊毛の産出国であり、その加工は多かれ少なかれ農村の農業と結合されて手工業的におこなわれていたので、羊毛工業は大体全国的におこなわれていた工業であった。しかしイギリスも羊毛の輸出から羊毛製品の輸出に進出するにしたがって、東部のノーリッチ、西部のブリストル、北部のヨークシァを羊毛工業の中心地とするにいたった。このうち西部地方は、早くから外国への輸出を目的として発達したので、大商人がいわゆるクロージャー（clothier）として家内工業的に生産をおこなう農民や織匠を問屋制的に支配したのであるが、北部地方では従来の手工業者がいわゆるワーキング・クロージャー（working clothier）として存続し、商人はその製品を買って売るという関係がながく残存した。すなわち、西部では商品経済が北部よりはるかに早くから進んでおり、したがって大商人資本の活動によって中世的な手工業組織とともに農村家庭工業も分解されたのであるが、北部では商人の手工業者に対する力が西部より弱く、一七、八世紀においてもなお古い手工業者的関係が存続したのである。

そこでまず西部地方の経営組織についてみよう。西部地方のクロージャーはみずから原料である羊毛を買入れて、これを多くは農村の婦人や子供に低賃銀で紡《つむ》がせ、その糸を織匠に渡して織らせた。そしてそれは多くのばあいかれの直接経営する工場で、マニュファクチァ的に仕上げられたのであった。だから、彼等ももはや単なる商人ではないが、しかしまた、なお本来の産業資本家でもなかった。しいていえば、二つの面をそなえた中間の存在であって、過渡期における資本家的生産の発展を表現していたものといえる。しかし織匠はクロージャーから与えられた糸に対して自分の家で二、三台の織機によって指定された製織をおこなったのであって、彼等がクロージャーから受取るものは実質的には労働賃銀にほかならなかった。しかも多くのばあい、安い値段で仕事を引受けなければならないために、一日の労働時間も長くならざるをえなかった。つまり、織匠自身独立生産者とはいえないものになりつつあったのであって、彼等の下に働く徒弟、職人もギルドにおけるそれとはいちじるしく異なるものとなり、織匠と彼等の関係は、クロージャーと織匠自身のあいだと同じように次第に対立的になるのであった。

もちろん、クロージャーと農民との関係にも変化が認められる。一六世紀までは大体農家がみずから織物を生産し、もしくは買入れた羊毛を糸にして市場にだしたのであるが、一七世紀以後はクロージャーの与える原料を賃銀を得て紡ぐようになってきた。それは大体農家の婦女子が副収入の目的でするのであったから、賃銀も非常に安く、労働時間は無制限に延長される傾向があった。

要するに西部地方のクロージャーにあっては前述したように製品の仕上げの過程になると、多くのばあい、自己のマニュファクチュア工場でおこなったのであるが、羊毛工業の全過程を包括するマニュファクチュアというのはきわめて少なく、あったとしても永続しなかったのである。いわば、商人的支配の色彩が濃厚であったといってよい。

ところが北部地方にあっては、西部地方といちじるしく異なっている。ことにヨークシァを中心とするこの地方のクロージャーは、西部地方のクロージャーとちがって、みずから織匠であった。彼等はみずから原料を買入れて製織した。しかし、その規模はきわめて小さいもので、一八世紀はじめにもせいぜい二台の織機をもつにすぎず、彼等はほとんど毎週市場に売りだして得た製品の代価をもってその経営と生活とを維持したといわれる。また、これらの織匠は手工業者としての修練をもったものが普通であった。徒弟もまた、親方の家にあって一定の年期をもって羊毛工業の全過程を、原料である羊毛の買入れから仕上げにいたるまで、つまり、中世のギルドにおけるばあいと同様の修練をさせられて職人となったのであった。職人にしても親方または他の織匠のもとで仕事をするといった状態であった。もっとも中には自分の家で仕事をする職人もあった。このばあいには原料を受けて仕事をし、出来高払いで賃銀を支払われたが、しかしこれらの職人も、のちに親方となるということがないというわけではなかった。要するに親方たるクロージャーと徒弟職人との関係は、西部地方ほどに利害の対立が強くはなかったのである。

もちろん、このような北部地方の事情も永久的なものではなかった。一八世紀の後半に入るとこの制度も次第に崩壊することになった。規模の拡大につれて、親方自身が徒弟を自分の家におくことを望まなくなるし、また生産の過程の分業化につれて、ある部分の仕事には従来のような熟練を必要としなくなり、徒弟の修練を経ない少年工も生じてきたのであって、徒弟制度は漸次に崩壊せざるをえなかった。さらにまた、北部地方においても最後の仕上げは、商人の手でおこなわれることが多かったのであるが、一八世紀の後半には、クロージャー自身でこの最後の工程をなすものが増加してきた。これはワーキング・クロージャーに対してオピュラント・クロージャー（opulent clothier）といわれ、西部地方のクロージャーとまったく異ならない資本家に転化したのである。

以上のごとく一七、八世紀のイギリスの羊毛工業の発達は商人資本による家内工業の支配によって、一方では生産者を無産者化し賃銀労働者化しつつ、次第に産業資本確立の基礎を形成してきたのである。

三　重商主義の経済政策

経済政策と資本主義の発展段階

上述したように一五、六世紀から一八世紀にわたってヨーロッパ諸国の資本主義化の過程は、商業ことに海外貿易を通じて商人資本に指導されつつ発展したのである。そこでこの時代は重商主義の時代ともいわれ、この時期におこなわれた経済政策を重商主義の政策というのであるが、それは本質的には資本の原始的蓄積のおこなわれた時代であり、その政策はそれを促進するものにほかならない。この時期を重商主義というのは、すでに序論でも指摘しておいたように、一九世紀の自由主義、一九世紀末以後の帝国主義と対比した規定であるが、この時代にこのような政策がおこなわれたのは、資本主義の発展の初期においては旧来の社会的関係を分解しつつ、資本を原始的に蓄積せざるをえないからであり、またかかる蓄積をなしえたからにほかならない。商人資本は、それがある程度旧社会的関係を分解し、具体的にいえば、農民、手工業者などの小生産者を収奪して賃銀労働者化すると、当然に資本はもはやかかる蓄積をなす必要がなくなるし、またなしうる余地も狭隘《きょうあい》化し、商人資本の活動の基礎をなした商業上の利潤も減じてくる。それは必然的に産業資本にその席をゆずることになるのである。のちに明らかにするように一八世紀後半の産業革命は、手工業者の熟練までを収奪するのであって、産業資本が商人資本にかわってあらたなる支配的な資本の形態となるのである。そうなれば資本はもはや、小生産者の収奪を主とするのでなく、直接に生産過程における労働者の剰余労働にもとづいて蓄積しうることになるのであって、重商主義の政策も無用となる。一九世紀中葉のイギリス資本主義が、歴史的に資本が一社会を支配するものとして、自由主義の段階を実現したというのはそういう意味でいうのである。ところが一九世紀末になると、ドイツ・アメリカ等のいわゆる後進諸国が、株式会社形式をもって資本主義的発展をきわめて急速に実現するようになるが、それとともに、ここではあらたなる関係が展開されてくる。すなわち、そこでは旧来の社会的関係をかならずしも徹底的に分解してゆくというのでなく、むしろ部分的にはそれを利用しつつ蓄積をおこなうことになり、いわゆる金融資本による帝国主義の政策が採用されることになるのである。

このように資本主義の経済政策は、その発展段階に対応して歴史的に異なった展開をなすのであるが、もともと経済政策は、国家によっておこなわれるにしても、資本主義的生産関係から超越した主体によっておこなわれるものではない。むしろ、そのときどきの資本主義的生産関係を代表する支配的勢力が政策の主体となるのである。しかもその支配的勢力は資本主義の発展におうじて歴史的に決定される。それはいかなる政治的権力によっても任意に決定されるものではない。事実、種々なる政策をこのような歴史的関連のもとに総合的に観察すると、われわれは大体において資本主義の発達に適応した一定の経済政策を規定することができ、しかも、それはつねにその発展段階の中心となる資本の性質によって特徴づけることができるのである。

重商主義の経済政策の歴史的意義

重商主義の経済政策は初期資本主義の段階の政策であるが、それは資本主義の初期の発展に応じて、これを促進するものとしての経済政策であった。前にも述べたように、この点は一六世紀から一八世紀にかけての資本主義が生産者と生産手段との分離の歴史的過程を実現しつつあったということを基礎とするのである。つまり旧生産関係は崩壊しつつあるが、新しい生産関係を確立すべき産業資本はまだはなはだ微弱であったため、経済的にはむしろ生産の外部にある商人資本が資本として有力な地位を占め、また歴史的役割を引受けたのである。もちろん、資本主義は外国貿易の発展によってその発生の重要な契機を与えられたのであるが、しかし同時にある程度まで統一された国内市場を形成しないかぎり、その基礎を確立することはできない。そしてそれは必然的に近代的統一国家の形成を要請する。実際また海外貿易の発展にともなう国内市場の形成は、多かれ少なかれ旧来の封建社会の崩壊の上に形成せられるものであって、多分に封建的性格を残しながらも、残存する旧勢力に対立する絶対王政を確立することになる。それはまさに商人資本の支配に対応した、過渡的な、いいかえれば、なおあらたなる生産関係の確立を見ないということにもとづく政治的権力にほかならなかった。

さらにまた近代的統一国家は対外的に自国の勢力を拡大することによって、はじめて国内的に確立されることになるのであるが、そしてこのような対外勢力の拡大の直接の動機は、しばしば国王の財政的必要にあったのであるが、その財政の基礎は、結局は国内の資本家的商品経済の発達に求めなければならなかった。この時期の政策が、特に海運・海外貿易・植民地の経営等における商人資本の活動と直接的な関係をもったのは、それが資本家的商品経済の発展を促進することになるからであった。一般に富国強兵が近代的統一国家のスローガンとしてあらわれるのも、資本家的商品経済が近代国家の基礎をなすからである。その意味でそれはもちろん抽象的な富国強兵ではなく、一定の歴史的意義をもっていたわけである。

重商主義の経済政策は、このように発生期の資本主義の経済政策を意味するものである。その代表者は大体においてスペイン・ポルトガル・オランダ・フランス・イギリスという順序であらわれてくるのであるが、しかしイギリス以外の諸国は、イギリスのように国内産業の発達によって基礎を与えられ、この政策を統一的に、組織的に実現することはできなかった。イギリスはその資本家的商品経済の発展によって、重商主義の政策を世界史的に代表するものとなったのである。

さきにエンクロージャ・ムーヴメントについて述べたさいにふれた諸立法、労働あるいは賃銀にかんする法律的規定なども、この過渡期における政策といってよいのであるが、重商主義の政策としてはむしろ積極的に小生産者の収奪によるブルジョア的富の蓄積を促進するものをあげなければならない。もっとも重商主義の政策もその基礎をなす資本家的商品経済の発達とともに変化せざるをえない。一六世紀末から一八世紀末にわたる二世紀の間のイギリスの重商主義政策は、一七世紀後半を境にして前期と後期とに分けることができる。前期は国内のブルジョア的発展がまだ微弱で、分解されるべき旧来の小生産者的要素が濃厚に残存しているために、その政策はいちじるしく直接的であり、個別的であった。それは諸工業および外国貿易における特許制度にもっともよくあらわれている。これに対して後期の政策は、一般的な間接的なものとなってくる。国内における産業の発達と商人資本の発展とにともなって、もはや、個々の産業や個々の商人に対する保護や特権の賦与による立法は実施されなくなり、イギリスの産業、あるいは商人全体の利益を主眼とする対外的政策に転換せざるをえなくなった。したがって後期においては、関税等を中心とする貿易政策によって代表されることとなるのである。

つぎに前期および後期の政策を簡単にあげてみよう。

前期重商主義の政策

特許制度は、直接的には国王の財務上の必要と結びついておこなわれた。工業における独占特許にしても、その表面の理由は新しい方法を採用する工業に対して国王が直接的な保護を与え、その生産方法の進歩を奨励するというものであったが、しかし実際には国王からの独占特許は、旧来の方法による小生産者を抑圧し、独占的利益をあげることを主眼としたものであって、新しい方法などは単なる口実にすぎず、また国王も財政上の必要のためにそれを乱発することになったのであって、それは結局は一般に商品の価格をいちじるしく高めることになり、高率の消費税の役割を演じたのである。たとえば、一六一五年に与えられたガラス製造の独占特許は石炭の使用を理由としたのであるが、それは当時すでになんら新しい方法ではなかったといわれる。また一六三一年チャールズ一世のもとに特許された石鹼《せっけん》の製造は植物性油を原料とし、新しい方法によって価格を低下するというのであったが、実際にはむしろ品質を低下させるものにすぎなかったということである。それはともかく、工業における独占特許は、すでにエリザベスの時代にひどく乱発されたのであって、女王自身も一七世紀はじめにはその多数の特許を取消さざるをえなかった。また一七世紀前半には、工業上のかかる特許に対しては反対運動がしきりにおこなわれ、一七世紀の後半になると事実上それは消滅してしまうのである。

これに対して外国貿易・植民地制度における独占特許は商人を主体とするものであって、前期重商主義政策をもっともよく代表するものということができる。その主要なものをあげれば、マーチャント・アドヴェンチャラーズ（Merchant Adventurers）、イーストランド会社（Eastland Company）、ロシア会社（Russia Company）、リヴァント会社（Levant Company）、東インド会社（East India Company）、ハドソン湾会社（Hudson's Bay Company）、その他アフリカの諸会社等が特許されている。これらの諸会社はそれぞれドイツ・ロシア・トルコ・東インド・西インド・アフリカ等に対する独占的取引をなす会社として大体一六世紀後半から一七世紀にかけて特許されたのであるが、これらの特許会社は、この当時においては、相手国に対してイギリスを代表する地位と権力とを与えられていた。またその組織についてみると、はじめはギルドの形式による個々の商人の団体であったが、のちには株式組織によって資本を集中する資本団体となったのである。この組織は当時の航海技術と、海賊の横行に対する武力的組織を要するということとのため、多数の商人の協力を必要とするところから生じたのであるが、またこれらの団体が相手国に対して、イギリスを代表するような地位を与えられていたことからもうかがわれるように、それは商人の経済的勢力が国王の政治的権力と直接的に結合することによっておこなわれた富の集中政策を意味するものであった。そのことは、さきにあげた東インド・アメリカ・アフリカに対する植民地会社としての東インド会社・ハドソン湾会社・アフリカ諸会社のばあい、特に明瞭《めいりょう》にあらわれている。

しかしこれら外国貿易・植民地制度における特許会社も一七世紀後半には、その性質を変化してきた。前期の政策から後期のそれへの転回点をなすものは航海条例である。

後期重商主義の政策

一六五一年、六〇年の航海条例（Navigation Act）は特にオランダに対して、アメリカ植民地貿易をイギリスが独占することを目的とするものであった。外国貿易において外国船舶に対して、自国船舶の優先権を与えるということは、すでに前からおこなわれてきたのであるが、この航海条例は従来の政策を統一して、これを重商主義政策として確立したのである。この条例はまず大陸諸国の商品の植民地への輸入をイギリス船または生産国の船舶に限定し、つぎに六〇年の改正によって煙草・棉花《めんか》・砂糖・染料等の植民地重要商品の輸出先をイギリスまたはその植民地に限定してオランダの仲介貿易を排除する方策としたのである。これはイギリス商人全体に、アメリカ貿易を独占的に利用せしめ、そのあらたな発展を求めようとするものであって、特許政策からのあらたな展開を示すものであった。前述のごとく、この条例は当時アメリカ植民地貿易において有力な相手であったオランダに対する政策であったが、それは一般に植民地の経済が本国に対して、完全に従属すべきことを前提とする重商主義政策にほかならなかった。

前にも述べたように一般に資本家的商品経済の発展するにしたがって、前期の政策の特徴である個別的、直接的な手段は、かえって資本主義の発展を阻害するものとなり、漸次に一般的、間接的な方法が採用され、特許制度にかわって関税その他の貿易政策がとられることとなるのである。すなわちこの航海条例につづいて一七世紀後半になると、イギリスはさらに一歩を進め、貿易政策によってフランスに対立する。この当時毛織物はイギリスの対仏貿易の三分の一を占める重要輸出商品であったのであるが、フランスでもコルベールによって代表される重商主義政策の採用にともない、自国の羊毛工業を保護育成するという目的から、イギリスの毛織物の輸入を抑えるため一六四〇年代以後しきりにその関税をひき上げたので、イギリスの輸出が減退するというようなことがあった。かくてイギリスは一六七八年には報復的にフランスからの重要商品に対してその輸入を禁止する政策をとったのである。これがかえって密輸入を奨励することにはなったが、ともかく、一七八六年英仏条約の復活まで、約一世紀にわたってこの貿易禁止の状態がつづくのである。ところが、イギリスはこれがために羊毛製品の輸出先としてのフランスをうしなったので、これに代る市場をポルトガルに求め、一七〇三年、ポルトガルとのあいだにメシュイン条約（Methuen Treaty）を結んだ。ポルトガルにおいてもそれまでイギリスの羊毛製品の輸入を禁止して、自国の羊毛工業の発達を企てたのであるが、イギリスはこの条約によってフランスのブドウ酒のかわりに、ポルトガル酒を輸入することを条件として羊毛製品の輸出を確保したのである。

なお、イギリスの羊毛工業に対する保護政策としては、さらに注目すべき羊毛の輸出制限および羊毛製品の輸入制限があった。一七世紀に入り国内羊毛工業の発達にともなって、羊毛工業関係者の利益を基礎としてこれらの政策がとられたのである。これは原料である羊毛を外国の同業者に与えないために輸出を禁止し、外国羊毛製品の輸入を禁止することによって国内羊毛工業を保護しようとしたのである。羊毛の輸出制限ないし禁止の政策はもちろん、牧畜業者にとって不利益となるのであって、これにもとづく反対論がしばしばおこなわれたのであるが、一九世紀に入るまでそれは廃止されなかった。

以上述べたところによっても明らかなように、後期重商主義政策では関税その他の貿易政策がその中心をなしており、しかもそれらの政策は、もはや単なる国王の財政上の目的によって動機づけられるのではなく、一般的に国内の資本主義的産業の発展を目的とするものであった。しかもそれはなお、けっして産業資本そのものを基礎とする政策とはいえなかった。フランスとの貿易禁止が長期にわたっておこなわれたということは、その点を示すものといってよい。

重商主義の経済政策は大体以上のごとくであるが、なお、重商主義政策を特徴づけるものとして穀物条例（Corn Law）がある。それは初期資本主義の段階で資本がなお中世的な地主的利益を無視することができず、これと妥協せざるをえなかったことを示すものである。すなわち、穀物が輸出品として重要性を増してくると中世以来の食糧確保の立場は修正され、チューダー王朝では不作による価格の騰貴のないかぎり、輸出を許可する方針をとり、穀物の生産を奨励したのである。ところが一六七〇年にはさらに進んで小麦の輸出を制限する価格の規定を撤廃しただけでなく、一六六〇年以来採られてきた穀物輸入に対する課税による制限を価格の騰貴したばあいをのぞいて、禁止的な高率をもって強化するにいたった。名誉革命はこのような地主農業者のための政策をさらに推し進めるものであった。すなわち、一六八九年の穀物条例は穀物価格の低落に対して輸出奨励金を与えることを規定したのである。それはまったく資本が旧来の土地所有者に対してなした譲歩にほかならない。このように重商主義の政策が地主的利益と妥協せざるをえなかったというのは、資本主義がなお、歴史的に一つの社会として確立していなかったからである。産業革命をへて産業資本の確立をみた一九世紀における自由貿易運動は、かくて一九世紀初めに新しく制定されたものではあるが、従来と同様に地主的利益を目標とする穀物条例の廃止をその対象としたのである。

第三章　資本主義社会の確立

一　産業革命

産業革命の歴史的意義

いわゆる産業革命とは、イギリスにおいて一八世紀の後半から一九世紀のはじめにかけておこなわれた生産過程の機械化によって、資本主義的な社会関係が確立された歴史的過程をいうのである。もちろんイギリスにおいて完成をみたこの過程は、のちにフランス・アメリカ、さらにドイツ等のいわゆる後進国においても見られるのであるが、時期の異なるにしたがってその経過はけっして一様ではない。それはともかく、産業革命の基礎は機械の産業への応用にあるのであるが、なぜそれが資本主義の確立という歴史的に大きな意味をもつものとなったかという点が明確にならないと、その意味は理解されたとはいえない。そこでまず産業革命が資本主義を初期の段階から新しい段階、つまり資本主義の確立の段階への媒介をなし、その基礎をなすという経済的理由を明らかにしておこう。

序論でも述べたところであるが、いかなる社会も、その社会生活の基礎をなす物質的な生活資料の生産をなすことなくして成立つものではない。しかもその生産は消費と同様にくりかえしおこなわれなければならない。いいかえれば社会が存続するためにはその成員は外界の自然に働きかけて、その生活資料をくりかえし生産しなければならない。しかしいかなる社会でも、単に直接に自然に対して労働するというのではなく、多かれ少なかれ道具その他の労働手段をもって労働し、またすでに自然から獲得して来た原料その他の労働対象に働きかけるのであるが、そのばあい大体において労働手段の発達にしたがって生産力が増進するという関係にある。それと同時にその社会の成員のあいだには、この生産力の発達に制約された社会関係、すなわち生産関係が形成されることになる、奴隷社会・封建社会・資本主義社会というような歴史的に特殊な社会関係は、いずれも基本的にはその当時の社会における生産力の発達の程度によって規定されたものである。したがってまたこのような生産関係が、他の生産関係に転化するというばあいの根本の原動力となるのも生産力の発展である。たとえば、一定の生産力を基礎として封建社会が形成されたとしても、その社会の生産関係はつねに同じものとしてとどまるわけにはゆかない。もちろん、封建社会ではきわめて徐々の変化しかみられないのであるが、それにしてもその内部における生産力は、特に商業を通じて他の地域との交通を増進してくると、何等かの発展をとげないではいない。そしてやがては封建的な基本的社会関係自身をも崩壊に導き、新しい社会関係の形成、すなわち資本主義の発達をもたらすのである。前章までの考察は、結局この転化の過程にほかならない。

いうまでもなく封建社会にあっては、その基本的な生産関係は領主に代表される支配者と、農奴によって代表される被支配者とによって形成されていた。それは世界史的には、古い奴隷主と奴隷との関係にかわるものといってよいであろう。資本主義社会の基本的な生産関係は資本家と賃銀労働者とによって形成され、これによって社会的に、物質的生活資料とその生産に必要な生産手段とが生産されるのである。もっともそういったからといって、昔の奴隷の子孫がかならず農奴になり、賃銀労働者となるというものではない。また社会的生産の全部が資本家と賃銀労働者との関係のもとにおこなわれるというものでもない。実際上はつねに旧来の関係を多かれ少なかれ残すことになる。ただ社会的生産に支配的な影響をもつほどに資本家的生産が発達すれば、その社会は資本家と賃銀労働者との関係によって支配される社会といってよい。事実資本主義は一七、八世紀以来旧社会的関係を破壊しつつ、そういう資本主義的関係を拡充し確立してきたのである。

資本家的生産は社会の存続に必要な生活資料と、その生産に必要な生産手段とを商品の形態で生産する、いわゆる商品経済の最高度に発達したものである。資本主義の発達の初期には、前にも述べたように、なお農民・手工業者等のいわゆる小生産者の生産物が、商人の手をとおして商品化されるということが重要な役割を演じ、その生産の過程自身が根本から商品生産化してはいなかった。その生産物がたまたま商品として売られるというばあいはもちろんのこと、そうでなく初めから商品として売られるために生産するというばあいでもそうではなかった。商品としての売買によって流通過程から商人資本の利潤が得られる、というのもそのためである。それは地域的に異なる価格によるばかりでなく、多分に詐欺的、略奪的性格をもつのである。いいかえれば、安く買って高く売ることから利益が得られるのである。ところが資本家的生産方法の確立は、原料・道具等々の生産手段ばかりでなく、労働力までが商品として買入れられて生産がおこなわれるということにかかっている。そうなると単に生産物が商品となるというのでなく、商品が商品によって生産されるのであって、根本から商品生産となるわけである。それと同時に生産過程においては、生産手段とともに労働力も資本の形態をとり、生産過程自身も資本の生産過程としておこなわれる。しかしそうなると、資本にとっての利潤は、商人資本のように他人の生産物を安く買って高く売ることによって得られるというものではなくなってくる。資本家は他の資本家に対して安く買って高く売るというわけにはいかないし、また労働力しか商品として売るもののない労働者に対してもそうするわけにはゆかない。そこで資本は生産過程自身のうちにその利潤を求めざるをえなくなる。前章にみたように初期資本主義の時期においては商業取引、特に海外貿易による富の集中が、きわめて重要な役割を有し、いわゆる富国策としてそれが思想的にも主張せられ、政策的にも促進されたのであるが、資本家的生産方法が確立されてくると、資本はみずから生産過程において富を生産し、その利潤の源泉たる剰余価値をも生産しうることになるし、またそうせざるを得なくなる。

それは他人の生産物を安く買って高く売ることによって利益を得る商人資本とは異なり、社会の基礎をなす生産過程そのものによってその利益をあげ、それを蓄積してますます大なる規模で生産をなし、ますます大なる利益をあげうることとなるのである。かくして生産は個々の独立した資本家の自由な意志と計算によっておこなわれるのではあるが、客観的には資本によって社会的生産がおこなわれ、しかも不断にその生産の規模が拡大されていく機構が実現されるのである。

このような資本主義の確立は産業革命を経て達成される。資本が直接に生産過程を把握する産業資本の形態は、すでに一七、八世紀にマニュファクチァとしても発達をみたのであるが、前章で述べたようにマニュファクチァでは、資本はなお一社会の生産過程を決定的に支配しうるほどに有力ではなかった。その根本的な理由はマニュファクチァでは、ある程度労働過程を単純化したとはいえ、結局、旧来の手工技術が基礎をなしていたので、徹底的に労働力を単純なる労働力として使用することができなかったし、またそれと関連することであるが、かかる労働力をみずから十分に調達しうるということもできなかったという点にあった。ところが機械が発明され一般に採用されるようになると、この事情が一変する。機械は旧来の手工労働を排除し、労働を単純化し、かつ労働の生産力を比較にならぬほど増進するとともに、資本にとってみずから必要とする労働力をつねに調達しうる機構をつくりあげるのである。そこでわれわれは機械と労働者との関係について考えてみなければならないのであるが、まずその基礎をなす機械と労働との関係について考察しておこう。

機械と労働

産業革命の出発点をなし、またその基礎をなすものは、しばしばいわれるように蒸気機関のごとき動力機ではなく、紡績機械のごとき作業機である。作業機は従来労働者が道具をもっておこなっていた作業を機械化するものである。つまり労働者の手工的熟練によっておこなわれていた作業を、労働者の手の直接的作業から分離するということが重要なのである。しかも機械はその性質上多数の道具をもって作業しうるし、その発達にしたがって種々なる作業をなす作業機を分業組織的に結合し、さらに進んではこれらの作業機を運転する原動力と、これらを組織的に活動せしめる伝導機とによって、機械自身のあいだをも直結する自動組織、すなわち一つの機械体系を形成することにもなる。

こうなると労働者の地位は、家内工業やマニュファクチァのばあいとはまったく異なったものにならざるをえない。マニュファクチァにおいても、協業および分業がおこなわれていたとはいえ、それは、手工技術を基礎としているのであって、いかに単純なる作業に分業化されたにしても、なお手工上の熟練を要する部分を残すのであった。各作業部面は、特殊の労働者の熟練労働を基軸にして結合されなければならなかった。したがってマニュファクチァにおいては、資本はなお労働者を単純なる労働力の売手として完全に自己の支配のもとにおくことが、しばしば困難であった。前にも述べたように、資本はたえず労働者の「わがまま」と戦わなければならなかったのである。ところが機械を使用する工場においては、これまで労働者が道具を使って手でおこなっていた作業を、作業機がしかも同時に多数の道具をもっておこなうこととなり、労働者は特定の技能をもった労働者である必要がなくなってくる。いいかえれば、ここでの労働は何人にもなしうる単純な労働となり、幾年かのむずかしい習練をへなければならない労働ではなくなる。それとともに機械は、作業を人間の肉体的な力からもある程度解放することになり、婦人や少年の労働をも広汎《こうはん》に採用しうることとなるのである。それはマニュファクチァの分業組織で不熟練労働者が部分的に採用されるというのとは、質的に異なって、労働者を全面的に不熟練労働者化するものといってよい。さらにまたこの工場における労働者の協業は上述のような機械を基礎とするために、労働過程における労働者の機械に対する関係は、かつての道具に対するばあいとはまったく顚倒《てんとう》したものとなる。すなわち労働力を商品として売った労働者にとっては、機械は道具のようにみずから主体となって使用するというものではなくなり、逆に機械が労働者を使役するといってもいい関係ができてくる。実際また工場におけるあらゆる運動は機械を中心におこなわれ、労働者はこれに対して従属的に労働するにすぎないこととなる。そこで機械は労働者に対してそのまま資本としてあらわれるのである。

常識的にも考えられるように、労働過程における機械そのものの機能は、本来、労働手段として人間の労働を節約するということにある。資本として採用されるばあいにも、その点には何等かわりはない。第一に機械の採用が成年男子にかぎらず、婦人・少年をも広汎に社会的生産の各部面に動員しうる条件となるのは、従来必要とされた熟練をそれが無用ならしめるからである。第二に機械は労働者の手に代って、同時に多数の道具をもって作業することによって、同一時間に生産される生産物の量をいちじるしく増加する。しかもかならず多数の労働者の社会的労働を利用することになるのであって、それによる生産力の増進は、その面でも個々の生産物の生産に要する労働を減ずるものにほかならない。機械そのものの物理的性質や効果は明らかにかかるものである。ところが資本家的に使用せられる機械は単にかかる関係で、いいかえれば人間の生活に必要な生活資料と、その生産に必要な生産手段との生産に要する労働を節約するという関係だけで採用されるものではない。資本家的生産方法のもとにあっては機械も資本主義に特有な、より多くの利益をうるという動機をもって採用されるのである。もっとも機械が一般的に採用されるようになったのは、資本主義の確立期のことであって、資本に特有なこの動機を軽視することはできないのであるが、しかし機械の採用はかならず資本の形態をもってなされなければならないというものではない。ただ旧来の封建的な社会関係は、機械の採用に資本主義のような特殊な動機を有しないばかりではなく、その採用は、けっしてその社会関係をそのままにしておくものではないという点で、資本主義の社会においてはじめて一般的にその発明が促進せられ、生産過程に採用されることにもなったのである。この点は十分に注意しなければならない。

前にも述べたように、資本主義の社会では機械をはじめ原料その他の生産手段が労働力とともに資本として生産過程に機能するのであるが、それは生産のいわゆる物的・人的の両要素がともに商品として購入され、その商品によって商品が生産されるという資本に特有な生産過程を意味するものにほかならない。それは買入れた商品よりも生産された商品がより高く売れ、それによって資本の利潤をうることを目的とする。むろんそれは単に安く買った商品を高く売って利潤をうるというのではないが、しかし単にあらたなる生産物を生産すればよいというだけのことではない。したがって機械が資本家によって使用されるというばあいにも、機械による生産力の増進は労働者の労働を軽減するということを目的とするものではなく、のちに明らかにするように、それが利潤の特別の増進に利用されうるからにほかならない。機械の採用における資本主義に特有な動機というのはそのことをいうのである。

マニュファクチァにおける労働手段としての道具からみれば、機械設備にははるかに大きな資本を必要とする。もちろん機械自身も人間の労働の生産物であるが、それは道具のばあいよりはるかに大きな労働が投じられている。したがって、機械によって生産される生産物はその量が非常に増加しなければ、一般に生産物の生産に要する労働を節約したということにならない。しかし大量の生産物が生産されることになれば、大きな資本を投じても、生産物販売によって得られる代価は、全体でより多く得られるということになる。一般に機械的大工業の発達とともに生産物の量が増加し、その製品は個々的には安くなる。いうまでもなく機械は一度の生産で消耗してしまうものではない。長い年月にわたって生産過程で使用される。たとえば機械の寿命が一〇年とすれば機械設備に投じた資本は、一〇年間の生産物の代価のうちから回収されるわけで、個々の製品からの回収はわずかなことになる。それはともかく機械による生産力の増進はマニュファクチァのばあいとは比較《くら》にならない。アダム・スミスの『国富論』には、マニュファクチァの分業が手工業と比べていちじるしく生産力を増進する例証として、有名なピンの製造があげられている。分業によらなければ「一日二〇本、否おそらくは一本のピンを作ることもできない」ような職工が、分業をもってすれば一〇人で「四万八千本以上のピンを作り得る」(邦訳『国富論』岩波文庫版(二)二四頁)というのである。マルクスはこれと対比して、縫針について「たった一台の機械で、一一時間の一労働日に一四万五千本がつくられる」(『資本論』第一巻第一三章第八節）といっている。しかもこの機械を「一人の婦人または一人の少女が平均四台」（同上）を取扱うのであるから、一人当り一日に約六〇万本の縫針を生産することになる。このように生産量が増加すれば縫針の生産に要する労働時間は、当然非常に少なくてすむ。たとえ機械の生産に多量の労働を要したとしても、一本あたりにすればきわめてわずかなものになる。このことを資本家の立場からみれば、一日の労働者の生産物の生産に要する費用、すなわち機械その他の固定設備の償却分、原材料費等々とともに労働者の賃銀を加えた生産費は、生産力の増進によって一定時間における生産物の量が増大すれば、それだけ多くの生産物に割当てられるので、たとえ材料費に変化がないとしても、機械や賃銀に支払った生産費の単位生産物に割当てられる部分は非常に減少する。そこで機械的工業の普及とともに製品は、相当の利潤を得ながら廉価に販売しうることになる。もちろん、機械の使用が原料その他の生産手段を生産している部面にも普及すれば、原材料の価格も安くなる。全体に機械的工業の発達によってますます商品は安くなるわけである。資本家は生産に必要な生産手段と労働力とを商品として買入れ、その製品をかかる買入れに要した生産費以上になるべく高く売って利潤をできるかぎり多く得ようとするのであるが、機械の採用はその製品をますます廉価にすることになる。このようにますます廉価な商品を生産しながら、ますます多くの利潤をうるという、一見して相反することがなぜおこなわれるのか、この点は、一般に資本の利潤がどうして得られるかを明らかにしてからでなければ、解明するわけにはゆかない。そこでまず一般に産業資本はその利潤をどうして得るかを明らかにしよう。

利潤の源泉

産業資本の利潤は商人資本のように単に安く買った商品を、そのまま高く売って得られるというものではない。生産手段と労働力とに支払った生産費が製品の価格より安いというのは、けっして安く買ったものを高く売るというのではない。前にも述べたように資本家的生産方法が確立すれば、社会の富は一般的に商品形態をもって生産されるのであるが、それはまた資本家の利潤が商人資本のように安く買って高く売るという関係を許さなくなるということにほかならない。商品を資本家や労働者に売るかぎり、そういうことは意味をなさなくなる。前にも述べたように、現実的には全社会がそういう資本家的関係に純粋化されるということはないし、また資本家的商品生産も、そういう商人資本的関係を完全に脱するわけではないが、資本主義の社会では一定の時期、すなわちいわゆる帝国主義的段階に移行する前の産業資本の段階では、そういう純粋化の傾向を示しつつあったものとしてよいのである。産業資本の利潤の源泉は、資本家と労働者との関係によって明らかにされなければならないが、しかし、それは現実にある資本家と労働者との関係をそのままとって明らかにしうるわけではない。現実的にはつねに種々なる、いわば不純な関係が介入して、かえってその本体を見失うことにもなる。そこでわれわれはこの資本主義が一定の段階で具体的にその傾向を示していた純粋の関係によってそれを明らかにしなければならない。またそれによってはじめて、われわれは商品の価値が労働によって決定されるという、いわゆる労働価値説をも論証しうることになるのである。

労働者は一日の労働力、すなわち資本家の工場で一日労働する能力を売って賃銀を受ける。賃銀は労働者にとっては一日の生活資料を購入する手段である。ところで労働者が賃銀で購入する生活資料も人間労働の——資本主義社会では労働者の労働の——生産物である。もちろん、労働者の生活資料もいろいろの使用価値からなっている。それは人間の欲望を充足する使用価値としては、食料とか、衣服とか、家具とかというように、それぞれ異なったものである。これらのものを生産する労働も具体的には質的に異なった労働である。いいかえれば、食料・衣服・家具等はそれぞれ異なった労働の生産物である。しかし労働者はこれらの生活資料をすべて商品として、賃銀として得た貨幣をもって買入れて生活する。しかも資本主義社会では、これらの生活資料もすべて労働者の労働の生産物にほかならない。したがって労働者は全体としてみれば、自己の労働の生産物をも商品として買戻して生活しなければならないということになる。この関係は、人間がいかなる社会においても労働によってその生活資料を獲得しなければならぬということを、商品という特殊な形態を通しておこなっていることを意味するのである。たとえばロビンソン・クルーソーのばあいにみられるように、一人の人間が自給自足しているという生活を——といっても実際上そんな生活は特殊の事情のもとにしかありえないのであるが——考えてみよう。かれは、たとえば、ある日の幾時間かは食物の獲得に費し、また他の日の幾時間かは住まいや衣料の整備にあてるというように、とにかく種々なる質的に異なった労働をしなければならない。しかしかれにとっては、これらの種々なるいわゆる有用労働も、かれが生きていくためには一日幾時間かの労働をしなければならないということであって、労働の仕方はそれぞれの目的にしたがって異なるにしても、かれの頭脳・感官・神経・筋肉等の活動、つまり労働力の支出としては同質であり、ただ支出する量すなわち労働する時間の相違があるだけである。いいかえれば、かれの労働は同じかれの労働力の支出としての労働を、種々の異なった労働に配分しておこなっているわけである。労働の生産物はいかなる社会でもこういう二面の労働の結果といってよい。もちろん、何人も単に量的相違を有するにすぎない抽象的人間労働と、質的に異なる有用な具体的労働というように、二度労働するわけではない。一つの労働がかかる二面をもっているにすぎない。そしてじつは商品が一面ではその質的相違にもかかわらず、すべて一様に金何円というように量的にのみ異なる価格をもって売買せられるという点で価値を有し、また他面では、そういう一様性にもかかわらず、それぞれ異なった性質を有する物であって、人間のそれぞれ異なった欲望を充足しうる使用価値であるということも、こういうあらゆる社会に共通な労働＝生産過程における労働の二重性を基礎とするものなのである。

ところでロビンソンのばあいとは異なって、商品経済のもとにおいては、人々は直接自己の労働の生産物を生活に使用するというのでなく、他人の労働生産物を商品として購入しなければならない。しかも資本主義社会では、単に他人の生産物を商品として購入するというだけではなく、上述したように労働者が自己の生産物をも商品として買戻すという関係の基礎として、生産過程自身をも商品形態をとおしておこなうのである。それは労働者が、直接自己のために労働するばあいにもその労働力の再生産のために一定の労働時間をもって生産する生活資料を、商品形態をとおして買戻すことにほかならない。事実、労働力を販売して賃銀を得た労働者が、その賃銀によって生活資料を購入するということは、資本のもとに何等かの生産物を生産し、それが資本家によって商品として販売されるのに対応した関係にほかならない。ただここで注意すべきは、一日の生活資料の生産にはけっして一日の労働を要するものではないという点である。奴隷でさえ、一日の生活資料の生産に一日を要しないからこそ奴隷ともなったのであって、いかなる社会においても多少の進歩・発達の見られるかぎり、人間の一日の労働は一日の生活資料以上のものを生産する。ところが資本主義社会は、労働力を商品として買入れるというばあいに、一日の生活資料を購入しうる賃銀を支払えばよいという関係を基礎にして、はじめて確立されたのであって、ここに資本の利潤の源泉も確保せられることになるのである。以上述べたことを前提として賃銀を支払って購入された労働力が、いかにして利潤を生産するかを明らかにしよう。

いま労働力の再生産のためには、六時間の労働生産物からなる生活資料を要するものとし、賃銀によって購入された商品が六時間労働によって生産されたものと仮定しよう。ところが、労働者が資本家に売りわたすものは労働力であって、労働そのものでもなければ、また労働生産物でもない。もちろん労働者は奴隷のように身体を売ったのではない。独立の人格を有するものとして一日の労働力を商品として売るのである。一般に商品は、商人あるいは商業資本家のように再び売ることを目標にしないかぎり、その商品の使用価値を使用することを目的に購入される。労働力なる商品は再び売ることを目標として購入されるものではなく、かならず使用価値として消費するほかないのであるが、その使用価値は労働、すなわち生産過程においてあらたなる使用価値をつくる労働である。労働力なる商品は他の商品と異なって、それ自身では特定の使用価値を有する労働生産物ではなく、種々なる使用価値を生産することができる人間の能力を使用価値として有する特殊の商品である。かくて資本家の買入れた労働力は、同じく商品として買入れた生産手段——それはもちろん、生産の目的にしたがって特定の使用価値を有するわけであるが、それ——によってあらたなる使用価値を生産する。しかしこのあらたなる生産物は、資本家の直接消費の対象として生産されたものではなく、資本家によって商品として売られる生産物である。現にそれが生活資料であれば、少なくともその一部は労働者に販売される。ところが前にも述べたように、労働者の一日の労働は、一日の労働力の再生産に必要な生活資料以上のものを生産する。いいかえれば、資本家の買入れた労働力の使用価値は、労働力の代価として支払われる賃銀によって買戻される生活資料以上のものを生産するのである。労働力を商品として買入れた資本家は、労働力の再生産に要する労働時間六時間の生産物を労働者に与えつつ、八時間、あるいは十幾時間の生産物をうるのであって、六時間を超過する剰余労働の生産物を獲得することができることになる。それは奴隷主が奴隷の剰余労働の生産物を獲得するとか、あるいはまた、封建領主が農奴の剰余労働の生産物を獲得するとかというのとは異なって、商品形態をとおしてこれを獲得する特殊の方式である。しかもこの労働力の商品化は、あらゆる生産物を商品化せずにはいない。たとえば、生活資料たる綿布の生産に必要な原料綿糸の生産部門でも、その生産に必要な原料たる棉花《めんか》や労働手段、紡績機械、補助原料たる油等の生産手段が、労働力とともに商品として買入れられて綿糸が生産されたとすると、この部門の資本家は、その生産物を綿布の生産をなす資本家に販売することによって、綿布を生活資料として購入するその労働者に支払った賃銀を回収する。この関係はまた労働力と同様に、綿布の商品としての販売をも、その生産に要する労働時間を基準としておこなわしめることになる。綿布の生産をなす資本家が、その生産物たる綿布を、労働者に対して、その生産に要した労働時間を基準にしないで高く販売したとすれば、労働者は一日の労働力の再生産に必要な生活資料を買戻しえなくなると同様に、綿糸の生産をなす資本家が、その綿糸を、綿布生産資本家に、その生産に要した労働時間によらないで高く売ったとすれば、前者は後者以上の利益をうることになる。資本家にとっては、綿糸にしても、綿布にしてもそれ自身のために生産するわけではないから、より有利な事業をおいて、綿布の生産をつづけるという理由はない。そこでその資本家は、綿布の生産をやめて綿糸の生産をするか、あるいは、あらたなる資本が有利な綿糸の生産に投ぜられることになるわけであって、その結果は綿糸の価格も綿布と同様に、その生産に要する労働時間を基準とすることにならざるをえないのである。かくして資本家は、労働者に対しても、また他の資本家に対しても、その生産物をその生産に要した労働時間を基準にして販売するのであって、商品の価値は、結局、この労働時間によって決定されることになる。こうして、労働力の商品化なる事実を基礎とすることによって、はじめて商品の価値は、その生産に必要とされる労働の量によって決定される、という価値法則がその根拠を明らかにされるのである。

かくしてまた労働力なる商品は、その価値を支払われながら、その使用価値たる一日の労働によってあらたなる価値を、労働力の価値以上の価値を、生産するということが、資本家にとって剰余価値を与えることになり、資本の利潤の基礎をなすのであって、価値法則は、資本主義社会においてはじめて商品経済が一社会を支配する基本的原理をなすということになる。もちろん資本主義社会の出現する以前の社会における商品の価値も、その商品の生産に要する労働時間によって規定されざるをえないのであるが、しかし労働力の商品化を基礎としない商品経済は、なおその価値規定の根拠を客観的に確立するものではない。種々なる他の要因による影響をまぬかれない。いいかえればその必然性を有するものとはいえないのである。ところが、生産物がその生産に要する労働時間によってその商品としての価値を決定されるという、この商品経済の基本的関係は、のちに述べるように、個々の資本家にとってはかならずしもその生産物を価値によって売買し、その生産過程で生産された剰余価値を、ただちに利潤としてうるものではないという、一見矛盾したあらたなる関係を展開する。しかしそれは個々の資本家にとってのことであって、全体の資本家と労働者とのあいだには、資本家は労働力の再生産に必要な生活資料を、賃銀をとおして労働力の価値として与えつつ、剰余価値をうるという関係が価値法則にもとづいて確立されるのである。実際また価値法則の社会的な、歴史的な意義もこの点を基軸として理解されなければ十分とはいえない。それはけっして単なる生産物の商品としての交換を規制するものとしてではなく、生産物が商品として、商品によって生産される資本家的商品経済においてはじめて、一社会を規制する原理となるのである。かくして労働者の一日の労働時間は、マルクスのいわゆる支払労働としての必要労働時間と、不払労働としての剰余労働時間とに分割され、その比率である剰余価値率は、資本家の労働者に対する関係を表示するものとなる。資本家はできうるだけ一日の労働時間を延長することによって、剰余価値率を増進しようとする。しかもそのことは商品の価値法則に何等反することではない。一日の労働時間は、労働力なる商品の使用価値にほかならないのであって、商品として購入した労働力の資本家によるその使用価値の消費にすぎないからである。

ところがこういう方法による剰余価値率の増進は、つねに一定の限度をもっている。必要労働時間は与えられたる生産力によって限定され、一日の労働時間は労働者の身体的条件からいっても、一定の限界を越えるわけにはゆかない。そこで資本家による剰余価値率の増進は、必要労働時間そのものを短縮する生産力の増進に向わざるをえない。マルクスはこの方法を前者の絶対的剰余価値の生産に対して、相対的剰余価値の生産というのであるが、それは一日の労働力の使用価値としての労働時間を一定としても、必要労働時間の短縮によって剰余労働時間をますます多くすることができるからである。産業革命による機械の資本家的採用も、一般に労働の社会的生産力を増進することによって、相対的に剰余価値の生産をいちじるしく促進することになるという事実が、その根本的動力をなすわけである。もっとも後に述べるように、資本家があらたなる機械を採用するというのは、直接的にはそういう一般的な根拠によるのではない。他の資本家がまだ採用しないうちに新しい機械を採用すれば、その資本家は、従来の方法のもとで生産される商品をなお規制している価値にもとづいて、自己の商品をも売りうるために、生産力の増進による、特別の利潤が得られるということを、直接的な動機とするのであるが、しかしそういう直接的な動機も実は、以上に述べたような一般的剰余価値の生産を基礎にしてあらわれるものにほかならない。事実、新しい機械が普及すれば、商品は新しい低下した価値で販売され、かかる特別の利潤は失われるのであるが、そのかわり資本は一般的に、労働力の再生産に要する労働時間の減少によって、より多くの剰余価値を獲得しうることになるのである。産業革命もまたこういう直接・間接の推進力によって急速に実現されたのである。

イギリスにおける産業革命の経過

前章でみたように、イギリスで典型的発展をみた初期資本主義の代表的産業は羊毛工業であった。一八世紀にはなお綿工業は羊毛工業に対しては比較にならない産業であって、インドの精巧なる手工業技術によって生産される綿製品によって圧倒されていた。ところがこの産業革命をへて一九世紀のはじめになると事情は一変する。たとえば、一七六五年ではイギリスの綿製品の輸出額は、二〇万磅《ポンド》で羊毛品輸出額の五一六万磅《ポンド》に比較して、問題にならない程度であるが、一八二五年になると綿製品輸出額がその地位を奪って、三、〇八〇万磅《ポンド》という急増を示すのに対し、羊毛製品は、わずかに六九三万磅《ポンド》にとどまっている。*綿工業は産業革命によって、イギリス資本主義の代表的産業となっている。また事実産業革命の過程は、前にも述べたように、綿工業における機械化によって代表され、紡績機械の発明にはじまるのである。むろん当時種々なる産業部門に、あらたなる機械的方法が採用されたことを無視してよいというのではない。しかし資本主義の確立の点では、この代表的産業の機械化を中心に考えなければならないのである。すなわち綿工業では、ワイアット（Wyatt）の紡織機（一七三三）、ハーグリーヴズ（Hargreaves）のジェニー（spinning jenny. 一七六四）、アークライト（Arkwright）のウォーター・フレーム（water-frame. 一七六七）等の発明が相ついで実用化されたのであるが、特に一七七九年のクロンプトン（Crompton）によるミュール（mule）の出現はインド品に匹敵しうる基礎を確立したのであった。そしてこのころから従来の羊毛・麻の紡績に対して綿紡績がいちじるしく増加してくる。しかしこれらの機械の採用も最初のうちは大規模な工場経営を必要としたわけではなかった。ごく小規模な経営にも利用しうるものであった。ところが一八世紀八、九〇年代からは紡績業にも水力、さらに進んでは蒸気力の利用がおこなわれるようになり、次第に大規模経営に発展してきた。しかしなお資本はミュール機に特有な紡績熟練工の羈《き》絆《はん》を脱することはできなかった。かかる熟練工は機械の運転を監督するとともに、紡績作業に附随する一切の労働を指揮する地位にあって、資本にとっては、かならずしも従順な労働者とはいえなかったのである。かくて綿工業における機械の第一過程としての紡績過程の機械化が一応完成するのは、一九世紀最初の三〇年間においてであった。すなわち一八二五年のミュールの改良機たる、いわゆるセルフ・アクター（self-actor）の発明と、それと時を同じくしておこなわれたアークライトのウォーター・フレームの改良機、スロッスル（throstle）とによって、作業はいちじるしく機械化され、それとともに労働者の資本に対する無産労働者としての地位も、紡績部門においてまず決定的となったのである。

＊　これらの数字は、当時の商相ハスキッソンの演説からとったものであって、公定価格によるものと推定される。したがって申告価格による数字とかなり異る。ただ数量的変化はこれによって大体明らかにされるものといってよい。

綿工業における製織過程の機械化は紡績工業の機械化よりおくれて、一九世紀三〇年代からその普及を見ることになる。綿糸の生産が、なおきわめて幼稚な方法によっておこなわれていた一八世紀六〇年代に、織工が綿糸の供給不足に悩んだという事実が紡績過程の機械化を動機づけたといわれるのであるが、紡績過程の機械化が進むにつれ綿糸の供給が増加し、一八世紀末から一九世紀はじめにかけては、一時織工が不足するということになった。しかしこの織工の不足は、たちまちのうちに農業その他の部面から転職するものを増加し、一時騰貴した織工の賃銀をふたたび下落せしめ、結局この低賃銀が製織過程の機械化を永く阻害することになったのである。元来、力織機の普及は、すでに紡績業を奪われた自家労働者から最後のよりどころを奪う過程をなしたのであって、紡績業の機械化と異なって、長年月にわたる酷烈なるものとならざるをえなかった。すでに一八世紀末には、動力をもって運転される力織機の発明がカートライト（Cartwright）によっておこなわれていたのであるが、そしてまた一九世紀はじめには、ドレッシング・マシン（dressing-machine）といわれる糊付機《のりづけき》の発明によって実用化されうるものとなったのであるが、しかしそれが実際に使用されるようになったのは、さらに改良を重ねられた一八二四、五年以後のことである。ところがそれでもなお手織機を一掃することにはならなかった。織機の機械化が容易に完成されなかったからでもあるが、綿業の発展とともに多数の手織工は極端な窮迫のもとにありながら、なお増加してゆく傾向をさえ示したのである。四一年の自働力織機によってようやくこの発明史は一応の完結をみたのであった。

綿工業における産業革命は以上のように、紡績および製織の過程の機械化を中心としておこなわれたのであるが、もちろんこの過程の発展とともに、これに附随する部面、打《だ》綿《めん》・梳綿《そめん》、あるいは漂白・捺染《なっせん》等の過程においても機械化が発達し、近代的工業化が推進されたのであった。そしてこの機械化は、従来の手工的労働者の近代的工場労働者への転化を完成し、綿工業自身をもランカシャを中心にいちじるしく集中し、近代的工業都市を形成したのである。一九世紀三〇年代はじめには、イギリスの綿紡績の労働者数は一四万人、錘数は一千万を数えている。力織機は前にも述べたように、当時はなお手織機の支配を圧倒しえなかったのであるが、二〇年代に二四、五万にも及んだ手織工は、四〇年代には六万人に減じ、一五万人の工場労働者がこれに代ることになったのである。これらの数字は明らかに近代的工場制度がイギリス綿工業に確立されたことを示すのであって、その生産力も当然にいちじるしく増進してきたのであった。一八一九—二一年には職工一人あたりの年平均綿糸生産額は、九六八封度《ポンド》であったが、二九—三一年には一、五四六封度《ポンド》となり、さらに四四—四六年についてみれば二、七五四封度《ポンド》に増加している。これにしたがって綿製品の生産総額もいちじるしく増加し、綿糸は一八一九—二一年の一〇六・五百万封度《ポンド》に対して、二九—三一年には二一六・五百万封度《ポンド》、四四—四六年には五二三・三百万封度《ポンド》にのぼった。織布においても一九—二一年の八五百万封度《ポンド》に対し、二九—三一年には一五三百万封度《ポンド》、四四—四六年には三七八百万封度《ポンド》に達している。また生産力の増進は、当然これらの製品の単位あたりの価格を低下させることになった。原料である棉花《めんか》の費用の低落にもよることであるが、当時の綿糸布の価格の推移をみると、四〇番手綿糸一封度《ポンド》の価格は一七九九年の七シリング六ペンス、一八一二年の二シリング六ペンスから、三〇年になると一シリング二ペンス半に低下している。綿布では一八一五年一反二八シリングの更紗《さらさ》が三〇年には八シリング九ペンス、四五年には六シリング、四八年には四シリング六ペンスにまで低落している。

以上のようなイギリス綿工業における発達は、もちろん他の諸国にも影響しないではすまなかった。一九世紀三〇年代までの期間において、イギリスについで世界第二位にあったのはフランスであり、ついでアメリカ合衆国、その他ベルギー、スイス等であったが、フランス以下いずれの国の綿工業も、イギリスにくらべるときは格段の相違があった。たとえば、アメリカ合衆国でも一八世紀中に綿業の機械化が試みられているが、一九世紀に入るまではほとんど成功しなかった。ナポレオン戦争に影響されておこなわれた一八〇七年以来の貿易禁止政策によって、イギリスの綿製品の輸入が阻止されたので、アメリカでは、はじめて綿工業を有利に経営することが可能となり、その後急速な発達をとげたのであるが、三〇年代にもなおイギリスの一〇分の一の錘数を数えるにすぎなかった。もちろん製品もイギリスのような高級なものはつくれなかった。イギリスにつぐ地位にあったフランスでさえ、その生産高はイギリスの四分の一にすぎない状態だったのである。このような相違は、資本家的蓄積の後進国として、一定の期間は当然にまぬかれないことである。機械的工業の輸入は、手工業のばあいとはいちじるしく異なるのであるが、しかしそれにしても他の諸条件の変化をまたなければ、その生産費をイギリスのように低下するわけにはゆかない。それはただちに国際市場で、イギリスに対抗しうる力を与えるものではなかった。かくしてイギリスは一九世紀中葉には、他の諸国における資本主義化をかならずしも排除することなくして、「世界の工場」たる地位を占めるにいたったのであった。

一八五〇年の調査によると、スコットランドおよびアイルランドを含む全イギリスで、綿工業の工場は一、九三二、そこに労働する労働者は三三万人、その内六割までは婦人・少年労働者からなり、六〇年代には綿布生産の七割以上を輸出したのである。イギリスにおける近代的大工業の発展は、実際上は綿工業を中心とし、また世界市場を基礎としたものであって、全産業が一様に資本主義化し、完全に自立的な資本主義社会を完成したというわけではないが、しかし生産過程の資本家的機械化の過程が、資本の労働者に対する関係をいかなるものとして確立することになるかは、この間の労働者の地位の変化によって明らかにされるのである。

機械の労働者に対する社会的影響

機械そのものは、前にも述べたように元来は人間の労働を節約するものであるが、資本家的生産のもとにあってはむしろ労働者自身を節約するものとして作用し、機械は労働者の競争者としてあらわれる。事実、機械はしばしば従来の手工業労働者をその職場から駆逐し、その存続を不可能にしたのである。マニュファクチァや家内工業は同一の産業では、もはや競争することができなくなる。そこで従来の手工業労働者は失業せざるをえなかったのであるが、彼等にとってはこの過程はあたかも機械そのものが自分たちから職を奪うもののようにみえたのであった。事実、労働者はまず機械そのものと抗争したのである。たとえば「一七五八年エヴェレットが、水力で運転される最初の剪毛《せんもう》機をつくったときには、それは数百人の失業者によって放火された。またアークライトの粗梳機《そそき》および梳《そ》毛機《もうき》に対しては、従来羊毛を梳《す》いて生活していた五万の労働者が議会に反対陳述をした。ことに蒸気機関の利用の結果として、一九世紀最初の一五年間に、イギリスの工業地帯でおこなわれた機械の大量破壊はラダイトの運動の名のもとに、……反ジャコバン政府にとって極度に反動的な弾圧手段をとる口実を与えた」(『資本論』㈢二〇四―五頁)のであった。労働者はこのように機械そのものを自分たちの敵としたのは、機械工業発達の初期においてはなお、その資本家的使用の意義を理解しえなかったものとして当然のことだったのである。

機械によって駆逐された手工業労働者のきわめて悲惨な運命は、前にあげたイギリスの木綿手織工たちの、数十年の長きにわたって徐々におこなわれた破滅のうちに見ることができる。「彼等のうち多くの者は餓死し、また多くの者は、一日に二ペンス半でその家族とともに長いあいだやっと露命をつないだ」(同上二一〇頁)とマルクスは述べている(引用文中の二ペンス半というのは一八三三年の救貧法による国家の補助のことである)。もちろん、資本家的生産が機械をもっておこなわれることになると、工場の規模は大きくなり労働者の数も絶対的には増加する。それは単純に労働者を工場から駆逐するものとはいえない。しかし工場に吸収される労働者は、もはや従来のような多かれ少なかれ習練をへた手工業者としてではない。成年男子とともに多くの婦人・少年労働者が雇傭《こよう》される。熟練した手工業者も機械を採用する工場では、単なる労働者としてしか雇傭されないということになる。資本家的生産方法の基礎をなす労働力の商品化は、前にも述べたように、まず最初は従来直接の生産者と結合せられていた生産手段を資本として分離する、いわゆる原始的蓄積の過程によってその出発点を与えられたのであるが、機械的大工業の発展は、かかる労働者を真の無産労働者たらしめ、つねにその労働力を商品として販売せざるをえないという状態におくのである。そしてそこでは労働力の商品としての価値は、何等の特殊技能をもたない、単純なる労働力として決定される。少なくともそういう傾向をもってくる。それと同時に従来成年男子によって支えられた労働者の家計は、妻子の労働によって補充されることになる。婦人や少年の賃銀はもちろん低い。しかし成年男子の賃銀もこれによって影響されるのであって、労働者の家族は一家をあげて工場に働かざるをえないということになるわけである。そしてまた資本は、これによって従来手工業者から受けてきた抵抗を排除し、あくまでその利益を追求しうることになる。事実工場の重心は、前にも述べたように手工業時代と異なって労働者から機械に移り、作業の機械化によって夜間の労働も可能になる。しかも資本家にとっては、機械は運転させないでおいても消耗をまぬかれないので、なるべく休みなくたえず運転させることを利益とするわけであって、機械工場は手工業には不適当なる夜間労働をも一般化するのである。資本は、もちろん一日の労働力の代価として賃銀を支払って労働者を雇い入れたのであるから、できうるだけ長い時間労働させようとするのであるが、作業の機械化も二四時間の労働を実現することはできない。そこで労働者を交代してでも夜間まで労働せしめ、できうるだけ機械を有利に利用するという方法がとられることになるのである。

こうした理由から産業革命による機械の普及発達につれて、労働者の労働は軽減されるどころではなかった。婦人・少年労働者も非常に酷使された。一四時間あるいは一五時間というような長時間の労働さえまれではなかった。機械による作業の単純化は、かかる長時間の労働をも重労働ではないような外観を与えるのである。しかしもちろん、このような婦人・少年の酷使は悪影響なしにはすまない。長時間の婦人労働は、労働力を単に再生産するだけでなくあらたなる次代の労働力をも育成する、労働者の家庭生活を破壊するものであった。また成長期の少年にとっては健康の点からはもちろん、教育上からもその成育を阻害するものであった。そこでイギリスの議会も、すでに一九世紀はじめから婦人・少年の労働の制限を規定せざるをえなかったのであるが、しかし実際上はこの制限は何等の効果もあげることはできなかった。その実施を監督する機関がなかったからである。

かくしてあらゆる繊維工業に適用された一八三三年の工場法で、はじめてその規定が実際守られているかどうかを監督する工場監督官制度が設けられ、一八歳未満の少年労働者の労働時間の制限がおこなわれることになったのである。その後四四年には、さらに婦人労働者も、幼少年労働者と同様に工場における労働時間を制限せられ、夜間労働を禁止されて四七年にいたってようやく婦人・少年労働者のいわゆる一〇時間労働法が確立されたのであった。

元来は人間の労働を節約し、軽減すべき機械の発明も、それが資本家的に使用される工場では、かえって労働時間を延長する手段とされ、政府もこれを法律によってでも制限せざるをえないことになったのであるが、しかし実際にはこれらの法令の適用されない産業部面ではもちろんのこと、適用範囲内にある工場でも、それをくぐっておこなわれる幼少年の長時間労働は跡を絶たなかった。前にも述べたように、労働力を商品として買入れる資本家としては、買入れた商品の使用価値としての労働を、できうるかぎり利用して利潤をあげようとするのは、商品経済的には当然であるし、また労働者としても、作業の機械化にともなって妻子の工場労働にもたよらざるをえない状態におかれたのであるから、その長時間労働に、賃銀収入の増加を求めざるをえなかったのである。

しかし工場における婦人・少年労働者の労働時間の制限は、けっして無意義なものではなかった。それは一般に工場の全労働者の労働時間にも影響する。またたとえ法規をくぐる手段がとられるにしても、それによって工場の運転は制限されざるをえない。機械を使用する工場では、部分的な交替制によるとしても、その制約をまぬかれない。そこで資本はあらたに一定の制限せられた時間内で労働力の消費を一層有利におこなう方法をとったのである。もともと機械の資本家的採用は、労働者の労働を一般に強化する傾向をもっているのであるが、工場法による労働時間の制限は、これをいっそう促進する作用をもったのであった。資本は労働時間の短縮を機械の運転速度の増進や、取扱台数の増加によって補償しようとしたのであった。機械もそのために改良されることになった。イギリス綿工業における機械化は四〇年代後半以後は、主としてこの面において発展したのである。

　産業革命として知られる作業の機械化は、以上述べてきたように、大体衣料品工業を中心にしておこなわれたのであるが、これによって資本は確実に一社会を支配する基礎を確立することになった。もちろんそれは、あらゆる産業を一様に資本主義化したというのではない。しかし資本主義前の社会では、多かれ少なかれ農業と結合されておこなわれてきた衣料品生産が完全に農業と分離せられて機械化されるということは、資本の支配を全社会におよぼすことになるのであった。けだしそれによって資本は、農業をも食糧と原料の商品生産に引きいれることになるばかりでなく、資本家的生産関係の根本的基礎をなす労働力の商品化自身をも、みずから実現することになるからである。
　一七、八世紀の資本主義の初期においては、政治力にたよってでも生産手段と労働力との分離を促進し、これによって労働力の商品化をなさざるをえなかったのに対して、産業革命をへた一九世紀においては、いちじるしく事情が異なってきた。一方ではもちろん、資本の生産規模はいちじるしく拡大され、年々追加される資本量も増大したし、他方では労働者人口も、あらたなる社会関係のもとに自然的に増加してきたのであるが、しかし資本の蓄積の増進につれて、資本の要求する労働者人口は単に人口の自然増加だけで充足されるということにはならなかった。いいかえれば資本は人口の増加に制限されることなくその経営を拡大したのであるが、それはますます改良されてきた機械を採用することによって、一方では資本量に比較して労働者数を相対的には減じながら、他方では資本量の絶対的増加によって、労働者をますます多く工場に雇い入れることになったからであった。しかもこの労働者は、いまや単純なる労働力を商品として販売せざるをえない、いわゆる無産労働者にすぎなかった。資本は機械の採用によってはじめて自己の必要とする労働力を、自由に調達しうる労働市場を確立してくるのである。もっともこの関係は、資本が他の生産手段や消費資料のように労働力を直接生産するというのではないために、つねに確保されているというわけにはゆかない。そこであるときは資本の蓄積によって労働者を工場に吸収し、あるときは機械化の伸展によって、これを排除するという、特殊の過程のうちにそれを実現する。機械の改良がそのあいだの媒介をなすことになるのである。資本は、これによってみずから生産することのできない唯一の商品である労働力をも、消極的ながらもみずから調達しうることになるのであって、もはや政治的力のごとき外的力によって、自己の生産関係の確立を擁護せられることを要しなくなるのであった。その生産力の増進による支配力は、かくして自立的なものとなったのである。

二　産業資本と国際的分業

産業資本の発展と国内市場の完成

生産手段と生産労働者との分離は、資本家的生産方法の前提条件であるが、それはまた、一国の経済を全面的に商品経済化してゆく過程にほかならない。直接の生産者が労働者としてみずから生産した生活資料を、商品として賃銀によって買戻すという関係は、一社会を根底から商品経済化するのである。もちろんあらゆる労働者がかかる生活資料を生産するわけではなく、したがってまた労働者が賃銀によって買戻すものが直接自己の生産物であるというのではない。しかし直接の生活資料でない生産手段を生産する労働者が、その賃銀によって他の労働者の生産物たる生活資料を商品として購入するということは、生産手段自身にも商品形態を必然的にするのである。かくして生産が資本家的におこなわれるということは、労働者の生活資料が商品化することを基礎にして全生産過程を商品経済化することにほかならない。生活資料、ことに大衆の衣料が農耕と結合しておこなわれた旧封建社会の解体が、衣料品工業が資本家的経営によっておこなわれることを通じて遂行されたのもそれがためであるが、こうした農工の分離が機械的大工業をとおしておこなわれれば、それは工業品の資本家的生産が、その異常な生産力の増進をもって集中的におこなわれることを反映して、農産物の商品化をもますます促進しつつ必然的にし、国民的規模における市場を形成することになる。いわゆる国内市場の形成を決定的にするのであって、工業と農業、都市と農村との対立をも、近代的国家の規模において確立するのである。

前にも指摘したように機械的大工業の発達もあらゆる産業においておこなわれたわけではない。資本家的工業が、たとえば綿工業において確立されたからといって、全産業がすべて資本家的大工業としておこなわれるわけではない。一九世紀中葉のイギリスにしても多くの旧来の小生産者を残存せしめているのであるが、かかる小生産者はもはや旧来の独立の小生産者の地位を保持するものではなくなる。むしろ近代的大工業に労働する労働者の、いわば補充をなす地位におかれるのである。いずれも資本家的生産方法に直接間接に支配せられる商品経済の内に存続するにすぎない。だから、それはまったく商品経済の支配する社会を実現したものといってよいのである。商品の売買という、形式的には自由と平等との関係をもって社会生活を規制するということも、実はこういう労働者の資本に対する従属的な関係によってはじめて社会的に確立されるのである。いいかえれば労働者が労働力という商品の売手として、その買手である資本家と形式的には平等な立場におかれているということが、全社会を商品経済化し、商品を自由に売買せしめることになるのである。むろんここでも、安く買って高く売るという商人資本が消失するわけではない。むしろ実際上は、資本主義がほとんど典型的に発達したものといえる一九世紀中葉のイギリスをとっても、なお商人資本は重要な役割を占めているのであるが、しかしそこでは商人資本はもはや一七、八世紀の資本主義発展の初期におけるような地位を占めるものではない。資本は、労働力なる商品を、その再生産に要する労働時間によって決定せられる価値によって購入し、これに対して生活資料を、また価値を基準にして販売したとしても、生産過程において剰余価値を生産し、これを利潤として実現しうる関係を確立して来たからである。それはしかし産業資本にしてもそれがもはや、安く買って高く売ることによって利潤を得るものではなくなったというのではない。労働力にしても他の生産手段にしても、資本家はできるだけ安く買入れようとするし、その生産物はできるだけ高く売ろうとする。しかし労働者が無産労働者として単純なる労働力を商品として販売し、資本家がまたこれに対して生活資料を商品として販売するという関係が確立され、しかもこの関係がなお残存する従来の関係をも、漸次に支配してゆく基本的社会関係としてあらわれ、旧来の社会関係がむしろそれがために、特殊なものとして残存するにすぎないということになると、商人資本はもはや支配的地位にあるとはいえなくなるのである。もちろん対外関係においては資本は商人資本として機能し、資本主義の発展とともに、ますます増大する貿易に従事するのであるが、しかしこの面でも貿易関係自身とともに商人資本は産業資本に従属する地位を占めることになる。その点は、イギリスがすでに一八世紀末、一九世紀はじめ以来、いわゆる自由主義として、従来の重商主義の諸政策を改変し、対外的関係においても漸次に自由貿易を実現する方向に進んで来たことによっても明らかに認められる。一九世紀のイギリスが工業生産物を輸出して、農産物を輸入し、国内の農業をまで資本家的に経営する方向に進んで来たということは、産業資本の支配を示すものにほかならない。

機械的大工業の発展が、一七、八世紀の手工業と異なってその原料品を輸入し、工業品を輸出するという、あらたなる国際関係を展開し、さらにまた食糧をさえ輸入する関係を導入するということは、国内市場とともに、国際貿易をも資本家的商品経済に組み入れる過程にほかならない。世界の工場としてのイギリスが、いわゆる国際分業を実現したのは、まったくその資本主義が産業資本によって確立されてきたことを示すものである。

国際的分業

機械的大工業は、マニュファクチァとは比較にならないほどの生産力の増進を実現する。そこでその製品の販路としての外国市場も、これまでとは異なったものにならざるをえない。もちろん、資本家的に商品経済化した国においては、すでに述べたように国内的にもその販路は当然に拡大される。理論的に資本主義社会の構造を明らかにする経済原論では、資本の生産物は一社会内において、いいかえれば外国市場なくしても商品としてますます多く売買せられるものと想定され、また想定されうるのであるが、資本主義の発展の実際は、もともと国内における資本家的商品経済の完成の後に、国外市場に販路を求めるというのでなく、商品経済の本質上、最初から国際貿易を通じて国内市場をも商品経済化するという関係にあるのであって、産業資本はこの関係を工業国と農業国との対立として実現するのである。すなわち農業国の多かれ少なかれ、なお非資本家的な生産物が、工業国の資本家的生産物とたがいに商品として交換せられることによって、国内市場もまた開発され、資本家的商品経済が拡充されるということになる。工業国としてのイギリスもこの国際貿易をとおして、自己の農業をも資本主義化したのである。他方、農業国はまた自己の農産物を輸出することによって工業国の製品を購入しうることになり、みずからもまた漸次に商品経済とともに資本主義的関係を導入する。いいかえればこの農業国と工業国との関係は、後者を中心とする資本家的商品経済の世界的な拡大にほかならない。それと同時にこの関係が一定の期間は国際的な分業を実現するのである。一九世紀六〇年代までの時代はイギリス綿工業を中心とする、かかる国際的分業が典型的におこなわれた時代であり、それがまた同時にイギリスにおいて、資本主義的生産関係をもっとも典型的に展開することになったのである。

イギリスの綿工業は一九世紀三〇年代にはその輸出はイギリスの輸出品の半ばを占め、全世界のほとんどあらゆる国民に、その衣料の一部を供給するものであったといわれる。事実一八三〇年当時のイギリスの重要輸出品についてみると、つぎのように綿糸およびその製品がすでに群を抜いている。

イギリス重要輸出品(1830年)

綿糸および綿製品	19,429千磅《ポンド》
毛糸および羊毛製品	4,851千磅
リンネル	2,066千磅
刃物・鉄器類	1,412千磅
鉄・銅	1,072千磅
被服類	983千磅
陶器・ガラス	844千磅
絹	521千磅
皮革製品	335千磅
バター・チーズ	263千磅
ビール	213千磅
機械	209千磅
鰊	197千磅
肉類	195千磅
石炭・コークス類	184千磅
羊毛	145千磅

イギリス綿製品の輸出市場(1832年)

ドイツ	3,296千磅《ポンド》
シナ・東インド・セイロン	1,632千磅
イタリーおよびイタリー諸島	1,539千磅
オランダ	1,437千磅
ブラジル	1,314千磅
ロシア	1,259千磅
アメリカ合衆国	1,247千磅
トルコ	702千磅
英領西インド	659千磅

またこの綿糸および綿製品の輸出の重要市場は前頁に示すように、きわめて広汎《こうはん》な地域にわたっていることがわかる。

前にも述べたようにフランス・アメリカ合衆国でもすでに国内に綿工業の発達を見るのであるが、イギリス製品にはとうてい匹敵することができなかった。たとえばアメリカ合衆国について一八三〇年当時の主要輸入品をみれば、綿製品七八六・六万ドルが第一位を占め、羊毛製品五九〇万ドルが第二位、つづいて砂糖、コーヒー、皮革、銅という順位である。同年の輸入総額六、二七二万ドルのうち三、五七三・五万ドルは全製品であった。これに対して輸出総額五、八五二・五万ドルの内三、六六六・五万ドルは原料品である。アメリカ合衆国はイギリスに対比して明らかに農業国といってよい。しかもアメリカの輸出品のうちで、当時は棉花《めんか》が圧倒的地位を占め、その輸出先ではまたイギリスが最大の買手であった。三〇年代はじめにはアメリカ棉花の八割は輸出され、そのまた七―八割はイギリスに向けられていたのである。たとえば一八三〇―三一年の収穫、一〇三・八万俵のうち七七・二万俵が輸出され、そのうち六一・八万俵はイギリス、一二・七万俵はフランスであって、国内消費は一六・八万俵にすぎなかった。アメリカの棉花栽培は一八世紀末以来、イギリス綿工業の発達によって促進せられ、優良棉花として有名なシイ＝アイランド棉（sea-island）を産出していたのであるが、一七九三年サウ＝ジン（sew-gin）が発明され、綿繰りの作業が機械化されるまでは、アメリカは、なおイギリスの輸入棉花において、西インドその他にはるかにおよばなかった。ところがこの綿繰り作業の機械によって、アップランド棉（upland）が急に世界的商品となり、イギリスの輸入においてもたちまちにして首位を占め、二〇年代後半以後はその七割以上を占めることになったのである。この棉花はアメリカの南部諸州において奴隷と新開地の乱耕のもとに生産されたのであって、イギリス資本主義は長くアメリカの奴隷生産と国際的な分業をなすことになったわけである。かくしてまたイギリスにおける機械的綿工業による資本主義の発展は、アメリカの主要輸出品をも一八世紀の煙草から一九世紀の棉花に転換せしめたのである。

イギリスの棉花の輸入は、綿工業の発展とともに年々増進し、アメリカ以外にブラジル、東インド、西インド、トルコ、エジプト等からもなお輸入していたのであるが、一八世紀末七割を占めた西インド棉花は、三〇年代後半には一割にも足らない額に減少した。ブラジル棉も同様の減少を見た。こういう関係はもちろん生産条件の相違にもよることであるが、しかし根本的にはイギリスとアメリカとの貿易関係が一方の工業品と他方の農産物との交換を基礎にして発展し、その基盤の上に、イギリスにおける近代的な機械的大工業が、資本家的にますます発展しつつあったことによるものとしなければならない。それはもはや一七、八世紀のような植民地特産物の優先的輸入を基礎とする対外輸出の増進というようなものではないのである。

自由貿易運動

イギリスが他の諸国に先んじて産業革命を実現し、機械的大工業の発達によって資本家的生産方法を確立したということはその工業国としての地位を決定的にしたのであるが、それはまた経済政策をも従来の商人資本的な重商主義政策からの転換を必然的にするものであった。というのは産業資本にとっては、世界市場は上述のような関係のもとにその生産物を自由に売買すべき市場となるからである。もちろん安く買い、高く売るということが問題でなくなるのではない。むしろ反対にここではなお、きわめて重要な問題をなすのであるが、しかしそれにしても旧来の商人資本の支配した時代のように、単に安く買った製品を高く売るというのではない。原料品を買って製品を売るという関係に転化するとともに、商品経済の生産過程への滲透《しんとう》のいっそうの発展を基礎とすることになる。したがってまた商人資本の役割も変化してくる。安く買って高く売るという商人資本の活動は、外国で買入れた原料品を加工し、製品として再び売り出すという産業資本の機能を基礎とし、それに附随するものとなるといってよい。食糧を外国市場に求めるということも、国内の生活資料を安くして、賃銀を低下せしめることが主眼となるのである。こういう関係が展開されると、重商主義後期の政策としての関税制度や、航海条例や穀物条例のごときは、まったくその意義を失ってくる。それはむしろ産業資本にとって負担をなすにすぎないものとなるのである。

　このような重商主義に対する批評としての自由貿易の主張はすでに一八世紀に当時の経済学者によってなされてきたことであった。アダム・スミスはその総括的な代表者であり、それがまた古典経済学の基礎をなすことになったのである。何故そうなるかは、結局のところ、資本主義経済が商品経済の社会として価値法則を統一的原理とするということに帰着するのであるが、実際上はイギリス資本主義がすでに一八世紀末以来の近代的大工業の発達にともなって、もはや従来のような費用のかかる政治的援護を必要としなくなり、たとえば一七世紀以来敵対関係にあったフランスに対しても自由なる貿易によって十分にこれを凌駕《りょうが》しうる基礎をうるとともに、経済学はその理論を全面的に体系化して展開しうる基礎としての資本主義の自立的発展を、具体的に与えられることになったからである。一七八六年の英仏条約は、すでにイギリスのあらたなる転換の前触れをなすものであった。ところがこの過程はその後フランス革命とナポレオン戦争とによって中断されることになった。すなわち平和の回復した一八一五年には大陸封鎖や国内政治の必要から実施されてきた高率の関税のために、事情が逆転していたのであって、イギリスはただちにあらたなる展開を再びつづけうるという状態にはなかった。かくしてイギリスはあらためてこれらの障害を除去する方向に進まなければならなかったのである。

　まずこのあらたなる展開の口火を切ったのは、一八二〇年ロンドンの商人が議会に提出した請願書であった。それは財政上の目的以外の関税の撤廃を主張するものであった。その主張は自由貿易の代表的理論として、こののち半世紀にわたるこの運動の導きの糸となったのであるが、その趣旨は、自由貿易が各国にそのもっとも適した産業の発展をうながし、たがいに利益を得つつその生産物を交換して、ますますその繁栄をもたらすのに反し、関税はその国に不適当なる産業をも人為的に保持せしめ、かかる産業の部分的利益のために、全体の利益を犠牲にすることになる。外国品の輸入が国産品販路を圧迫するというのは、そういう不適当なる産業を保持しようとするから生ずることであって、たがいにもっとも有利な産業をもってすればそういうことはない。事実、外国品の輸入は国産品の輸出なくしては永続するものではない。関税制度は国内的にも、国際的にも敵対関係を強化するにすぎない――というのであって、自由なる貿易は、もっとも合理的なる発展をもたらすというのであった。

この主張は、当時産業資本がもっとも発達し、他国を農業国として原料品を輸入し、製造品を輸出しつつあったイギリスの地位を一面的に採りあげた点で、けっして理論的に十分なるものとはいえなかったのであるが、しかし実際上は、国際的にもそうであるが、イギリス自身にとってきわめて有力な根拠をもつものであった。そこでこの請願書はたちまちのうちに全国に影響を及ぼし、グラスゴー、マンチェスター、リヴァプール等からも同様の請願書が提出され、自由貿易の主張は一種の運動として次第にその勢力を拡大することになった。当時なお旧来の地主的勢力に支配されていたイギリス議会も、戦後恐慌の影響もあって、ついに外国貿易の改善と拡張とに対する方策の調査をおこなわざるをえなくなった。その結果、航海条例の改正をはじめ、前時代的関税の改正をみるにいたったのである。すなわち、まず一八二二年には航海条例の改正がおこなわれ、従来の植民地貿易に対するイギリス商人および船舶の独占的利益のための封鎖的政策は、いちじるしく緩和されることになった。ここに自由主義的政策は再びその第一歩を踏みだしたわけである。ついで翌二三年には関税の改正が着手され、二五、六年には大体あらたなる方針が確立された。たとえば二三、四年には原料品たる羊毛は輸入税を低下されるとともにその輸出禁止が解かれ、二五、六年にはさらに一般的な改正がおこなわれて絹織物の輸入禁止の解除、綿製品、羊毛製品の関税の軽減等が実現せられ、従来の複雑なる関税表は整理されて簡単なる規定に統合せられたのである。もちろん、これらの改正は、さきに述べたロンドン商人の請願書がいうように、当時のイギリスの産業に不断の繁栄をもたらすというものではなかった。しかし産業資本は、その発展を阻害《そがい》する旧政策をみずから廃止するという途《みち》をひらくとともに、ようやく国家の政策の方向を決定する力を得てきたのであって、一九世紀はじめナポレオン戦争後に旧来の地主的利益を目標として、復活されていた、穀物条例の廃止をも問題とすることになったのである。

すでに述べたようにイギリスは一八世紀の後半からは、穀物をも補充的に輸入する工業国に転化しつつあったのであって、穀物関税の意義もそれとともに変化し、一九世紀はじめには一七世紀とはまったく異なったものになっていた。重商主義時代においては穀物条例による価格の騰貴は、なお穀物生産者の利益をも代表するものであったが、一九世紀のイギリスではそれは地代の増加をもたらすものとして、実質上は少数の土地所有者の利益を代表するにすぎなかった。一九世紀はじめに復活された穀物条例は、土地所有者の有力な政治的勢力によって、大陸戦争中の特別の利益を維持しようとする政策にほかならなかったのである。

元来、産業資本の利潤の基礎は前に述べたように生産過程における剰余価値にあり、賃銀はその大きさを決定するもっとも有力な要因をなしている。したがって資本家はできるかぎり賃銀を引下げることを利益とするのであるが、賃銀の高さは穀物の価格によって決定的な影響を受ける。すでに多少とも穀物の輸入を必要としていたイギリスにおいては、穀物価格は自由に輸入しうる状態にあるほうが、輸入を制限されているより安くなるのはいうまでもない。大陸戦争と不作とによって異常な価格騰貴を示していた穀物が、戦後の低落に対して、あらたに穀物条例をもってその輸入を制限されるというのは、まったく地代の低落を阻止しようとする方策にすぎなかったのである。

二〇年代の自由貿易政策の展開とともにこの穀物条例もしばしば問題となり、改正もされてきたのであるが、また事実かかる制限政策をもってしても、かならずしも穀物価格の低落を維持することはできなかったのであるが、産業資本はこの条例を直ちに廃止しうるほどに有力な政治力をもつものではなかった。三〇年代に労働者の政治運動が盛んになるにしたがって、ようやくその廃止が実際問題となってきたのである。すなわち一八三八年にマンチェスターに反穀物条例協会（Anti-Corn-Law Association）の設立をみるにいたり、リチャード・コブデン（Richard Cobden）がこれに加わるとともに、この協会は穀物条例廃止を目的とする政治団体に発展した。しかし議会を動かすことは容易ではなかったので、翌年全国的に各都市に協会を設け、これを統一して反穀物条例連盟（Anti-Corn-Law League）を組織して持久戦に入り、爾来《じらい》一八四五年にいたるまで不断の努力がつづけられたのである。四一年の総選挙にはコブデン自身議会にはいったのであるが、かれはあるばあいには当時の労働者の運動、いわゆるチャーティスト運動と結び、またあるばあいには農村地方にまではいり、借地農および農業労働者の獲得につとめたのであった。それは要するに経済状態の変動につれて困窮に陥っているあらゆる階層をこの運動に動員しようとしたものであるが、しかしなおその目的を達することは容易にできなかった。ところが一八四五年の秋には、前年来の気候不順による穀物不作の予想と、馬鈴薯《ばれいしょ》疾病蔓延《まんえん》とによって穀物価格が急激に騰貴したので、この運動もようやく政府を動かすことになったのである。すなわち四九年を期して小麦一クォーターについて一シリングという一律的な関税を課せられることとなり、ここにはじめて多年土地所有階級の牙城《がじょう》として残った穀物条例が廃棄されたのであった。またさきに改正をみた航海条例も四九年には完全に廃止され、イギリスにおける自由貿易運動はその目的を達成したのであるが、それは要するに資本主義がイギリス社会を全面的に支配する体制として確立せられたということにほかならない。しかしイギリスにおけるこの自由貿易運動は、単にイギリス一国にとどまるべき性質のものではなかった。いうまでもなくそれは国際的に展開されなければイギリス自身にとっても十分に目的を達したとはいえない。しかし当時はなお、アメリカ・ドイツ等のいわゆる後進国においては、ようやく資本家的産業の発達を見つつあったという程度にすぎない。またこれらの国の資本家にはかならずしもただちにこの運動の国際的展開に協力しうる条件があったというわけではない。むしろ反対であった。さきに述べたロンドン商人の請願書は、そのままこれらの国々の産業資本に受け入れられるというものではなかった。アメリカから学んだフリードリッヒ・リスト（F. List）の保護関税論の主張も、そういう事情を反映したものである。しかしこれらの国々ではまた産業資本は、なおイギリスとの自由貿易を利益とする農業関係の利害を圧倒しうるほどに強くはなかった。かくてこれらの国々はイギリスを工業国とする国際的分業を基礎にして、すでにその自由貿易を実際上完全に実現したイギリスと条約を結ぶことになった。五九年にコブデンによって締結された英仏条約は、その後大陸諸国間の基準をなすものとなったのであって、六〇年代は世界的にも自由主義時代の最高潮をなすものといってよい。のちに述べるように七〇年代以後、あらたに統一国家として資本主義的発展を急速に実現したドイツや、また南部地方の奴隷解放によって北部の産業資本支配の時代を迎えたアメリカ等が、イギリスと並んで指導的な資本主義国になるにしたがって、もはやこの自由主義を維持することはできなくなる。いわゆる保護関税政策も、のちに述べるように、まったくあらたなる根拠と機能とをもってあらわれ、資本主義は再びまた政治的勢力と結合した時代に入ることになるのである。

一七世紀のイギリスに出現した資本主義は、かくして一九世紀中葉のイギリスにおける自由主義時代に、いわば自分自身の経済的な足によって立つことになり、その構造をもっとも純粋な形で実現したのであった。それは一九世紀中葉のイギリスにおいては政府自身の態度にもあらわれている。たとえば、政府は私人の事業に対しては完全に自由主義の原理をとり、鉄道事業のごときものに対しても政府の干渉は「公共の安寧」のためになされる監督にとどまるべきものとしたのであった。工場法のごときもいわゆる社会政策として採用されるものではなかった。政府の財政もできうるかぎり費用のかからない、いわゆる安価な政府（cheap government）が理想とされたのである。一七、八世紀の初期資本主義に重要な意義を有した植民地もその点から批評せられた。

要するにこれらのことは産業資本にとっては、もはや重い負担を受けながら、一部の商人資本の利益をとおしておこなわれる資本の原始的蓄積の過程が無意味となり、資本はみずからの力によってその蓄積を増進することができるようになったことを示すものなのである。

近代的金融機関の発展

一九世紀中葉にその実際上の完成を見たイギリス資本主義の三世紀にわたる発達は、それに対応して金融関係においてもその近代化を実現することになった。

一六九四年に設立されたイングランド銀行（Bank of England）は、制度的にその出発点をなすものであるが、一八四四年のいわゆる銀行条例はそのいちおうの完成をなすものといってよい。もともと商業の発達はかならず金融業の発展を伴うものである。一七世紀のイギリスのように資本主義が、なお根底から生産過程を把握していないあいだは、資本はむしろ単に安く買って、高く売って利潤をうるという商人資本によって代表されるのと同様に、金融業もまた金貸資本的性格を脱することはできない。それは単に金を貸して利子をうるということでその貨幣を資本として増殖するのであって、多かれ少なかれ高利貸的性格をもつものである。単に流通取引にのみ基礎をおく商人資本の機能がしばしば詐欺的であり、掠奪《りゃくだつ》的であるのと対応して、金貸資本は寄生的で収奪的であったわけである。それはできるだけの高利をもって、自分の貨幣的富をできるだけ増殖することを目的とするのであって、小生産者たちに対して商人資本とともに、あるいは商人資本をとおして間接的に分解作用をおよぼしたのである。これに反して資本家的生産を基礎とする近代的銀行制度は、けっして単なる金貸ではない。基本的には産業資本家の手にある一時的な遊休資金が銀行に集中され、それがまた産業資本家たちに貸出されることとなるのであって、銀行はかかる資金の融通を媒介する機関となり、利子率は資本家社会的に一定の基準をもつことになる。銀行は資本家的生産方法の発達にともなって、旧来の金貸的金融機関に代って資本主義社会に一定の地位を与えられることになるのである。一七世紀はじめのイギリスでは、いわゆる金匠（goldsmith）が代表的なる金融機関であった。元来、金匠は地金銀および宝石を取扱う地金商、または両替業者にすぎなかったのであるが、一七世紀の前半にはすでに預託・貸付・手形仲買の諸業務をいとなむようになり、さらに貨幣にかわる手形の発行をもなすことになった。ところで金匠のこういう発達は、当時としては当然のことであるが、ほかに比較のない巨額の資金を動かす政府と密接に結びついていた。ことにクロムウェルの時代から、かれらは政府に資金を融通することを盛んにおこなった。しかしすでに一六七二年のチャールズ二世（Charles II）の支払停止は、かれらのあいだに多くの破産者を出すこととなり、その信用を破壊したのであって、そのまま存続しうるものではなかった。あらたなる国家的な金融機関が要請されることになったのである。すなわちウィリアム三世（William III）の一六九四年には、対仏戦費調達の必要もあって、のちにイギリス金融機関の中心となったイングランド銀行が資本金一二〇万磅《ポンド》をもって、しかもイギリスの最初の株式銀行として設立された。もちろんこういう事情にもとづいて設立されたイングランド銀行は、ただちに近代的金融関係を確立するものではなかった。それはむしろ政府財政との特殊な関係をとおして、株式銀行としては銀行券発行を独占する地位を与えられることによって、漸次に近代的な金融関係の中心をなす機関となってきたのである。一七〇八年の条例は、組合員六人以上の銀行が要求払の約束手形、すなわち銀行券を発行することを禁じたのであったが、この規定は銀行券の発行を銀行業の利益の基礎とした当時としては、株式銀行の設立をも一般的に禁止したのと同じことであった。一九世紀三〇年代にはいって、ようやく株式銀行の設立を見るにいたったのである。もちろん一八世紀をとおしてロンドンではすでに旧来の金匠に代って多数の個人銀行の出現を見ることになった。資本家的生産の発展に伴う取引の増加はこれらの個人銀行にも、預金と手形の流通との増加によって資金の運営をなす、近代的銀行業を可能にしたからである。一七七五年には手形交換所が設立され、一七七七年には三三の個人銀行がここに加入していたといわれるほどである。かくてロンドンではすでに一八世紀中にイングランド銀行は次第に銀行券の発行を独占し、中央銀行としての地位を確立しつつあったのである。

ところが地方においてはイングランド銀行券の流通はごくわずかであった。同行が地方に支店を設けなかったこともその一因をなすといえるであろうが、一八世紀の後半の産業革命による資本家的産業の発達も、その資金の需要の増加を、なお個人銀行業者の発券活動に負うという状態にあったということが主たる原因をなしたものといってよいであろう。しかしこれらの発券業務による利益を目的とする個人銀行の資金の融通は、けっして強固なる基礎を有するものではなかった。その過度の拡張によってもたらされる事業の拡大が、恐慌状態に陥るとともに、たちまちにして銀行業でも多くの破産者を出すことになった。たとえば一七九三年の恐慌には百余行、一八一四年から一六年の三年間には二百四十余行、一七九一―一八一八年の二八年間には一千余行の破綻《はたん》を暴露したといわれる。それにもかかわらず個人銀行の数は全体として増加をたどったのであった。

そこでたえず破綻をおこす個人銀行とその発券制度とについて、一八二五年の恐慌を機として改革がおこなわれることとなった。すなわち信用の破壊が生ずるのは地方金融機関が微力であり、それは一七〇八年の条例によって株式組織を利用しえないからであるということから、一八二六年の条例は、イングランド銀行の支店を地方に設立すること、およびロンドンの周囲六五マイルを超えた地域では、発行権を有する株式銀行の設立を認めることを規定したのである。これによって、一八三〇年頃までには十数行の地方株式銀行が設立された。もちろん、株式銀行にしても、なお破綻はまぬかれないが、発券銀行でないかぎり、この形式の利用を阻止する理由はなかったので、一八三二年には銀行券を発行しないかぎり、ロンドンの周囲六五マイル以内においても、株式銀行を設立することが認められた。しかもロンドンに設立された株式銀行は資本主義の発展に伴う資金の融通の確固たる基礎をうるとともに、一般の信頼をかちとることになったのであって、株式銀行は旧来の個人銀行に代っていわゆる預金銀行として近代的金融機関の中心をなすものとなり、個人銀行の株式銀行による合併が、次第に進められていったのである。このことは産業革命をへて資本家的産業が急速に発達してくるとともに、資金の形成とその融通も資本家的生産過程そのものを基礎とし、一般に信用の規模もいちじるしく大きく、かつ規則的となったが、これは個人銀行よりもむしろ株式銀行が現実に即するものであることから当然のことであった。しかしそれはけっして産業恐慌そのものを排除するものではなかった。むしろ反対であった。ところが一八三六年の恐慌にともなって生じた三九年の金融恐慌においては、またイングランド銀行の銀行券発行の基礎をなすものと考えられていた金の異常な流出をみたのであって、その発券制度自身が問題とされることになった。一八四四年の銀行条例、いわゆるピール条例はその産物である。すなわちこの条例によってイングランド銀行は、その銀行券の発行を一、四〇〇万磅《ポンド》までは証券を準備とする保証準備をもってなしうるが、それ以上はかならず正貨または地金を準備とすることとされた。それと同時に地方発券銀行がなんらかの理由で銀行券の発行を停止するばあいには、イングランド銀行はその発行額の三分の二だけその保証発行額を増加しうること、既存発券銀行の発行額は、当条例発布当時の流通額を限度として今後その発行額を増加できないこと、今後一切の新設銀行には銀行券の発行を許さないこと等を規定して発行権の統一をはかったのである。

かくしてイギリス資本主義は、イングランド銀行を中心とする近代的金融制度を確立してきたのであるが、しかしそれもまた、けっして周期的恐慌にともなう信用関係の混乱を防ぎうるものではなかった。ピール条例も四七年、五七年の恐慌には、それを一時停止せざるをえなかったのである。実際また恐慌現象はのちに述べるように単に金融関係によって発生するものではなく、ピール条例のごときもじつはイングランド銀行自身の防禦《ぼうぎょ》手段にすぎなかったのであって、むしろ恐慌を激化することにもなるのであった。

三　典型的な資本主義社会

産業資本が綿工業をあらたなる主要産業としつつ確立され、その基本的イデオロギーなる自由主義が社会的に承認されるようになると、なお旧来の社会関係やイデオロギーが残存していたとしても、歴史的社会としての資本主義社会は確立したものといってよい。旧社会の残存物は、資本主義初期のように重商主義的政策によって破壊せられ、分解せられるというのでなく、資本主義の発展自身によって、あるいは廃棄され、あるいは変形されて、資本主義的なシステムの中に吸収され、一体化されてくる。資本主義はいわば自力で純粋の資本主義社会を実現する方向に発展しつつあることになるわけである。われわれがいわゆる経済原論として資本主義社会の一般的規定を法則的に把握しうるというのも、じつは資本主義のこういう傾向にのっとって、その中にその動力と機構とを明らかにしうるからにほかならない。この点は、経済学の対象をなす資本主義社会の歴史的過程の特殊の性質を示すものといってもよいであろう。経済学においては、自然科学のある部面のように直接実験的方法を採用しえないのであるが、そのかわりここでは実験装置に相当する純粋の資本主義社会がこのように対象自身によって実現される傾向を有しているのである。したがってまた一九世紀中葉のイギリスを、資本主義の典型的な社会として理論的展開の例証に使用するというマルクスの方法も——『資本論』はその序文でマルクスが述べているように、まさにその具体的な実現といってよいのであるが——実験のおこないえない自然的過程に対しては、できうるだけ攪乱《かくらん》的影響を受けない現象について観察するという自然科学の方法とも、じつは異なった面を有しているのである。攪乱的な影響を及ぼす旧社会の残存物は、資本主義自身が、みずから排除しつつ発展するのであって、われわれはこの傾向にのっとってそういう異質物を捨象しうるのである。原理論の抽象は、単なるわれわれの主観的な方法による抽象ではない。いわば客観的におこなわれる抽象にしたがっておこなう抽象である。歴史科学としての経済学の特殊性はこの点にある。社会科学の自然科学に対する特殊性も、おそらくこの点に求めることができるであろう。

しかしそういう特殊性を有するにしても、この傾向はけっして純粋の資本主義社会を実現するという極点に到達するものではない。典型的な資本主義社会としての一九世紀中葉のイギリスも、そういう純粋な資本主義社会にもっとも近接したものとしてそうであるにすぎない。一七、八世紀にはじまる資本主義は、当然その終末を予想せられうる歴史的過程にほかならないし、さらにまたけっして旧来の社会的関係を完全に一掃するものではなく、資本主義発展の実際的動力をなす対外関係を排除するものではなかった。産業革命による資本主義の確立自身も複雑なる歴史的過程のうちに実現せられたのである。

資本主義社会の基本的な社会関係

すでに述べたように産業革命の歴史的意義は、生産過程における作業過程の機械化によって、労働者がなお唯一の財産として持っていた熟練をも奪われ、真に無産労働者たらしめられることにあるのであるが、一八世紀後半から一九世紀前半におけるイギリス経済の、かくのごとき変化にともなう産業革命の過程は、紡績・織布等の綿工業における機械化を枢軸としながら、これと前後しておこなわれた諸産業、たとえば石炭・製鉄・化学工業等における技術的改良と、交通、特に運河・道路、後には鉄道の開通、さらにまた農業における農法の改善等々と相まって資本家的生産方法を確立したのであった。しかしこれらの部面での技術的な改良はなお綿工業におけるような決定的意義を有するものではなかった。ただ綿工業における資本家的生産方法の確立は、これらの部面にももはや旧来の生産関係をそのままに残存せしめることを許さず、多かれ少なかれ資本家的関係を導入することになるのであって、一九世紀前半においてイギリス経済は、資本家と労働者と土地所有者とを基本的な社会階級として有する典型的な資本主義社会をなすのであった。

前にも述べたように労働力の商品化を基礎とする資本家的商品経済は、資本家と労働者との関係を商品形態をもって規制する社会である。しかも労働力なる商品はその価値を労働者の生活資料の生産に要する労働時間によって決定されざるをえないのであって、商品はその生産に要する労働時間によって価値を決定されるという、いわゆる価値法則もここにおいては全面的な展開をなしうる根拠を与えられるわけである。ところが資本家にとっては、その生産物たる商品をかくのごとき価値によって売買してはいられない事情がある。すなわち一定額の資本を投じたにしても、産業によってはなんらあらたなる価値を形成しないで、ただその価値を新生産物に移転するにすぎない生産手段に比較的多くの資本を要し、あらたに価値を、したがって利潤として得られる剰余価値を生産する労働力には、比較的少ない資本を投じなければならないというものもある。前者のいわゆる不変資本と後者のいわゆる可変資本との割合の相違は、一定量の資本によって生産される剰余価値の相違をもたらすのであるが、そうなると資本としては、その性質上当然により多い剰余価値の生産をなしうる産業を選択することになる。したがって可変資本の比較的に大きい、いわゆる資本の構成の低い産業の生産物は、その量が増加し、その価格が低下する傾向を有するのに対して、資本の構成の高い産業の生産物は、その量が減じてその価格の高騰を見ることになる。そこで価格は全産業で生産される剰余価値が一定量の資本に対して、均等の利潤として配分せられるように調節せられる。いいかえれば資本は、その生産物を、それを生産するために要する生産手段と労働力とに支払ったいわゆる費用価格に対して、その資本量に対する一定比率の利潤率による平均利潤を加えた価格、いわゆる生産価格をもって売買することになる。資本としては、いかなる産業に投ぜられ、いかなる生産物を生産するにしても、産業そのもの、生産物そのものに目的があるわけではない。つねにより多くの利潤を求めて産業の選択がおこなわれる。そしてその結果は、どの資本にも一定の平均利潤が与えられる、上述のような生産価格による売買をなさざるをえないのである。もちろん、一たび投ぜられた資本は、特に固定設備のあるかぎり、そう自由により有利なる産業に移転せられることにはならないであろう。しかしあらたに追加され、投下される資本は、当然により有利なる産業を選択するわけであって、結局は平均の利潤を実現することになる。もっとも同一産業に投ぜられた資本にしてもすべて同じ生産条件を有するとはかぎらない。有利な条件を有するものは不利なる条件を有するものよりも多くの利潤をうるのである。しかしこの点でも資本は、たがいにより有利なる生産条件を求めて競争するわけであって、同種の産業全体としては、他の産業と同様の利潤をその資本に対してあげるものとしてその経営をつづけうるわけである。実際上は種々なる事情によって平均以上の利潤や以下の利潤を得るということにもなるのであるが、全体の資本はその剰余価値を資本量に応じて平均して分配する、少なくともそういう傾向を有しているといってもよいのである。

このことは資本の生産物としての労働者の生活資料もその価値によってではなく、生産価格によって売買せられざるをえないために、資本家と労働者との関係も、価値関係によって規制されるとはいえないのではないかという疑問を生ぜしめるのであるが、すでに前にも述べたように、労働者はたとえその生活資料を価値と乖離《かいり》した生産価格によって買入れるにしても、少なくとも労働力の再生産に必要なだけの生活資料は買いうるのでなければ、労働力を再生産しえないわけであり、したがってまた原則としてはそれだけの賃銀を得なければならないのであって、資本家に対する関係においては、生活資料の価格のいかんにかかわらず、その生産に要する労働時間によって決定せられた価値をもって生活資料と労働力とを交換することになる。資本の生産物が価値とはなれた生産価格をもって売買されるということは、ただ労働者の剰余労働による剰余価値を資本の間に平均的に分配する資本家的機構にほかならない。資本家と労働者との関係は、依然として商品経済の価値法則によって規制されるのである。

もちろん実際上は労働者も理論的に規定せられるような純粋の無産労働者となるわけではないし、また各種産業も一様にかくのごとき無産労働者をもって経営しうるわけではないので、労働力もしばしば価値をはなれた価格によって売買される。いいかえれば旧来の生産関係による攪乱的要因を残しているわけであるが、さきにも述べたように資本主義は産業資本の支配的地位の確立とともに、かくのごとき攪乱的要因は、自力で解消する傾向を示してくるのである。

事実、イギリスにおいては資本家的経営のもっとも困難なる農業にあってさえ比較的早くから資本家的関係が導入されつつあった。すでに一八世紀後半に穀物の輸入国となったイギリスでは、その後ますます盛んにおこなわれたエンクロージャによって、農村においても旧来の土地所有者は近代的な土地所有者と資本家的借地農とに分化し、多くの小農は農業における賃銀労働者に転落せざるをえなかった。そしてこの転化はまた地代をも、農法の改善とともに増加せしめつつ資本家的地代に転化したのである。

元来、土地は、資本にとっては欠くべからざる生産手段でありながら、他の生産手段のように資本自身によって、いいかえれば労働によって生産されるものではない。あらたに開拓された土地にしても、それは開拓に要した労働によって生産されたものではなく、したがってまたその労働時間によって決定される価値を有するものではない。それは生産手段として使用されながら消費せられないと同様に生産されるものとはいえないのである。資本にとっては土地はいわば外部から与えられた生産条件である。もちろん空気のように資本の必要に応じて与えられるものででもあれば問題はない。ところが土地にあっては、資本は与えられた豊度と位置とを有する一定面積の土地を借入れて生産しなければならない。それはあらゆる資本が自由に使用しうるというものではない。しかも資本としては、土地が重要な生産手段となる農業に投ぜられるばあいにも、他の産業に投ぜられるばあいと同様の利潤が得られるのでないかぎり、かかる投資はなしえないのであって、豊度や位置からいってもっとも不利なる土地の生産物の販売からもかかる利潤が与えられうるのでなければならない。そこでそれより有利な土地を借地する資本家は、平均利潤以上に出るいわゆる超過利潤を得、かかる土地に対する資本の競争をとおしてそれを地代として支払わざるをえないことになる。いわゆる差額地代が生ずるわけである。

しかしまたそういう資本にとって平均利潤しか得られないという最劣等地にしても、土地所有者のあるかぎり、無償で資本が利用しうるわけではない。そこで土地生産物は、たとえ資本によって生産されたにしても、一般の原則にしたがってその生産価格で販売されればよいということにはならない。土地生産物は、かかる土地の借入れに支払われる地代分だけ生産価格以上に販売されることになる。マルクスのいわゆる絶対地代が形成されるわけである。かくして資本家的生産のおこなわれるところでは、地代はもはや単なる借地料としてではなく、資本の平均利潤としての剰余価値分配の原理を基礎とする特別の規定として、一定の法則に支配せられながら支払われるものとなる。

旧来の土地所有者もかくして農業における資本主義の発展とともに近代的な土地所有者として、一定の経済法則にしたがった地代を支払われることになる。一九世紀中葉のイギリスの土地所有は、基本的にはかかる形態を与えられるものとして、資本家に対する土地所有者として一階級を形成したのであった。それと同時にまた元来は労働の生産物ではなく、したがって一般商品とは異なったものでありながら、その所有から地代を得られるものとして、土地は一種特別の商品となるのであった。もちろん、資本主義前に生ずる金貸資本の形態は、すでに早くから貨幣の貸付によって利子を得るものとしてあり、それによって土地もまた封建的な関係から解放されると地代を利子として資本還元した土地価格をもって売買されることになるのであるが、それは金貸資本と同様に、形態的にはともかく実質的にはなお資本家的な原理による土地の商品化とはいえなかった。資本主義の発展とともに地代も資本家的形態を与えられるが、貨幣もまた資本家的原理にしたがって貸付資本の形態を与えられるのであって、土地価格も一定の実質的限度をもった法則によって決定せられることになる。実際また資本家的経済の体制は、土地を地代によって商品化する利子形態をも自己の原理として完成することによって、はじめて全体系を完成するものといえるのである。

一八世紀後半から一九世紀前半にかけての産業革命の過程は、前にも述べたように金融関係においても旧来の金貸資本的金融を近代的な銀行制度に改変したのであった。もちろんこの点でも旧来の関係が完全に一掃せられるわけではない。また、すでに一七世紀末に設立されたイングランド銀行も、旧来の金融関係に対して近代的金融関係を展開する出発点をなしたのであるが、一九世紀初め資本家的生産方法が産業資本によって確立されてきたとき、はじめてその実質的基礎を得たものとなるのであった。

近代的銀行がその融通を媒介する資金は、もはや資本家的再生産過程の外部に、商人その他の貨幣財産として蓄積されたものとはいえないものを主力とする。もちろん、ここでもまた実際上はけっしてそういう資金の融通がなんらの役割をも有しなくなるというのではない。しかし資本の再生産過程の内に生ずる資金がますます重要な地位を占めることによって、近代的銀行制度は確立されて来るのである。

資本の再生産過程は、貨幣（G）をもって生産手段（Pm）と労働力（A）とを商品（W）として買入れ、これを生産過程（P）において生産的に消費してあらたなるより多くの価値を有する商品（W'）を生産し、これを販売して貨幣を実現し、再びまた同じ過程をくり返す。それは$G-W\left\{\begin{matrix}Pm\\A\end{matrix}\right.\cdots P\cdots W'-G'$の循環をくり返すのである。しかしこの過程は、生産過程において一定の期間を要するばかりでなく、G—W、W'—G'の流通過程——それは資本の循環運動から考えられるように一つの連続した運動としてW'—G'・G—Wと考えてよいのであるが、この過程——にも一定の期間を要するものである。しかし後者のいわゆる流通期間は輸送の点をのぞけば、前者のいわゆる生産期間のように主として技術的に決定されるものとは区別されなければならない。資本の生産過程以外の種々なる事情によって、特に市況の状況によって変動する。いずれにしても資本は、なんらの剰余価値をも生産しえない流通過程に多かれ少なかれとどまらざるをえない。そこで個々の資本は、その生産過程をつねに休むことなく継続するためには――固定資本の存在だけからいってもかかることを要求されるのであるが――全資本を生産過程に投ずるわけにはゆかない。資本の一部分は多かれ少なかれ商品あるいは貨幣の形態をもって存在しなければならないわけである。

このことは個々の資本のあいだに、その生産物が他の生産手段をなすという関係のあるかぎり、商品生産物をただちに貨幣をもって支払われないで融通するといういわゆる商業信用を可能にする。この信用を基礎にしてかかる支払にあてられる手形は、しばしば商品の売買に利用せられ、たがいに決済されることになれば、全然貨幣を用いない交換もおこなわれうることになる。しかし実際上は産業部門間でたがいにその商品生産物を交換しうるという関係は限られているし、また労働者に対してはそういう信用を利用することはできない。たがいに決済されない範囲では、資本はその運動を予備資本をもって継続しなければならない。信用による売買は、結局、かかる予備金をいわば資本家社会的に利用して、それ自体では利潤を生産しない貨幣資本を節約することにほかならない。これはじつは各産業部門が、その生産物を流通過程に滞留せしめる期間を短縮して、資本をできうるかぎり生産過程における資本として生産的に機能せしめることを意味するのである。

銀行制度の発達によって、資本の運動過程中に生ずる遊休貨幣資本やその他固定資本の償却資金、あるいは資本に転化される剰余価値による蓄積資金――それはある程度の額に達しなければ現実には資本に転化されないということもあるであろうが、また市況によっては一時かかる転化を延ばすということもあるであろう。いずれにしろそういう資金——ができうるかぎり預金として吸収され、それに対応して資金を必要とする産業部面にこれが貸付によって放出されるということになると、さきに述べた各産業資本の間の商業信用は、銀行信用をとおして資本家社会的に広く利用されるものに転化してくる。一九世紀前半のイギリスで確立された近代的な銀行制度は、もはや旧来の金貸資本の貸付ではなく、こういう産業自身の再生産過程を基礎として生ずる資金を社会的に利用するものとして、資本主義的体制のうちに貸付資本を形成してきたのであった。銀行は、一方で預金に利子を支払うにしても、貸付によって利子を得るのであって、その経営に必要な資本に対していわゆる利鞘《りざや》によって一定の利潤を得ることになるのである。それはもはや金貸資本のように単に貸付に対する利子を目的とするものではない。産業資本と同様の利潤をうるものとして銀行資本をなすわけである。

こういう銀行制度の発達は、さらに進んで従来の資本主義体制からいえば、金貸資本と同様にその外部にあって資本の生産物の売買を媒介してきた商人資本をも、産業資本に対応した商業資本に転化せしめることになる。商品の売買の媒介に投ぜられる資本も、銀行に集中された社会的資金をできうるかぎり利用しつつ、流通過程における商品の滞留期間の短縮と流通費用の節約とにあたるものとして、産業資本の利潤を分与せられる。いわば産業資本の流通費用の節約をなすかぎりにおいて一般的利潤率による平均利潤をうるものとなる。もっとも一九世紀中葉のイギリスで商業に投ぜられる資本がどの程度こういう純粋の商業資本となっていたかは問題であろう。ことに外国貿易においては、当然になお商人資本的性格を有するものと考えなければならない。

商業資本の利潤は、かくして資本家的商品経済自身に特有な費用を節約するということから得られるもので、いわば資本家の活動によって生ずる利潤としてあらわれ、顚倒《てんとう》せる資本家的利潤観を完成するものといってよい。この点は多かれ少なかれ商業活動の残る産業資本にも、生産過程における生産手段の節約等とともにその利潤の根拠を資本家的活動に求めしめることになり、いわゆる企業利潤の形態を与える。かくして資本は、自己資本のばあいにも、信用によって社会的資金を利用するばあいと同様に、資本はそれ自身とて利子を生むものとされ、資本家は自己の活動によって企業利潤をうるものとされる。産業資本の利潤は、これによって利子と企業利潤とに分割されるのである。

資本がそれ自身に利子を生むものとされるとき、資本はかかるものとして商品となりうる。株式は運動体としての資本を商品化する形式として、その商品化を具体的に実現するものにほかならない。株式の相場は、その資本の生産する剰余価値を配当として分配する利潤を、かくのごときそれ自身に利子を生むものとしての資本の利子として資本還元されたものである。それと同時に土地もまた一定の地代を分配されるものとして価格を有し、その商品化を完成する。

かくして資本主義社会は、資本の再生産過程を基礎にして一方では労働力を商品として販売し、その労働によって労働力の価値を再生産するばかりでなく、剰余価値を生産する労働者と、他方にはその剰余価値を利潤と地代として分配する資本家と土地所有者とを三大階級として有することになるのであるが、この関係は商品形態という、それ自身には自由と平等とをもって律せられる特有の社会的関係を確立するのである。ところで、このように、資本の所有、土地の所有そのものが利子を生むものとしてのいわゆる擬制資本の形式を与えられることになると、資本家自身はその活動に対する報酬としてこの利子をこえる企業利潤を、彼自身の監督労働の賃銀としてうるものと意識するようになる。そしてかれも、労働者とともに再生産過程におけるかれの機能に対して所得を得ているものであるという外観が完成されるのである。利子および地代、企業利潤および労働賃銀といういわゆる国民所得を形成する基本的形態は、以上述べてきたような実質的内容を包む形式にほかならない。

元来、資本主義社会は、階級社会といっても、封建社会のように何人の目にもただちにその階級関係が認められるような階級社会ではない。商品形態をとおしていちおうはあらゆる社会員が自由と平等との立場においてたがいに社会的関係を結ぶことになっている。法律、政治等もこれを反映した形態を与えられる。経済学はこの外観的な平等社会の内に階級関係を分析して、法律、政治等のいわゆる上部構造の基礎を究明するものとして社会科学の出発点をなすわけである。

もちろん、以上述べてきたような関係は、実際上は、しばしば指摘しておいたように、旧社会関係を排除しつつ資本主義自身これを実現する方向をとるものとして把握されたものであって、一九世紀中葉のイギリスにおいてもこういう関係が完全に実現されたわけではない。産業革命によって労働力の商品化の一般的基礎を与えられることによって産業資本はかかる傾向を確保してきたというにすぎない。

しかしこの資本主義社会の基礎をなす労働力の商品化には、すでに指摘しておいたことであるが、もう一つ重要な問題がある。それは——資本家と労働者と土地所有者とを基本的な三大階級として発展する資本主義社会では、一般に資本家はその利潤をできうるかぎり資本に転化しつつ資本の蓄積をなすものとして、これに対して土地所有者はその地代収入をそのまま個人的消費にあてるいわば浪費階級として、労働者は資本のもとに賃銀によってその労働力の再生産と自分自身の後継者としての子女の育成とをなしつつ利潤、地代となる剰余価値を生産するものとして社会を構成するわけであるが、——資本の蓄積とともにますますその規模を拡大する再生産過程においては、それに要する労働力をいかにして調達するかという点である。資本が生産手段と異なって直接にはみずから生産することのできない労働力の拡張再生産は資本の蓄積の根本問題をなすのである。

資本の蓄積と労働人口

産業革命のおこなわれた一八世紀から一九世紀にかけてイギリスの人口は急速な増加を示している。このことは資本主義の発展にとってきわめて有利な条件をなすものであった。しかし資本主義がもしその発展を単に人口のそういう自然的増加にのみたよるものであるならば、けっしてその後の急速なる発展を見ることはできなかったものと考えなければならない。資本の蓄積はかならずこれによって制限されざるをえないことになるからである。元来、資本はその生産過程において生産された剰余価値を貨幣に実現すると、それはその全部を資本家の個人的消費にもあてることができるのであるが、そのときは資本の生産過程は単に従来の規模でくり返されるにすぎないものとして、いわゆる単純なる再生産をなすわけである。しかし資本が剰余価値の獲得を目的として生産をなすということは、すでにそのうちにより大なる剰余価値の獲得をも目標とするものであることが含蓄されているのであって、資本の再生産過程は、同一規模の単純なる再生産過程にとどまるものではない。資本の競争はまたその規模の拡張を強制するものといってよい。ところがこの拡張再生産は、あるときは単に従来の資本の構成をもっていわば横に量的に拡大するものとしておこなわれ、またあるときは資本量の増大だけでなく、その構成の変化をともないつつおこなわれる。いうまでもなく資本の構成に変化なくおこなわれる拡大は、資本量の増加とともに労働者数をも増加する。労働時間の延長や労働の強度の増進は、実際に労働者数の増加なくして資本量の増加による規模の拡張をも可能ならしめるわけであるが、それはきわめて限られた限度内のことであって、原則としては労働者数の増加をともなうのである。ところが労働者自身はすでに前からしばしば述べてきたように、生産手段のごとく資本自身によって生産されるものではない。資本がもし労働者の増加を与えられたる自然人口の増加にのみたよるものであれば、資本の蓄積はかならずこれによって制限されざるをえない。なぜなら労働力に対する需要の増加は、かかるばあいにはかならず賃銀を騰貴せしめ、資本の蓄積の基礎をなす剰余価値の生産自身を削減することとなるからである。

資本の蓄積はしかしけっしてそういう単なる規模の拡張としておこなわれるものではない。一般的にはむしろ資本の構成の変化をともないつつおこなわれるものといってよい。生産力の増進は、単なる規模の拡大によるだけではなく、一定量の商品の生産に要する労働時間の減少としてあらわれる。資本はつねにそういう生産方法の改善を求めつつ発展する。もっともこの点はのちに述べるようにそう簡単にはいえないのであるが、発展の傾向としては、いいかえれば長期間をとって見ればそういえるのである。ところがこういう資本の構成の変化をともなう蓄積となると、資本量の増加は、かならずしも雇傭《こよう》労働者数の増加をともなうものではないことになる。場合によっては、労働者数が減少することさえありうる。したがって人口の自然的増加がないとしても資本は、その蓄積による労働力の需要増加をみずから充足しうることになる。直接には資本によって生産せられない労働力も、資本はその蓄積の過程において形成する相対的過剰人口をもって、その需要を充足しうるわけである。産業革命以後資本主義の発展は、単に自然人口の増加によるだけでなく、この相対的過剰人口を基礎とする労働力の商品化によっておこなわれたのであって、一七、八世紀の資本主義のように強力的に賃銀労働者を作り出す必要がなくなったことはすでに前にも述べたことであるが、それは資本主義がいわば自力をもって発展しうるものとして、一社会を支配しうる体制たることを完成するものにほかならなかった。

マルクスはこの点を資本主義に特有な人口法則として解明し、この相対的過剰人口が、実際上はいわゆる産業予備軍をなす㈠流動的過剰人口、㈡潜在的過剰人口、㈢停滞的過剰人口ならびにいわゆる被救恤《きゅうじゅっ》的窮民として存在していることを明らかにしている。流動的過剰人口というのは、あるときは工場に吸収され、あるときは工場から排除され、またあらたなる世代の労働者が加わり、老年の労働者が脱落するというように、いわば現役軍としてありながら部分的につねに増減する過剰人口をいい、第二の潜在的過剰人口は、資本家的生産方法が農業におこなわれるばあい、その労働者数を絶対的に減ずることから生ずる過剰人口が、つねに工業その他の資本家的産業に就業の口を求めつつあるもの、第三の停滞的過剰人口というのは、大工業や農業から脱落して、家内工業その他にきわめて安い賃銀で、しかも不規則に就業の口を求めうるにすぎないという意味での過剰人口である。

しかしこれもまた被救恤的窮民の一部分とともに大工業における就業労働者の増加の際には、それに加わって一般賃銀の高騰をある程度阻害する作用をもつのである。マルクスのいわゆる産業予備軍は、資本の再生産過程が、あるときは急速に拡張せられ、あるときは逆に行き過ぎた拡張を停滞と縮小とによって調節するという資本主義に特有な発展に相応したものとなる。労働力がつねに商品として売買されるということも、これによってその現実的基礎を与えられるのである。

資本は、一社会を支配するものとしては、年々資本家や労働者が消費する消費資料を生産するばかりでなく、そういう消費資料を生産するのに必要な生産手段をも生産しなければならない。もちろんいかなる社会も社会として存続するためには、なんらかの形でこれと同じ事をやっているわけであるが、資本はこれを資本の生産物として、そしてまた商品としてたがいに交換しつつ社会的に従来のいかなる社会よりも大規模におこなうのである。しかもそれはすでに述べたところからも明らかなようにますます拡大された規模において、消費資料とともに生産手段を生産しつつおこなわれるのである。マルクスはこの点をいわゆる再生産の表式として簡単な数字をもって解明しているのであるが、それはともかく、この生産手段と消費資料との再生産が年々拡大された規模によっておこなわれるということは資本主義社会では、上述したように現実的に産業予備軍としてあらわれる、相対的過剰人口の形成を基礎にしてはじめて可能となる。というのは、労働者の消費資料がますます大規模に生産されたからといって、労働者人口の自然増加だけでは、拡張再生産に要する多くの労働力を確保しうることにはならないからである。しかもこういう拡張再生産の過程はまた資本主義社会では一種特有な形態、すなわちいわゆる景気の循環をもっておこなわれる。産業革命が完遂された一九世紀二〇年代以後は、事実イギリスの資本主義はそういう発展過程を具体的に示し、この循環が恐慌現象という常識的には理解しえない過程を必然的な媒介にしていることが明らかに認められる。そしてそれはまた資本主義社会がけっして永久的な、不動の社会形態でなく、歴史的な一社会であるにもかかわらず、いちおうは永久的に発展する社会であるかのように一定の法則性をもって動いているものとなしうる根拠を与えるものにほかならない。

資本主義の矛盾の発現としての恐慌現象

資本主義の発展は、前にも述べたように、不変資本部分の可変資本部分に対する相対的な増大によってますます生産力を増進しつつおこなわれるのであるが、そしてそれはまた人口の自然的増加のほかにみずから相対的過剰人口を形成しつつ資本の絶対量を就業労働者の増加以上に増大することになるのであるが、この発展は資本量の増加に比較しては、剰余価値量を相対的に減少せしめ、利潤率を一般的に低下せしめる傾向を招致する。ところがこの発展はけっして一途におこなわれるものではない。相対的過剰人口の存在と固定資本の増大とは、前述の資本の蓄積の二つの様式を大体において時期を異にして採用せしめることになるのである。

一定の生産力の水準を基礎にして過剰人口が与えられていると、資本はあらたなる生産方法による資本の構成の変化をともなう蓄積によらないで、同じ構成のもとにその規模を拡大するという方法をとる。いわゆる好況期の拡張は大体そういう傾向をとるものである。事実、一定の生産方法のもとに必要とされる固定資本が投下されると、あらたなる生産方法によって生産設備を不断に改良するというようなことはそう容易におこなわれるわけではないし、またそういう方法をとらないでも過剰人口を基礎にしてますます多くの利潤をあげうるのであって、あらたなる生産方法の追求よりもむしろ単純なる規模の拡大に進む傾向をとる。ところがこういう蓄積は、与えられたる過剰人口を吸収するにしたがって鈍化せざるをえない。産業予備軍の存在は賃銀をただちに騰貴せしめるものではないが、その動員は賃銀の騰貴をもたらし、利潤を削減せずにはいないからである。しかしこういう拡張は、資本の再生産過程の拡大とともにますます増加する個々の資本家の手にある遊休資金を――それは資本の運動にかならずともなう貨幣資本からの一時的な遊休資金や、固定資本の償却資金や剰余価値からの蓄積や、さらにまた市場の変動に備える準備資金等々の資金からなり、多かれ少なかれ一時的に融通しうるのであるが、そういう資金を――銀行の手をとおして資本家社会的に融通しつつおこなわれる。さらにまた実際上はしばしば商業的投機をも誘発し、それが在庫商品の価格を騰貴せしめるために、賃銀を実質的には騰貴せしめないで、いわゆる過剰生産の形態をとることになる。そしてこれが通俗的には恐慌は過剰生産から生ずるものと解される原因をなすのであるが、それは賃銀の騰貴による利潤率の低落の歪曲《わいきょく》された表現にすぎないのである。在庫商品の増加は利潤率の低下を投機的に隠蔽《いんぺい》するものにほかならない。しかしそういう商業的投機がおこなわれないにしても、すでに社会的に融通せられる資金を利用しつつおこなわれる生産拡張は、多かれ少なかれ投機的傾向をまぬかれないのであって、借入資金に対する需要の増加は利子率を利潤率の低下と逆に騰貴せしめずにはおかない。

元来、資本の構成の変化をともなわない生産規模の拡大は、資本量の増加とともに利潤量をもある程度までは増加するのであるが、賃銀が騰貴し、あるいは在荷が増加するにしたがって利潤の増加を減少し、生産の拡大が一定の程度に達すると、資本量の増加にもかかわらず利潤量はかえって減少することになる。資本は、資本として過剰になったといってよい状態に陥るわけである。しかし個々の資本にとっては、社会的にそういう状態に陥っているからといって、資本の蓄積を停止するわけにはゆかない。むしろ反対にますます規模を拡大して利潤率の低落を利潤量の増加によって補おうとする。あるいは利潤率の低下そのものも価格の思惑《おもわく》騰貴で隠蔽されてますますその生産を拡張し、在荷を増大する。しかもそういう拡張には特に借入資金の利用が極度におこなわれる。実際資金の借入は、資本の再生産過程の拡張にともなう生産手段ないし消費資料の増産を資本家どうしのあいだで、できうるかぎり利用するためにおこなわれるのであって、資本家社会としてはその生産力を極度に発揮する方法にほかならない。単に資金として貨幣を借入れるというだけのことではないのである。事実、資金の供給自身は、資本家的にはかかる生産の増進によって増加せられる。銀行が銀行券の増発によってみずから資金を造出して供給するということも、かくのごとき再生産過程の拡張を予想してなしうることになるのである。それと同時に再生産過程の利潤量をも減少せしめ、利潤率を急激に低下せしめることになれば、資金の供給はますます減少せざるをえない。銀行もまた銀行券の増発によって資金を造出するわけにはゆかなくなる。産業資本の側からの資金の需要は増加しながらその供給が減少すれば、利子率が騰貴するのは当然であって、賃銀の騰貴ないしは在荷の増大による利潤率の低下とともに借入資金の支払はもちろんのこと、利子さえ支払いえないことにもなり、一般的に信用関係が攪乱《かくらん》せられ、恐慌状態に陥らざるをえないのである。各種産業の再生産過程は、従来信用関係によって社会的に連結されておこなわれ、そのときの生産力の水準としてはそれを極度に発展せしめてきただけに、逆にこの信用関係の崩壊は、一般に再生産過程そのものをも攪乱する。かくて恐慌は、資本による生産の制限が資本自身であることを示すものといってよい。恐慌を単純に過剰生産とか過少消費とかに原因するものとするのは、この点を理解しないものであり、それがまた何に対して過剰なのか、あるいはまた過少なのかを明確にしないものである。各種産業部門間の不均衡によって説明しようとするものも、資本主義の根本的基礎をなす労働力の商品化のもつ矛盾はもちろん、価格運動の意義さえ理解しえないものといってよい。

恐慌による再生産過程の攪乱は、生産過程の停滞による資本価値の破壊を基礎にして、小資本の大資本による集中、労働者の失業による労働賃銀の低落等々をとおして景気の回復を準備するのであるが、しかしこのいわゆる不況期における、過度の蓄積の整理は、単にかかる消極的過程によって完成するものではない。資本は、あらゆる力をつくしてその競争戦に勝ち残ることを目指すのであるが、それは単に資本家どうしのあいだの競争によって解決される矛盾ではない。あらたなる資本と労働との関係を展開しうる生産方法の改善によって、はじめて資本家どうしのあいだの競争にもその解決の道が開かれてくる。不況期の末期に生ずるいわゆる生産の合理化としての生産方法の改善は、また資本にとっては前周期の好況期に投ぜられた固定資本の更新とともに、あらたなる拡張の基礎を与えるものとなる。不況期における資金の需要の減少から生じた利子率の低落も、あらたなる発展を援助しつつ漸次に回復の途をひらく。労働者も資本の再生産過程の回復からある程度失業状態を脱することになる。しかしこの回復の過程はなおただちに好況への転換をなすわけではない。部分的には、また一時的には、資金の需要が供給を超過して利子率の高騰をもたらすのであるが、なお一般的には資本の規模の拡大のために借入資金が利用せられるとはいえない。また労働者にとっても、このあらたなる生産方法の採用は、それ自身資本の構成の高度化によって相対的過剰人口を形成するものとしてであって、単なる拡張を意味するものではない。だが生産方法の改善が特に重要産業部門である程度まで一般化されてくると、そういう改善のおこなわれない他の産業部門でも、ようやく不況期を脱することになる。市場は一般的に好況を呈し、再びあらたなる循環過程に入るのである。

かくて資本家的生産方法が一定の期間をもつ循環過程をとおして発展するという現象の根本的基礎は、資本の生産過程が、資本自身によっては直接的には生産されない――しかし間接的に相対的過剰人口としては生産される――労働力なる商品を基礎とするということになるのであるが、それはまた資本の生産方法が一定の発展段階では固定資本としての労働手段の改善をとおして発達し、その改善がかならずしも不断におこなわれるわけにはゆかないということを条件とするのである。事実、資本としては相当の利潤の得られるかぎり既設の固定資本を犠牲にしてまであらたなる方法を採用するという理由はない。好況期にはすでに述べたように不況期の過剰人口とあらたなる生産方法による相対的過剰人口とを基礎にしてますます多くの利潤の生産を実現し、その蓄積を増進しながら、それはむしろ単純なる規模の拡大としておこなわれ、また不況期にも前周期以後に設備された固定施設をできうるかぎり利用するのであって、あらたなる施設の改善はその末期におこなわれることになり、一般に固定資本の投下は、一定の時期に集中せられてくる傾向をとる。

一九世紀二〇年代以後大体一〇年前後の周期をもって恐慌が勃発《ぼっぱつ》したということは、この点と密接なる関係を有するものと考えられるのである。

一定の生産力の水準を示す生産方法のもとに、資本主義はその生産力を極度に発揮し、生産手段と消費資料とを極力増産する。しかしこの生産手段と消費資料との増産はある程度まで達するともはや資本としてより多くの利潤をあげえなくなる。それはあらたなる生産方法によるよりほかには、資本として有利に投じえなくなることを意味するものである。恐慌は、いわゆる生産力と生産関係との矛盾を資本主義の枠の中で現実的に解決しつつ、資本主義を発展せしめる特殊の方式にほかならない。それはただちに資本主義を崩壊せしめ、あらたなる社会形態に転化せしめるというような、その矛盾の根本的解決ではないが、しかし資本主義がけっして社会形態として唯一のものではないということを資本主義みずからが示すものといってよい。労働者は働く意思と能力とをもちながら失業しなければならない。それはまったく人間の経済生活を商品形態をもって客体的に処理するということから生ずる現象である。もちろん、こういう事情は、経済学の科学的分析によることなくしては、けっして明確に意識されるものではないが、しかし資本主義が旧来の社会関係を自力で解消しうる力をもつとともにこういう矛盾を暴露してくると、資本主義に対する批判としての社会主義的主張は社会的な根拠を与えられる。三〇年代後半から四〇年代にかけてチャーティズムとして知られるイギリス労働者階級の最初の組織的政治運動が革命的性格を帯びたのも偶然ではなかった。また四八年のドイツにおけるブルジョア革命にあたって、すでにマルクス・エンゲルスが『共産党宣言』をもって科学的社会主義を提唱したということも理由のないことではなかった。資本主義はその確立とともにその変革が問題とされるという歴史的性格をもっているのである。

一定の生産力水準のもとにおける過度の発展が恐慌によって整理されると、再びまたあらたなる生産力水準によるあらたなる労働者と資本家との関係をもって発展するわけであるが、それは一方において資本家的経営をますます大規模にし、労働者の組織的力の基礎をつくるとともに、他方において恐慌に発現する矛盾をも拡大せずにはいない。しかし実際上はイギリスを中心とする資本主義の発展は、なおおくれて資本家的商品経済に引入れられつつあった後進諸国との貿易関係によって制約せられていたのであって、その発展とともに矛盾の発現としての恐慌現象も、世界市場の情況によっていちじるしく影響せられ、一面ではそれによって恐慌の発現を激化されるとともに、他面ではその現実的解決も促進されるのであった。すでに述べたような五〇年代におけるイギリス資本主義の発展は、労働組合運動においてさえ革命的な社会主義的傾向から離れた組合主義を確立することになったのであった。それはまさに資本主義社会の典型的な関係を実際に実現した時代であった。

しかし資本主義の発展のこういう特殊の歴史的性格は、理論的解明に想定される純粋の資本主義社会における発展のように永久的な拡張再生産を許すものではない。事実、こういう典型的な資本家的社会関係自身が一定の歴史的発展の段階にあらわれたものにすぎない。一七、八世紀の資本主義の発生期においては、恐慌も商品経済のいわば表面をなす流通部面にかぎられ、外部的原因による不規則なるものにすぎなかった。またこれに対応して一九世紀七〇年代以後ドイツ・アメリカ等のあらたなる資本主義国で株式会社形式を利用する急速なる資本主義の発展を見ることになると、資本主義はもはや従来イギリスに見られるような典型的な資本家的社会関係の展開を一途に進めるとはいえないものとなるのであって、恐慌現象もまたいわゆる慢性的不況化への傾向を示してくる。少なくともイギリスでは従来一〇年前後の周期をもって、きわめて規則的におこなわれてきた景気の循環過程が乱れてくる。ドイツ・アメリカ等の後進諸国の発展は、資本主義の世界史的発展にあらたなる段階を展開することになるのである。

第四章　後期資本主義への転化

一九世紀中葉のイギリスを中心に実現された自由主義時代は、産業革命による綿工業の機械化を基軸として、国内的には労働者と資本家との階級的関係を、国際的にはイギリスを「世界の工場」として他の諸国を農業国とする貿易関係を基礎にして、イギリスに資本家的商品経済を確立したのであるが、それはまた資本家的工業がイギリスに独占されることによって実現されたのであった。したがって、一九世紀末葉他の諸国、ことにドイツ・アメリカ等が株式会社制度によって重工業の発展を基軸とするあらたなる資本主義化を巨大なる資本力をもって急速に実現してくるとともに、資本主義はきわめて重要な変化を示すこととなった。

このような各国における資本主義の発達は、国際的にはたがいに対抗しうる資本主義諸国間の競争を激化するのであるが、国内的にはかかる巨大な資本力の発動によって、旧来の社会層が分解され、資本家的社会関係が拡大されるということは、しばしばそのままに放任することを許さないような条件をもまた発展せしめるものであった。こうして資本主義は、国内的にも国際的にももはや自由主義をもってその政策の基調とはなしえなくなったのである。ここでは、国際的に競争しうる重工業のごとき産業ばかりではなく、農業のごとき、かならずしも国際的競争力の発展を予想せられるとはいえない産業までもが、国家的領域の範囲で、関税政策等のいわゆる「保護」を受けることとなるとともに、この国家的領域をますます拡大することがきわめて重要な意義を有することとなるのである。それはまったく資本の性格の変化にもとづくものであり、あらたなる資本主義の時代を画するものであった。そしてそれは自由主義の時代の産業資本に対して、いわゆる金融資本がその支配を確立し、資本主義が帝国主義の段階に移行したことを意味するのである。

この段階においては、資本の蓄積はふたたびまた強力な政治的方策によって援助されることとなるのであるが、重商主義時代においてはむしろ政治的権力そのものが経済的力に転化し、旧社会関係の資本による分解を援助することにその歴史的意義が認められたのに反して、帝国主義的政策は経済的な力が、みずから政治的権力を把握し、資本家的社会関係の発展を一方では擁護しつつ、他方では旧来の社会関係の分解を防止し、その残存を利用することになる。資本主義はその発生期とまったく逆の様相を呈し、あらたなる段階に入るのである。

一　株式会社の発達と金融資本の成立

重工業の発達と後進国における株式会社制度による資本主義の急速なる発展

一九世紀の後半における鉄工業の技術的改良（五〇年代のベッセマー製鋼法、六〇年代のシーメンス＝マーティン法、七〇年代のトーマス＝ギルクリストの除燐《じょりん》法）は鉄道・船舶・機械等による需要の増大に対する鋼鉄の供給を異常に増加し、鉄工業を中心とする重工業があらたに資本家的産業を代表するものとして発展してきた。しかもこの新しく発展してきた重工業は、綿工業と比較して非常に巨大な固定設備を必要とし、その運営にも綿工業とは比較にならない巨額の資本を必要とする。個々の資本家が自己の資本だけでこれを経営するということは、一般的にいってますます困難となる。ことにドイツ・アメリカ等の後進諸国ではそうであったが、これらの国々はこれに対して株式会社制度を利用したのであった。それがために上述の製鋼技術の発明は、それがなされたイギリスにおいてよりも、国内に適当な鉱石をもつこれらの国で盛んに利用せられることになったのであって、ドイツ・アメリカは、あらたなる資本主義の段階の代表的な国となったのである。

株式会社においては、その事業に必要な資本は、少額の資金をもって払込まれる多数の株式の募集によって調達される。個別的には資本とはなりえないような少額の資金が、社会的には巨額の資本となる。それと同時に多数の株金を集中することによって、おくれた国々においても、あらたなる経営に必要とせられるいかなる巨額の資本をも容易にかつ急速に調達しうることになった。このことはしかし単に後進諸国の資本主義化を、急速に実現するのに役立つというだけではなかった。すなわち、すでに綿工業によって代表される消費資料の生産ばかりでなく、鉄工業によって代表される生産手段の生産をも、きわめて高度に発達した技術をもっておこなうという生産方法が後進国に輸入されたということは、これらの国の資本主義化にあたって、もはやイギリスと同様の長年月を要しないというだけではなく、旧社会関係に対する分解過程にも非常に異なった様相をもたらしたのである。ここでは資本の蓄積は、可変資本部分に対して不変資本部分に比較にならぬほどの重点がおかれておこなわれる。資本の構成はきわめて高度となるとともに、生産力は異常に増加する。そこで巨額の資本が比較的僅少《きんしょう》なる労働力をもって運営されることになるわけであって、資本家的大工業の異常な発展も、多かれ少なかれ旧来の社会関係の下におこなわれる農村その他の小経営を、かならずしも徹底的に分解するということなくして実現されることになる。それと同時にその異常な生産力の増進にもとづく生産物の販路は、多かれ少なかれ、旧社会関係を残存する農業、小工業等においてはきわめて不十分にしか拡張されえないことになり、そのために特に外国市場が非常に重要になる。ところが国際市場はまた、一九世紀中葉までのイギリスを中心とした時代のように、工業国と農業国との関係にとどまるものではない。後進国自身が資本家的大工業によって生産される鉄鋼製品をもって国際市場に臨むのであって、原料農産物と綿製品のような工業製品との国際貿易関係から、いわゆる勢力圏をもってする資本投資の競争に転化せざるをえない。

もちろん後進国の資本主義化は、一様におこなわれるわけではない。ドイツの資本主義化は、植民地として発展してきたアメリカとは異ならざるをえない。またすでに一九世紀三、四〇年代から漸次資本主義化してきたドイツが、七〇年代以後金融資本の形態の下に急速に大規模の重工業を実現するというのは、わが国のように八、九〇年代において株式会社形式のもとに、綿工業をもって資本主義化したばあいとも異なった関係を展開する。しかしいずれにしても後進諸国は、大体においてドイツならびにアメリカを、あらたなる指導国にして資本主義化を実現してくるのに反して、一六、七世紀以来資本主義化を他の諸国に先んじて実現してきたイギリスは、この時期においてはいわゆる老大国として、この転化に追随することになるのであった。むろんイギリスにおいても、株式会社形式は海外貿易においてはすでに一七世紀はじめから採用され、銀行業においてもイングランド銀行のごとき特殊のものにあっては一七世紀末からおこなわれ、一般商業銀行にも一九世紀三〇年代以来盛んにおこなわれたのであるが、産業においては鉄道等の大資本を要する交通以外は、ようやく六、七〇年代以後に採用せられたにすぎなかった。しかもイギリスでは資本家的産業は、個人企業としてすでに資本主義的に発達していたために、ドイツ・アメリカその他の後進諸国に見られるような株式会社の発展は見られなかった。個々の事業は、たとい株式会社に編制替えされたばあいにも、個人的経営の遺風を容易に脱しえなかったのである。むしろその点にイギリス産業の特色があったといってもよいのであった。そこでイギリスは勢力圏としての植民地の拡大においてはドイツに先んじたのであるが、国際市場においてはいわゆる made in Germany に圧倒される情勢にあり、イギリス自身においても、その時代おくれがしばしば問題とされたのであった。

最近の資本主義の発展は、かくして株式会社形式による産業資本の金融資本化にもとづく、特殊の段階をなすものとして規定されなければならない。

株式会社の機能

株式会社の資本は、技術的に必要とせられる巨額の資金が、株式証券という形式で集中せられ、集積せられたものである。それは最初から集中せられた資本の集積である。個人企業は個々の資本家の個人的所有に属する資本であり、経営であるが、株式会社は多数の資本家の資本を——というよりも、少数の大資本を中心にそれ自身ではすでに述べたように、資本として投じえられないような資金をも、いわゆる投資家の資本として動員して——集中した社会的資本による経営である。いいかえれば、社会的資金の内から任意の一定額の資本が、一定の事業経営に集積せられるのである。個人企業のばあいにはいうまでもなく、その所有者たる資本家が直接企業を経営するのが普通であるが、株式会社では資本の所有者たる多数の株主が直接経営にあたるわけにはゆかない。大部分の株主は直接の経営を一部の株主に委託する。ここにいわゆる所有と経営との分離がおこなわれることになる。一般株主たる資本家は株券に対して投じた資本額、すなわち所有株式数に応じてその株式会社に対する所有関係をもつわけであるが、それはもはや直接の所有関係とはいえないものになっている。というのは、株式会社の資本はこれらの株主の所有とは無関係にその運動をおこなうからである。したがってまた、株式証券が誰の手に渡ろうとも、株式会社の事業そのものはそれとはある程度無関係にその経営をつづけうる。実際、株式会社形式が普及して有価証券取引所が発達してくると、株式はいつでも自由に売買されることになる。株式会社に投資した資本家がなんらかの理由で資金を必要とするときには、かれはその株券を売って資金にすることが容易にできる。かくて株券はそれ自身に価格をもつ商品として売買されるわけである。もちろん株券を通じて投じられた資本は、会社の資本として現実の運動を、すなわち一般に資本としてのG—W…P…W'—G'の循環運動をなしつつあるのであって、株券の売却によって得られる貨幣は、けっして会社資本の一部分を貨幣として回収するものではない。しかし株券は、会社資本の一部分の所有を代表するものとして、この会社の現実的資本によって得られる利潤を配当される。そのかぎりにおいて一定の利子を生む資本とせられ、それが商品化されるのである。しかしまた株券の所有の移転は、単なる利潤配当の権利の移転にすぎないものであるとはいえない。それはもちろん株式会社の資本に対する所有の移転であり、ある程度をこえると経営にも影響する所有の移転である。株式による資本の商品化は、したがってまた単なる利子証券の売買ではない。株式会社資本の所有の移転でもあるのである。

そこでこういうことになる。株式会社の資本はその払込みと同時に二重の存在を与えられる。すなわち現実に運転される資本は、会社の手にあって、一般の産業資本の循環運動をなすのであるが、払込みを証明する株式証券はこの資本の現実的運動とは別個に、株主の手にあって一定の資本価値を与えられ、資本として商品となり、売買される。そしてもちろん売却されて貨幣化したとしても、それは前述のごとく、けっして会社の手にある資本を引上げたものではないし、その株券の売買される価格は、その会社の資本の当該の部分として決定されるのではない。その価格は株券にたいする配当が、一般利子率によって資本還元されたものであるにすぎない。たとえば、一般利子率を五%とすれば、一〇〇円の貨幣を貸付ければ、年五円の利子が得られるわけであるが、額面一〇〇円の株券に対して年配当率が二〇%であるとすれば、株式の所有者は、年に二〇円の配当を得ることができる。そこでこの株券は、それ自身に利子を生む資本としては、二〇円を一般利子率をもって資本還元した、四〇〇円の価格をもつことになる。もちろん、株券の現実の価格は、たんに利子率と配当金とによってのみ決定されるものではなく、将来を予想する種々の思《おも》惑《わく》などが影響するのであるが、しかし基本的にはこの両者を基礎として決定されるのである。かくて株券は会社の手にあって現実の運動をなす資本とは別個の、いわゆる擬制資本として売買される。それは現実的資本と全然無関係な資本とはいえないが、しかしそれとは別個に売買される資本となるのである。つまりそれは企業の経営と所有との分離にもとづいて、所有を表示する資本価値である。こうして株主は株券の所有者として一種の貨幣貸付資本家となるのであるが、それはまた株式会社に対しては所有する株数を限度として関係する資本家でもある。もっとも企業の経営は、さきに述べたように、こういう株式資本家自身によって直接おこなわれるわけではないし、またおこなわれうるものでもない。株式会社の投資者たる株主は多数であると同時に、その投資額たる株券所有高も株主によって異なっている。そこで株式会社の経営は、株券の所有を基準とする株主総会によって支配されなければならないのであるが、総会が直接これにあたるわけにもゆかない。すなわち総会において決定された方針にもとづいて、同じくこの総会において選出され、あるいは雇われた重役をしてその直接の経営にあたらしめることになる。もちろん、このばあい株主総会における決定は出資額によってなされるのであって、一人の株主にしても、あるいはまた数人の株主にしても、その会社の総株数の過半数を動員することができれば、いかなるばあいにも、株主総会をとおして会社支配の実権を握ることができる。かくしてまた株主資本家は、会社支配の実権を握る少数の大株主と、会社の直接の運営はこれを重役に委任し、単なる株主資本家として利益配当をその資本利子として受取る多数の普通株主とに分れてくる。経営と所有の分離もこの株主の分離のうちに具体化される。普通株主は事業の経営とともにその利潤の処分についても、まったく重役たる大株主のなすところに従うほかはなくなる。それと同時に会社経営の実権を握る大資本家にとっては、株式会社は資本集中の特殊の方式となるのである。

そこで株式会社の性格や機能についてもう一度考えてみる必要がある。株式会社は一面から見れば多数の小資本家の投資をあつめて、一つの大資本とする社会的性格をもつものであって、この点から資本のいわゆる民主制をなすものとさえいわれるのであるが、しかしそれは実際には、結局小資本家に対する大資本家の独裁制を意味するにすぎない。重役制度はこれを組織的に実現するものである。つまり株式会社は大資本にとっては少額の自己資本をもってなるべく多額の他人資本を支配する手段となるのである。したがってまた株式会社は、大資本の小資本に対する優位性を、大資本家にとって最初から確保する企業形態として利用されるものといってよい。株式会社の企業形態としての特徴はすべてこの点を基軸としている。まず、第一に資本の所有と経営とを分離することによって、一般に事業を資本家の個人的生活による影響を受けないものとする。このことは会社にとって利潤をあげることができないばあいにもその経営の継続を可能にするばかりでなく、その資本の運転によって生ずる利益も、すべて配当しなければならぬというのでなく、その一部を比較的容易に会社財産として留保・蓄積することをも可能ならしめる。いわゆる配当政策として一般株主に一定の確実な配当をなすと同時に、会社を支配する大資本家には、その資本力を増進する手段とすることができるのである。また株式会社は、それが大規模になるにしたがって、資本を調達するために当然要求されることとなるのであるが、一般に経営の内容をある程度まで公開的にしなければならない。そしてそれはまた銀行その他の金融機関にとって信用を拡大しうる根拠ともなる。大資本はこの点では株主資本だけでなく、金融市場の資金をも株式会社をとおして利用しうることになる。さらにまた事業の拡張のための増資や、あるいは損失をうけて減資するばあいにも、株式会社は個人企業と異なって比較的容易になしうる。それはまったく社会的に利用しえられる資金を、大資本家の自由にしうる資本たらしめるものといってよいのである。

金融資本の成立

株式会社の以上述べたような性格や機能から生ずる当然の結果として、個人企業のばあいにはなかったつぎのような事実が生ずることになる。すなわち株式会社は単に社会的な資金を集中的に利用するというだけでなく、他の株式会社との相互のあいだにも株式を通じた関係をもってこれを利用することができる。このばあい同種の会社が単に協同の利益を目的に、相互にその株式を交換して所有するということも、あるいはまた関係事業を経営する他の会社の株式を所有することによって、その会社をある程度支配するということもできる。たとえば同種の会社、またはその原料品の加工、あるいは包装材料の生産等の関係事業をおこなう会社に、株式の所有を通じて関係をもつといったごとくである。その関係の程度は、もちろん、株式の所有数によって種々異なる。単に会社の内容を知ることを目的とするものから、利益の均霑《きんてん》を目的とするもの、さらにまたすすんではその経営にある程度関与し、あるいは完全にこれを支配するものもあるわけである。こういう関係はしかしまた金融機関の産業に対する関係にも非常に重要な変化を惹《ひ》き起す。たとえばドイツでは、銀行は早くから個々の企業に対する単なる商業的金融機関としてでなく、たがいに関連する諸企業に対する協同的利害関係の中心となる傾向を示してきたのであった。それは前に述べたように、ドイツではその資本主義的発展が株式会社形式によって実現したからであるが、単にそれだけでなく、株式会社の設立自身に銀行が大きな役割をはたしたことによるのである。すなわち銀行は株式会社の設立にあたってその株式の引受、発行の業務を担当したのであって、それがまた銀行の重要な業務となったのであった。資本の個別的蓄積が低位であったドイツでは、産業企業に必要な資本も、しばしば銀行を媒介にして集中するほかなかったのであるが、銀行はまたこのように株式会社の設立に関与することによっていわゆる創業利得（Gründersgewinn）を獲得し、その資本の利益としたばかりでなく、多くの事業会社に特殊な関係をもつことになったのである。創業利得というのは、株式会社の設立の際に投ぜられた払込資本額とその株式の擬制資本化によって生ずる売買価格との差額にほかならないのであるが、銀行はその株式を大量的に引受け、のちに売りだす際これを利得とするわけである。銀行は、ここではもはや、イギリスに発達したような単なる商業銀行とはいえないものとなるのである。

ドイツの銀行が産業企業に深い関連をもって発達してきたということは、株式会社に対する金融が個人企業に対する金融と異なるということにもとづくのであるが、そのことはドイツではまた銀行が産業に対して、特殊な支配的地位を獲得することを意味したのであった。ヒルファディングが、このように実際上は産業資本化した銀行資本をもって金融資本（Finanzkapital）と名づけたのも、かかる事情によるのである。しかし株式会社制度が発達してくれば、株式所有を通じて諸事業会社と関連をもち、これらを支配するにいたるのは単に銀行にかぎられるわけではない。産業会社自身も他の会社に対して同様の関係をもつことができる。さきにも述べたように株式会社相互に株式をとおして特殊な関係を生ぜしめるようなものが、株式会社形式自身にあるのである。銀行が産業に対して特殊な関係をもつというのも、同じ事情によるものにすぎない。のちに述べるように他の会社の株式を所有することを目的とする株式会社、すなわち持株会社（holding company）というようなものも発生しうる。また第一次大戦後ドイツに発達した、いわゆるコンツェルン

(Konzern) のように、株式の所有による参加や、産業的金融の方法を基軸として種々なる方法をもって多数の企業に関係し、複雑巨大なる産業組織体を形成するものも発生しうることになるのである。

このような産業企業における株式会社形式の発達は、会社支配の実権を握る大資本家自身をも変化せしめずにはいない。かれらは産業企業の運営にあたりながら、もはやかつての産業資本家のように、特定の事業に対する利害関係に拘束されない、資本一般を具体的に代表するものに転化してくる。つまりあらゆる事業に関係し、これを支配することによって特定の企業家たる性格を脱した資本家となる。それは種々なる事業に金融し、関与する銀行資本と同様な資本家となるわけである。かれはもはや単なる産業資本家ではなくて金融資本家である。それは普通株主資本家が、擬制資本としての利子付資本の所有者として、事業に対する直接の関係を失うのに対応して、大資本家が産業企業を金融的に支配するということを意味するものにほかならない。

こういう金融資本の出現は、一面では種々なる産業企業を統一的に支配する巨大な組織体をも可能ならしめるのであるが、しかしまたそれはけっして完全なる統一的組織体を実現するものではないことに注意しておかなければならない。むしろ逆にこれらの大資本家の集団の間には、かつての個々の産業資本家間の対抗的競争関係が、さらに拡大された規模で激成され、ついには国際的な対立関係にまで発展する。しかもこの組織体の内部においても対立は完全に除去されるものではない。内部的にも多かれ少なかれ個々の資本家ないし資本家の集団のあいだの競争は残るのである。

ところでこのような統一的企業組織は資本家的にはかならず独占体として発展するのであって、一九世紀末以来のドイツのカルテル（Kartell）、アメリカのトラスト（trust）の発展は、その代表的な具体的発現といってよい。資本主義のあらたなる段階としての金融資本の時代はこの独占的組織の発展として実現されたのである。

二　独占的企業組織の発達

株式会社形式にもとづく産業資本の金融資本化は、一般的に独占的組織化をとおして実現されるにしても、あらゆる産業が独占資本になるというのではない。かかる独占化の傾向は、巨大なる固定資本を擁する重工業を中心としてあらわれたのであった。巨大なる固定資本に伴う巨額の資本は、たとい株式会社によって調達されるにしても、その生産能力の高度の発達は、多数の企業の並存とその自由競争とをますます困難にする。たとえば鉄工業のように巨大な設備を要し、会社の設立から事業の開始までに数年間を必要とするというような事業では、そう容易にあらたなる会社を設立するわけにはいかない。それと同時に、一度設立されると、その資本を引上げて他へ移すということはまったく不可能である。株式会社形式による資本の調達は、一方ではあらたなる生産方法の採用を比較的に容易にするために、生産方法の不断の改良を可能ならしめ、従来生産方法の一般的進歩が周期的に制約されてきたという事情をもある程度緩和するのであるが、他方ではまた巨大なる固定設備のために、不断の改善は抑制されることにもなる。あらたに設立される企業は、巨大なる生産能力をもつものであるから、それが設立され、生産を開始し、製品が市場に送りだされるときには、それだけでもすでに過剰状態になる可能性がある。設立が開始されるときは好況であっても、事業開始までに数年を要するので、実際に事業を開始したときには市況はすでに不況となっているというばあいも少なくない。しかしまた逆に、こういう事業であるから好況になって急に需要がいちじるしく増大してきたとしても、生産の拡張は容易にはおこなわれないで、既存の企業は独占的な価格をもって特別の利潤をあげることができる。結局、これらの事業は好況のときの利益をもって不況のときの損失を償い、相互に競争することによって生ずる共倒れの損失を防ぐということにならざるをえない。それはけっして資本主義がみずから景気の循環とこれにともなう恐慌現象とを統制できるようになるということを意味するものではないが、従来の周期的な景気の循環を不規則にし、ついには慢性的不況化の傾向をさえ生ぜしめる原因をなすものといってよい。ことに金融機関が単なる商業銀行として産業の外部にあってその資金の社会的融通を媒介するというのでなく、産業企業と一体化して金融資本を形成するようになったということは、恐慌の出現をさえ変容せしめるのである。独占的企業組織が経済の統制によって恐慌を回避せしめるかのごとくに考えられるのは、一九世紀末以来のこの景気循環の変容を誤認したものにほかならない。独占的組織はけっしてかかる機能をはたしうるものではない。また実際、かかる独占的組織はそういう機能を目的とするものでもないのである。

カルテルおよびシンジケート

カルテルは独占的組織体としては比較的容易におこなわれるものであって、特にドイツにおいて発達したのであるが、それは同種の企業が一定の期間を定めて相互に競争を排除し、市場の独占による利益を確保しようとする協定である。個々の企業はそれ自身の独立性を失うわけではないが、協定の範囲内においては独占的組織体によって多かれ少なかれ支配される。もちろん、協定の内容によってカルテルの組織とともにその独占力も異なってくる。またそれは事業の経済的、技術的性質、生産物の種類、市場の状況等によっても異ならざるをえない。しかし大体においてその企業の規模の拡大するにしたがってますます強固な持続的結合を実現し、したがってまたそれに応じてこれに加わる事業は次第にその独立性を失い、少数の中心的大会社に支配される傾向を生じてくる。カルテル協定は内容によって大別すればつぎの三種となる。第一は生産物の販売価格を協定するもの、第二は生産制限、第三は販路の分割を協定するものである。第一の方法はもっとも簡単なもので、比較的容易におこなわれるが、また容易に崩れやすい。けだし協定を結んだ各企業は、おのおのその独立性をなお広範囲に保持しており、その協定に対しても、なんらかの他の方法による競争をもって自己の利益をはかることを防止することはできないからである。たとい価格協定によって独占の利益を確保したとしても、カルテル内の各企業にはなお生産能力その他の経営上の相違を生じうるかぎり利潤の差が残り、カルテル内部における各企業間の競争を排除することはできない。また価格の変動の原因をなす生産量自身を協定していないということから、恐慌その他の市場の状況の変化によって協定はしばしば破棄されることにもなる。第二の方法はこれにくらべてはさらに根本的な協定をなすものである。もちろん、一般にカルテルのおこなわれるような大規模の企業では当然のことであるが、生産方法がほぼ同様な機械制大工業でないと、この協定は技術的にも可能とはいえない。それは市場に対する供給を制限するものとしてきわめて有力な手段とされるのであるが、しかしこれも一般的な資本の過剰による生産過剰を防止できるものではない。これに対して第三の方法は独占の目的からいえば、もっとも完全な方法である。しかしその適用範囲はきわめて限られている。小企業の競争をある程度許しながら、大企業のあいだに国際的な協定が結ばれるというようなばあいに、しばしば採用される方法である。なおこのほかにきわめて初歩的なものとして販売条件を協定するもの、特殊のものとしては生産物の種類によって生産の分野自身を専門的に分担することを協定するもの、さらに進んで需要を測定してその割当てをなし、あるいは利潤の分配を協定するものなどあるが、大体上述の三種を基本的なものと考えてよいのである。

ドイツにおけるカルテルの形成は、一九世紀の七〇年代に急速に発展した資本主義の反動的不況の時代に、主として鉄、石炭等の重工業にはじまるのであるが、八〇年代には関税政策の強化とともに漸次その範囲を拡大し、さらに八八年から九〇年の一時的好況に際しては、好景気による価格の騰貴を確保する手段として盛んにおこなわれ、種々なる産業に普及してきたのである。一八九六年に約二五〇を数えるにいたったカルテルは、さらに一九〇五年の政府の調査によると三八五に増加し、これに参加した工場数は一二、〇〇〇におよんだといわれている。

元来、カルテルは生産物の買手に対して独占的利益を要求するものであるから、一産業がカルテル化されると、その生産物の買手たる他の産業は独占価格を負担することになる。それだけ不利益な立場におかれることになるので、そういう産業部門でもカルテルの形成に向かわざるをえない。重工業に確立されるカルテルはやがて大企業の成立をゆるす、あらゆる産業部門に伝播《でんぱ》することになるわけである。ところがこういうカルテルの発展はさらにまた特殊な組織を形成することになった。一八九三年ライン地方の炭坑業カルテルは、さらに一歩を進めてシンジケート（Syndikat）を組織したのである。すなわち協定参加の会社がシンジケートなる独立の会社を設け、これによって協定を実施する方法を採ったのであった。これによって従来のカルテル参加の諸会社は生産物の販売部面ではもちろんのこと、生産の部面でも、もはや独立の企業とはいえなくなる傾向をとることになり、シンジケート自身において大資本の支配が確立されてきたのである。

カルテルによる独占は、かならずしもその産業に属する全企業を包括するものではない。またその必要もない。しかしカルテル外に残る企業、いわゆるアウトサイダー（outsider）の競争力のいかんによってはカルテルの市場に対する支配はもちろんのこと、その存続さえ困難となる。ライン地方の石炭シンジケートにしても最初は炭坑業専門の会社だけで組織されていたのであるが、鉄工業を兼営する、いわゆる混合事業（gemischte Werke）が大資本によって石炭市場における勢力を増大してくるとともに、石炭シンジケートはこれを除外することができなくなり、一九〇三年にはついにかかる混合事業をも加えることとなった。しかしそれと同時にシンジケートの支配権は、次第に混合事業を経営する大資本の手に移っていった。シンジケートの独占力は、単なるカルテルと異なって、ほとんどアメリカのトラストと異ならないものとなるのであるが、それはなお、その内部における資本の対立関係を止揚するものではなかった。しかしそれはかえって大資本にとっては、各企業の独立性を残しながらこれを有利に支配する手段となる。ドイツの石炭、製鉄、製鋼業におけるシンジケートは、金融資本に特有なる組織的独占体を具体化したものといってよい。

トラストおよび持株会社

アメリカで企業の結合による集中がはじまるのは南北戦争（一八六一―六五）後である。はじめはプール（pool）という大体ドイツのカルテルと同様の方法が採用されたのであるが、これは結合力が弱かったし、またそういう協定は法律上禁止されてもいたので、広汎《こうはん》な発展をみることができなかった。そこでアメリカでの独占組織の形成はトラスト運動として実現されたのである。

いわゆるトラストは一八七九年のスタンダード石油トラスト（Standard Oil Trust）の形成にはじまる。すなわちスタンダード石油会社は、すでにある程度統一的に支配してきた原油・パイプ・精油関係の多数の会社の株式を、その株主から委託せしめ、これに対してトラスト証券を発行し、一方では多数の会社を統一的に支配するとともに、他方ではこれらの会社の利益配当をトラスト証券所有者へ再配当する方法をとったのである。いわばトラスト証券を株式とする新会社をつくったわけで、その組織力はカルテルのごとく単なる契約によるものでなく、むしろ所有にもとづく統一的にして永続的な強固なものであった。そののち、この方法は他の産業にもたちまちにして伝播したのであった。たとえば、一八八七年から一八九七年までの一一年間に企業結合数は八六を算し、その大部分はトラスト形式によるものであったといわれる。もっともこれらのすべてが十分なる独占的支配力をもったわけではない。このうち二〇ないし二五がそういう独占力をもつものであったといわれている。また実際この時期におけるトラストの急速なる普及は主として一八九三年から九七年にかけての不況によるのであった。もっともこの間一八九〇年にはすでにシャーマン法（Sherman's Act）として知られる反トラスト法が制定され、同年ニューヨークではアメリカ砂糖トラスト（American Sugar Trust）、オハイオではスタンダード・オイル・トラスト（Standard Oil Trust）の解体が命ぜられている。しかしこのような法令も実際には企業の結合を阻止することはできなかったのであって、上述したように急速なる増加を見たのであった。また当時の三大トラストといわれたスタンダード石油・アメリカ砂糖・アメリカ煙草は、不況に際しても一般事業界の不調をよそに好調を示したのであって、トラストは不況に対する対抗手段とされたのである。

しかし一八九三―九七年の不況後は事情がやや異なってくる。すなわちまずスタンダード・オイル・トラストが、先の解体命令を履行しないという理由で、一八九七年に告訴されたことから、あらたなる形態への改組をはじめた。一八九九年、ニュージャージーのスタンダード石油会社はその定款を改正し、他のスタンダード各社の株式を同社に譲渡せしめ、みずから他の諸会社の株式を保有する持株会社（holding company）となったのである。もちろんこのばあい同社はみずから石油事業をいとなんでいるのであるから、純粋の持株会社ではなく、いわゆる親会社となったわけである。この方法はニュージャージーが持株会社の設立を認めるという特例を利用した、きわめて巧妙なる方法であって、その後急速に多くの追随者があらわれたのであった。たとえば一九〇〇—三年の四箇年において資本集中の代表的なケース二九のうちで、一六までは持株会社の形式によったといわれている。有名なユー・エス・スティール（United States Steel Corporation）もその一つである。それは、かかる持株による形式のほうが、いわゆるフュージョン（fusion）なる買収、合併によるよりも有利に、かつ容易におこなわれるからであった。ところでこの持株会社の形式も実質的にはトラストと異なるものではない。したがってまた法律的に禁止されているその独占に対する非難をまぬかれることはできなかった。一九一一年連邦政府はスタンダードに対して解散命令を出し、スタンダードは三三の独立した会社に分散した。しかしこれらの独立の諸会社の株式は、前の持株会社を支配していた同じ大資本家たちによって所有されていたのであって、その代表者たるロックフェラー（Rockefeller）の各会社に対する支配力には変りはなく、スタンダードの独占的支配は失われるものではなかったのである。

一九一四年には、さらに持株会社に対する制限を目的とするクレイトン法（Clayton Act）が制定され、独占を未然に防止することを目的とする連邦通商委員会（Federal Trade Commission）が設立されたのであるが、第一次大戦の勃発《ぼっぱつ》とともに事情はまったく一変し、政府の態度もこれに応じて非常に変化してきたのであった。実際また現代の戦争は生産機構に、こういう近代的な独占的組織を基礎とする統制力を必要とするのであるが、戦争とともに連合国側からの莫大《ばくだい》なる需要は、アメリカの産業にとっては非常に好況をもたらすことになったのであって、巨大企業に対する反目も問題にならなくなったのである。大戦による海外の需要に応ずるため、巨大企業化を促進するためのウェッブ・ポマーレンス条例（Webb-Pomerence Bill）さえ議会を通過したのであった。

以上簡単に述べたようにアメリカにおける独占的企業組織も、ドイツと同様に一九世紀末にはじまり、法律的には禁止されながらも漸次に発展し、普及してきたのである。そしてそれはまたドイツ、アメリカの産業の発展がイギリスのそれを凌駕《りょうが》する基礎をなしたものといえる。資本主義は、もはや一九世紀中葉のイギリスに見られたような、個々の資本家の個人的企業としておこなわれるものではなくなったのである。

独占資本の生産関係

金融資本による産業の統一的組織化は、しかし社会化された経済を完全に組織化するというものではない。いいかえれば資本主義の諸矛盾を根本的に解決するものとしての組織化ではない。それは資本主義経済の発達において重要な地位を占める重工業を中心とする大資本による独占的利益を目的とした組織化であり、多数の資本家を単なる証券所有者として利子生活者たらしめることによって、大資本家がみずからは金融資本家としての独占的利益を目的としつつおこなう組織化である。そしてそれはむしろ他方に組織化されない産業を残すことによっておこなわれる組織化である。しかも独占的利益を目的とする大資本家たちの集団によって個別的に部分的に組織化がおこなわれればおこなわれるほど、これらの巨大組織自身のあいだにも、ますます激しい対立を大規模に展開することとならざるをえない。

金融資本によって組織化された企業の独占的利益は、組織化されえない資本家的企業や、多かれ少なかれ旧来の生産関係を残す中小企業ないし農業を一般的基盤とするものである。それと同時にそれはまた労働者に対してもこの一般的基盤にもとづいて、労働強化を強制することになる。その結果、ここにおいては旧来の生産方法に対する資本家的分解は、おこなわれなくなるというのではないが、遅滞する傾向を示しはじめるし、そのうえそれを回避する方法さえ求められることになる。さらにまたここでは、あらたなる産業が勃興《ぼっこう》してきたとしても、すでに一般的に慢性的に過剰の傾向にある労働者を吸収して、経済全体が好況を呈するという傾向は漸次に弱くなってくる。すなわち、一九世紀中葉までのイギリスのように、銀行等の金融機関が産業のいわば外部にあって、過剰生産を恐慌によって現実に解決しては、生産を発展せしめてゆくという景気循環の典型的経過は乱れて来ざるをえないのである。それは何よりも、大企業の株式資本化が、金融機関と産業企業とを一体化することになったからにほかならない。もちろん、ここでも好況、不況の変化がなくなるわけではない。恐慌現象も見られる。しかしそういう変化は、漸次に明確な段階を示さなくなる傾向をとり、いわゆる不況の慢性化という現象さえ呈してくる。また産業にしても金融機関にしても巨大な経営の崩壊は、個人企業のばあいと異なって国家もこれを放置しておくわけにいかなくなる。この点でも独占段階においては国家と経済とは密接な関連をもつようになるのである。もちろん、こういう資本の組織は、同時に他方において労働者の組織を発展せしめずにはいない。しかし資本と労働とのこの組織的対立は、単純に全社会をこの両極に分解してゆくという傾向を基礎として発展するわけではない。この対立のあいだに、中小企業や小農民の残存、および資本主義のこの発展段階に特有ないわゆるサーヴィス産業の発展によって助長されてますます多くの中間的な社会層を介在せしめることとなる。そしてそのことは、国家にさらにいっそう特殊な役割を与えることにもなる。特にいわゆる社会政策*はこの段階において、きわめて重要なる役割を占める政策となるのであるが、経済政策と国家との関係は、それがために隠蔽《いんぺい》され、あらゆる政策が社会政策的色彩をもって粉飾され、容認される傾向さえ生じてくるのである。

＊社会政策は資本主義が一九世紀七〇年代以後金融資本として急速に発達したドイツにおいて、資本主義の内在的矛盾——生産力の発展をみずから処理しえないで生産物と労働者との過剰をもたらすという矛盾——の根本的解決を主張する社会主義運動に対して資本主義の枠の中でそれを緩和しうるものとして主張されたものといってよい。したがって、この時期の工場法その他のいわゆる労働者保護の政策は、失業対策を中心として展開されるものとして評価されなければならない。一九世紀中葉の自由主義時代のイギリスで採用されたような単なる工場法は社会政策と同一視するわけにはゆかない

のである。

三　帝国主義的政策と国際的経済関係の変化

一九世紀末重工業を中心とする資本主義の急速な発展が後進諸国においておこなわれるとともに、資本主義諸国においては自由貿易政策にかわって関税政策の時代を現出した。世界情勢もまた自由主義の時代とはまったく異なったものとなったのであった。巨大なる生産力を有する近代的大工業の発達は、これら諸国のあいだの競争を激化し、対抗関係を形成するとともに、各国は前に述べたように資本主義の矛盾を、一方では国内的に独占的組織によって緩和しようとしたのであるが、そしてそれは結局、ますますその矛盾を拡大再生産するにすぎなかったのであるが、それだけにまた他方では対外的に勢力範囲の拡大をもとめ、たがいに他国に優越する政治的、経済的地位を確保することに努めたのであった。植民地がふたたびまたきわめて重要な意義をもつこととなり、経済政策はあらたなる根拠を与えられることになったのである。

保護関税とダンピング

巨大なる生産力をもつ大企業の急激なる発達は、その独占的組織化に対応して一方では国内における独占的利益を確保するために、いわゆる保護関税政策を要求し、他方、海外市場に対しては、これら大資本家的企業による組織的なるダンピングをおこなわしめることとなる。もっとも企業の独占的組織化と関税との関係は、単に前者が後者を要求するということだけではない。逆に保護関税が存するところでは、産業の組織化が比較的容易におこなわれうる。前にも述べたようにドイツやアメリカのような後進国では、先進国たるイギリスの有力なる競争に対して国内産業を保護し、その発達を助成するため、いわゆる育成関税が早くから要請せられてきたのであるが、実際上はかならずしもかかる保護政策を十分に実現するということはできなかった。六〇年代は世界的にも自由貿易政策の支配した時代であった。ところが七〇年代後半の不況期に保護政策に転換したドイツでは、その後の重工業を中心とする資本主義の発展と、当時また交通の発達による外国穀物の輸入の増進によるいわゆる農業恐慌の発生とによって、穀物関税とともに鉄関税をも実現することになった。しかしそれはもはや工業にとっても、農業にとっても、保護関税とか、育成関税とかいうべきものではなかった。工業ではすでに世界市場で他の資本主義諸国の産業と十分競争できうるというだけでなく、独占的利益を目的とする企業の結合さえおこなわれるというほどに、発達した産業が要求する保護関税であった。それはまったくおくれた産業の発展を保護しようという育成関税ではなく、独占的利益をうるために利用される保護関税にほかならない。また同時におこなわれた穀物関税にしても、農業が将来の発展によって国際市場に競争しうるようになるための政策とはいえなかった。いいかえればいずれも保護育成を要求しえないものの保護関税だったのである。

元来、育成関税というのは、国内に発達しかけた近代的産業を外国産業の優勢なる競争から防ぐことを目的とするものをいうのであって、その関税は輸入禁止的なものであってはならない。ある程度輸入されなければ国内の需要を十分満たしえなかったであろうし、また外国品の適度の競争なくしては国内産業の発展も促進せられることにはならないからである。そしてまた国内産業がある程度発達して国内需要を満たし、輸出をして国際市場で競争しうるほどになれば、こういう保護関税は不必要であるし、またその意義を失うこととなる。なぜならばすでに国際市場で競争しうる価格をもって国内市場にも供給するということは、保護関税による価格の釣上げを不可能にするし、さらにまたそういう関税は他の多かれ少なかれおくれた国々に対して、その国の自由貿易に利害関係を有する産業と呼応して関税政策の廃棄ないし緩和を要求し、輸出入の増進をたがいに促進するという政策の障害ともなるからである。

ところが巨大な生産力をもつ近代的大産業が発達し、組織化してくると、これとまったく逆の関税が保護関税の名のもとに要求される。すなわちその率においては、一般に外国の競争を排除するためにできうるだけ高率の（といってもたとえばドイツの鉄関税自身は、かならずしも高率とはいえない。しかしそれは国内の独占的支配には利用されたのであった）

また将来廃棄せられることを目標としないあらゆる生産物にわたる関税である。それは将来も国際市場に競争しうるほどに安価に輸出しうるようになる見込みのない農業の保護関税と同様にもはやなんらの合理的根拠もない、部分的利益のための関税である。海外からの輸入による競争を排除して国内市場を確保するということは、大企業のカルテルのごとき独占体による独占的利益と農業における土地所有者の独占的利益とを保護するものにほかならない。もちろん、こういう独占的利益にもとづく関税の要求も、かかる部分的利益のための政策として主張されるわけではない。それは一応国民的利益のもとに主張されるし、またそれだからこそ、鉄工業がそれとまったく対蹠的《たいせきてき》なる農業と妥協しなければならなかったのであるが、しかし、この国民的利益なるものは、じつはドイツにおける資本主義の発展がおくれておこなわれながら、すでに金融資本的段階にまで達していたことが、そしてまたそれゆえにこの資本主義は、もはや一九世紀中葉までのイギリスのように、資本家と、労働者と、土地所有者との三大階級に分化してゆく傾向を全面的に推進するものではなかったということが、国民的諸階級の利害関係をいちじるしく複雑にしていたことを基礎としているものであるといってもよいであろう。

カルテルによる関税の利用は、直接的には国内の販売価格を関税額の範囲で、世界市場価格以上に引上げて特別の独占利潤を得ることにある。したがって関税が高率であれば、それに応じて利益は大きくなるわけであるが、実際上はかならずしもそうでない。前にも指摘したように、比較的低率の関税でも十分に独占利潤をあげうるのであるが、それだけでなく一般に独占的価格の引上げも国内の需要を制限することになるのであって、一定の限度をもっている。しかも大規模の設備を擁し、巨大なる生産能力を有する大企業にとっては、その生産の制限はかえって不利益をもたらすことになる。そこで、この矛盾をうめあわせるためには、一方国内で独占的利益をあげながら、他方その生産を一定の水準に保つという目的から、国外に対してはダンピングがおこなわれることにならざるをえない。いいかえれば、このような関税と独占的組織とによって国内的に得られる特別利潤は、大企業にとっては、海外市場におけるその競争力を増進するための有力な手段として役立てられるわけである。大企業はその巨大な生産力からいって、たえず海外市場への進出を必要とするのであるが、もちろん世界市場ではその独占的価格をもって売るわけにはゆかない。特に相手国でも関税を課することになると、関税を負担しながら競争しなければならないこともある。さらにまた輸出の増進あるいはあらたな市場の開拓には、たえず価格の競争をもってしなければならない。カルテル等の独占的組織は、こういう海外市場における競争の負担を個々の資本としてでなく、資本の協同的な負担として引受けることを可能にする。そしてそれは国内に得られる独占利潤のうちからまかなわれる。もちろん、このばあいにも独占組織体内部における資本の負担が平等におこなわれるというわけではない。組織体内では、大資本にますます有利におこなわれるのである。だがいずれにしてももはやそういう組織なくしては海外の販路を拡張するということ自身が不可能であるとまではいえないにしても、ますます困難になるといってもいいのである。この海外での価格の引下げは、しかしどこまでがダンピングとしての投げ売りであるかということは、実際上は容易に決定されえない。このダンピングはいわゆる不当競争として、しばしば国際的に問題となったのであるが、それは根本的には海外での競争価格が国内での独占価格によって償われ、その負担が国内の買手にかかるという点に問題があるのである。しかも独占価格から生ずる特別の利潤は、その産業の労働者の生産する剰余価値からなるとばかりはいえない。それは独占的な価格の釣り上げによるのであるから、この特別利潤はその生産物の消費者としての買手の負担によるわけであるが、この消費者なるものがけっして簡単に規定しえないのである。たとえば、鉄工業においてカルテルが形成され、保護関税のもとに特別利潤をうることになると、鉄を消費する他の産業がすべてこの特別利潤を負担せざるをえないわけであるが、前にも述べたように一産業にかかる組織化がおこなわれると、他の産業にもそれが伝播《でんぱ》してゆき、結局組織化しえない弱小の産業企業および一般大衆が特別利潤の負担者とならざるをえない。しかもこの関係は、いかなる産業、いかなる社会層がどれだけ負担することになるかはけっして明白には追究しえないし、また事情によってはその負担も種々に変りうるからである。この点はきわめて重要な問題をなすのであって、結局はそれが労働者・農民にかかるといっても、資本家的企業の発展、特に海外への発展が、労働者・農民を含む全国民の経済生活に重要な影響を有するかぎり、簡単にかかる規定をもって片付けえないことになる。むしろこのような影響こそ帝国主義時代の関税政策を推進する基礎となるといってもよいのである。

一八七〇年に統一されてドイツ帝国となったドイツ諸国は、七三年ないし七七年の関税改正によって、三〇年代以来関税同盟によって基調とされてきた自由主義的政策を完成したのであるが、七〇年代後半の不況時代には、その前半に急激に発展した諸産業の窮境からたちまちに逆転して関税政策が要求されることとなった。しかも七九年に改正されたこの新関税法は、鉄・鉄製品・綿・羊毛製品等の工業品関税とともに、穀物・木材・家畜等の農産物にも課税し、ドイツに対して不利なる方策をとる諸外国には、普通税率に追加する報復関税をもってするという内容をもち、その点でまったくあらたなる時代を画するものであった。そして八〇年代にもこの政策はますます強化されたのである。

ドイツにおけるこういう新政策は、しかしドイツ工業品を輸入し、農産品をドイツに輸出しつつあったロシアをはじめ、周辺の諸国とのあいだにも、新しい関係をもたらした。オーストリア・ロシア等の農業国はもちろんのこと、ベルギー・フランス等の工業国でもこれに対応して関税を重課する方策をとったのであって、八〇年代をとおしていわゆる関税戦争を展開したのであった。すでに非常に発達した資本家的企業を有するドイツにとっては、もちろんこれらの諸国の市場から排除される不利をいつまでも放置してはおけなかった。九〇年代は、すなわちこの方策を、いわゆる協定政策によって緩和する時代をなしたのであるが、それはもはや自由主義時代の協定政策ではなかった。むしろ漸次にドイツを中心としたその勢力範囲の拡大政策としてのそれであった。ところがこの九〇年代の協定政策は、ドイツ国内においては農業的利害関係からの強力なる反対を受けることとなった。それがいわゆる農業国か、工業国かの論争をまき起したのであるが、諸国との協定の期限であった一九〇三年にさきだって、ふたたび両者の妥協がなり、そのもとに各国との条約改定がおこなわれた。しかしこの時は最高、最低の二重の関税率を規定する農業関税を主とする関税の重課が特徴であった。この協定は、一九〇五—六年に諸国とのあいだに結ばれたが、以上のようにして、ドイツ関税政策は、明らかに帝国主義時代に典型的な発展をなしたものといってよいのである。

こういう関税政策が、カルテル形成と強化とに役立ったことは、すでに述べたところによって大体推定できるであろうが、カルテルによるダンピングもまたこの時期にしばしば問題とされた。というのは、鉄、石炭等は、明らかにドイツの国内市場より低廉なる価格をもって外国市場に販売されたからである。しかも、このようなダンピングは、たとえばドイツの鉄を利用するイギリスの鉄製品が、外国市場でドイツ鉄製品を駆逐したというような事実をも生じたのであり、それだけにそれは、外国においてばかりでなく、ドイツ国内でも問題とされることになった。だが、石炭、鉄等のシンジケートではその製品の輸出に対して組織的に、ある程度の補償をなすという方法まで採っていたのであって、ダンピングももはや単なる一時的方策といえなかった。そして、国際的には、イギリスのような自由貿易政策を伝統的政策として採ってきた国においてさえ、これに対してイギリス帝国を基礎とする関税政策が主張されるということになったのである。

関税障壁による国内市場の独占とダンピングによる海外進出を目指す帝国主義政策は、すでにそれだけで、この時代に特有な国民的対立を形成してきたのであるが、資本の独占的支配の拡大は、従来の国境をもってその限界とするわけにはゆかなかった。進んでその領域ないし勢力圏の拡大を求め、その排他的性格は政治的な民族対立の形態をもって強化されて、帝国主義政策を完成することになるのである。

資本の輸出と勢力圏の拡張

資本の輸出にともなう勢力圏の拡張は、資本主義の帝国主義的段階を積極的に特徴づける経済的、政治的要因である。もちろん、資本にとっては安全、確実にその価値増殖をなしうるところは、国の内外を問わないですべてその活動場面といってよい。資本は商品・貨幣と同様に元来国際的な関係の中に発生したものである。資本主義社会は、そういう国際的に発展してきた流通形態が、生産過程に滲透《しんとう》し、これを支配するとともに、一社会としての近代国家の範囲において確立せられたものにほかならない。帝国主義国家はまさにその逆転した発展を示すものといってよい。

一九世紀中葉まで「世界の工場」としてのイギリスにおける資本主義の発展は、早くから資本の外国投資を随伴しつつおこなわれたのであった。しかしそれは資本の投資が特に重要な役割を有するものとはいえなかったし、また一九世紀末以来のように積極的なものとはいえなかった。むしろ輸出入貿易の余剰（海運その他のいわゆる見えざる輸出を含む）が、借款や外国有価証券の買入れの形で投資されたのであった。しかしこういう投資も累積されるにしたがって――もちろん、景気の変動によってしばしば引上げられて、増減したようであるが、イギリス資本主義にとってきわめて重要な要因をなすことになった。六〇年代末から七〇年代はじめにかけての好況期における対外投資は、そういう性質のものの最後をなすものといってもよかった。七〇年代後半の不況期には、すでに述べたようにドイツ・アメリカ等の後進諸国の資本主義が独占的組織を発展せしめつつイギリスに対抗することになったのであるが、それにともなう対外貿易の不振はイギリス資本主義にもその転換を要請するものであった。しかしすでに対外投資の収益をも再投資しなければならないような事情にあり、その面で金融資本的になっていたイギリスにおいては、ただちにドイツ・アメリカのような国内企業の組織的独占体を形成する金融資本的な転換を実現することはできなかった。むしろ反対にイギリスは、フランスその他西欧諸国とともに従来の海外投資を基礎にしてその勢力圏の拡大に向うこととなったのである。植民地はここでまったくあらたなる意義を有することとなった。

J・A・ホブスンはその『帝国主義論』(邦訳矢内原忠雄訳、岩波文庫)の中で一八七〇年を境として、資本主義諸国がその植民地を急速に拡大してきていることを指摘しているが、特にかれはイギリス・フランス等が主となってアフリカを争って分割した点を強調している。しかもそれは一八八四年以後特に強化され、いわゆる保護領としてのその勢力圏の拡大をはかったというのである。一九世紀中葉までの資本主義の発展は、旧来の植民地をさえ、その領有には費用がかかるというので問題としてきたのであるが、この時代には、ただちに資本を投ずるというのでもなく、また商品の輸出市場としてさえただちに役立つとはいえない未開地を、植民地ないし保護領とすることが争っておこなわれたのであった。それは、資本主義の将来の発展に対する保証を、しかも他国に対して独占的に確保しておこうという要求にもとづくものにほかならない。ここでもまたこういう植民地ないし保護領の拡大は、未開諸国の、特に政治的、文化的開発のためにおこなわれるかのごとくにしばしばいわれたのであるが、実際上はけっしてただちにそういう開発がおこなわれたわけではない。いわゆる植民地的圧政がほとんど一般的につづけられたのであった。また実際これらの未開国はただちに資本主義的諸国の政治や文化を移入しえられるものではなかった。経済的発展さえただちに開始されはしなかったのである。

イギリス・フランス等の諸国のこの勢力圏の拡大は、しかし単にアフリカにかぎられなかった。それは太平洋諸島や東南アジア、近東諸国、アメリカの諸地域にも及んだのであって、ややおくれてこの植民地争奪戦に加わったドイツには、比較的わずかの勢力圏が与えられたままで、全世界が資本主義諸国に分割領有せられることになったのである。

前にも指摘しておいたように、イギリス資本主義がこの時代に海外投資によって金融資本的性格をもってきたのに対して、ドイツが国内における独占的組織を基礎とする金融資本への発展をなしたということは、前者の海外投資が、むしろ有価証券を主とした間接的方法によっておこなわれながら、その勢力圏を異常に拡大したのに対して、後者の金融資本的発展がのちにその海外投資を求める際、産業に対する直接投資の方向をとりながらそれに適応した勢力圏を獲得していないということに具体的にあらわれるのであった。もちろん、イギリスの資本主義も単純にそう規定してしまうことはできない。しかしそれにしてもドイツの経済的進出に対して、イギリスが政治的に拡大された勢力圏を基礎にして、帝国の統一によってでもその地位を防衛しようとする方向をとらざるをえなかったということは、イギリス資本主義の当時における性格を示している。すでに指摘しておいたように一九世紀末から二〇世紀はじめにかけてドイツの鉄生産は、イギリスのそれを凌駕《りょうが》したのであって、イギリスはすでに老大国としていわゆるレントナー・シュタートの一面をますます強化しつつあったものといってよいであろう。

イギリスは一九世紀の七、八〇年代にすでに一二―三億磅《ポンド》の海外投資をもっていたといわれるのであるが、一九〇五年ないし七年には、それは二一―三〇億磅《ポンド》と計算されている。それから得られる収入は第一次大戦直前には、年々二億磅《ポンド》にも上り、輸入超過を支払った残額は海外に再投資せざるをえなかったのである。これに対してドイツもまた八〇年代はじめに二億五千万磅《ポンド》であった海外投資が、一九〇五年には九億磅《ポンド》にも増加したのであった(G. D. H. Cole, British Trade and Industry Past and Present, p. 109―110)。イギリスにつぐ海外投資の額を有する国が、産業的にはけっしてドイツほどの発展を示していたとはいえないフランスであるということは、この点に関連して注目すべきことといえる。

イギリス・フランス等のように、すでに広大なる植民地ないし勢力圏を有する国の海外投資と、ドイツのように、比較的におくれて植民地獲得に加わった国の資本主義の急速なる発展による海外投資とは、帝国主義時代の資本主義の二面を示すと同時に、その矛盾の解決は、第一次大戦としての衝突を不可避にするのであった。しかもその矛盾はけっして根本的にはもちろんのこと、現実的にも解決されるものではなかった。第一次大戦の結果が、あらたにソヴィエット社会主義を実現したということは、歴史の伸展が資本主義の矛盾をいかにして解決するかを示すものといってよいのである。

帝国主義の難点

資本主義が一九世紀のイギリスにおいて、イギリスを「世界の工場」とする国際貿易を基礎にして、ようやくその典型的な資本主義体制を実現したということは、一社会体制としての資本主義の限界を示すものにほかならない。資本主義は全社会を完全にその体制下に入れうるほどに人間社会に本来的なものではない。ただそういう体制を実現する方向に発展しつつあった時期を有しているという点で、特殊の社会体制としての原理を確立せしめたのであった。その点は、資本主義が一九世紀末において帝国主義的発展を示し、もはやけっして典型的な資本主義体制を完成する方向に発展しつつあるとはいえない傾向を示してきたことによって、明確にされたものといえる。もちろん、帝国主義時代の資本主義も、旧来の小生産者的経済を分解し、これを資本主義的関係に組入れることをやめたわけではない。しかしそれは一九世紀中葉までのイギリスにおけるように、一方的にそういう発展をなすわけではない。むしろ、反対にそういう分解を受ける労働人口をも十分には資本のもとに使用しえなくなり、いわゆる農業問題を起すことになるのである。しかもそれはけっして資本の生産力の増進が低いためであるとか、資本の蓄積が不十分であるとかというのではない。むしろ反対にきわめて高度の資本主義的発展のために、旧小生産者的経営の分解から生ずる労働人口をも吸収されなくなるのである。資本の輸出は、いわば過度の蓄積に対するはけ口にほかならない。もっとも過度の蓄積といっても、それはけっして一定の絶対的基準があるわけではない。イギリスとドイツとではまったく異なっているし、また時期によっても異なっている。要するにそれは、資本が与えられた社会的関係において、その生産力を基礎としてより多くの蓄積が、より多くの利潤をうるか否かによって決せられるのである。生産力の増進の基礎をなす技術の発達は、ほんらい、資本家と労働者とのあいだに、あらたなる関係を展開することによって社会関係そのものを変化せしめ、資本の投下を促進する。ところが一九世紀末以来の重工業を中心とする資本主義の発展は、一方では株式会社形式によって比較的容易にあらたなる技術を採用しうる資本の集中を実現したのであるが、他方において固定資本の巨大化とともに独占的組織の発展をもたらし、かならずしも容易にあらたなる社会関係を展開せしめるものとはいえなくなってくる。そこで資本主義はむしろ資本の輸出にこの矛盾の現実的解決を求めたのであった。ところがこの資本の輸出は、それぞれの国の資本の性格によって異なる点はあるが、いずれも排他的支配を要請するのであって、それはけっして矛盾の解決とはならないで、かえってそれを世界的に拡大したにすぎなかった。そして資本の輸出を受けた国々もまた、それぞれ異なった社会関係を形成していたのであって、少なくとも一様に資本主義を実現するということができるというわけにはゆかなかったから、それがまたこの矛盾の拡大に拍車をかけたのである。

資本主義体系の理論的表現としての経済原論は、純粋の資本主義社会において生産力と生産関係との矛盾が資本主義社会の発展の原動力であることを前提として展開しうるのであるが、資本主義の具体的な歴史的発展の過程は、具体的に与えられる種々なる諸条件によってこの矛盾をいわゆる不均等なる発展の形態で顕現するのである。資本主義の最高の発展としての金融資本の時代は、この不均等なる発展をいわば構造的に展開するものといってよい。一方では発展と他方では停滞の二面をまぬかれない。いわゆる寄生化の現象もその一面をなすものである。要するにもはや一途に発展を推進しえないことになる。そしてそれは自由競争を原理としながらその中に独占的組織を実現するという奇妙なる混合体制をなすことになるのである。それは明らかに一つの社会体制としてのみずからを否定しつつあるものといってよい。けだしそれは形式的に前提とするものを実質的に否定するという、それ自身に解決の途《みち》をもたない過程だからである。

資本主義社会が、一つの歴史的形態として、しかも人類の経済生活を直接的に規定する特殊の形態として――たとえば封建社会のように支配・服従関係を基軸としながらも商品経済を入れるというようなものでなく、全社会を商品経済をもって統一的に規制する社会として――発展してきたということは、たしかにその経済生活を全面的に把握する基礎を確立し、独立の科学としての経済学の成立を可能ならしめたのであるが、しかしまた資本主義は一七、八世紀の西欧諸国に、はじめてその発生を見たにすぎず、その発展もけっして全社会を完全に資本主義化しうるものではなく、一九世紀末のドイツ・アメリカ等の後進国の資本主義化とともに、逆転した傾向をさえ示してくるのである。したがって原理的に想定される資本主義社会は単なる傾向として一定の時期にあらわれるにすぎないものなのであって、われわれは経済原論のような資本主義の原理的展開のうちにその歴史的発展の具体的な過程を押込めるわけにはゆかない。資本主義のそういう具体的過程はその発生、成長、没落の段階として原理を基礎にする別の規定を必要とすることになるのである。そしてそれは以上の叙述でも明らかなように、われわれに次のことを示している。すなわち、商品形態は社会と社会とのあいだに発生するものであるが、資本主義社会はかかる形態を労働者と資本家とのあいだにまで拡大することによって、生産過程までを支配することになった。しかしそれはけっして人間がみずから形成する社会関係をみずから支配し、生産物を処理するという社会ではなく、反対に生産力の発達段階に応じて生産物の商品形態をとおしておのずから形成される社会関係によって、生産物を生産した人間自身が支配されるという形態の社会にすぎなかったということ、これである。それは旧封建社会からいえば、たしかに進歩した形態といえるのであるが、みずから作り出した生産力を処理しえないということになると――しかも自由主義時代のように資本主義がこの矛盾の現実的解決をみずからの発展のうちに求めることができるあいだは、なおそれは成長の時期にあるといってよいのであるが、帝国主義時代のように矛盾の現実的解決がただちに拡大せられた矛盾としてあらわれるということになると、もはやその進歩性は問題とならなくなる。最近のようにすべての資本主義国が、軍需産業をきわめて重要な産業としなければならなくなるということは、その点を端的に示したものといってよいであろう。

第二部　経済学説の発展

第一章　序　説

第二部の課題

経済学説の発展の歴史は、経済学がどういう学問であるか、それはどういう方法をもつものであるか、また社会科学においてどういう位置を占めるか、他の法律学、政治学などとどういう関係にあるか、等々のことを具体的に示すものといってよい。われわれは経済学という学問がいかにして発生し、またいかにして発展してきたかを知ることにより、そのうちに社会科学としての経済学の真のあり方を明らかにすることができるのである。

社会科学としての経済学の発展とその確立

経済学は――少くとも古代・中世を通じて商品経済の展開とともに絶えず試みられて来

た断片的な、表面的な概念規定と異って、独立の学問としての経済学は――、大体において、イギリスを中心とする一七世紀のヨーロッパ諸国において発生し、その後の学問的発達をとおして次第に理論的に拡充され体系化されて、一九世紀の五、六〇年代にいたってついに社会科学としての地位を確立されたものということができる。

一六、七世紀といえば、第一部で明らかにしたようにヨーロッパ諸国、特にイギリスにおいて資本主義が発生し、ようやく初期の発達を開始した時期である。当時、イギリスにおける社会的な経済生活は、従来の中世紀的な経済様式とは異なってひろく商品の売買関係をとおしておこなわれるようになっていた。そうした商品経済の拡充とその作用のもとで、イギリス社会は中世紀以来の生産力を基盤として、ようやく資本主義社会を築きあげる第一歩を踏み出したのであった。当時のイギリスは、それによって封建時代とは比較にならぬほどその社会生活の範囲を拡大したばかりか、その内容をも複雑化した。特にその点は広汎《こうはん》な商品経済的社会関係に依拠した当時の国家財政ないし政策のあらたな展開に顕著に現われた。そうした国家財政ないし政策を確立するためには、その基礎をなす資本主義的商品経済を多少とも統一的に、すなわち一定の関連において理論的に把握することがどうしても必要とされたのであった。かくて経済学は、一七世紀において、絶対王制と呼ばれる当時の国民国家の政治的要請にこたえて、その商品経済的基礎をなんらかの形で究明し、これによって富の増進というあらたな政治的目標を志向するポリティカル・エコノミー（Political Economy）として誕生したのである。

経済学はもともとそうしたポリティカル・エコノミーとして発足し、またそういうものとして、その後およそ二百年以上にもわたる歴史をもつのであるが、しかしそのばあい興味深いことは、その発展のうちにしだいに政治的、法律的諸関係から分離され、資本主義社会の経済過程それ自体を対象として、その一般的な法則性を原理的に把握せんとする独自の理論領域を確立してきたことである。その確立の道程は、一七世紀の経済学を代表するウィリアム・ペティから始まり、一八世紀後半にすでに古典経済学として大成したアダム・スミスの『国富論』、それにつづいて一九世紀はじめに古典経済学を理論的に一段と純化し明確化したリカアドオの『経済学および課税の原理』、さらにそうした古典経済学の科学的成果を批判的に摂取したマルクスの『資本論』をとってみると、明らかに観取せられる。経済学の発展は、たとえば一七世紀のイギリスといった、特定の時期、特定の国における資本主義についてのなんらかの経済学的観察から、やがて資本主義一般の法則性を客観的に究明する原理論の体系化となって現われたのである。それと同時に、経済学はもはやその時代のあらたなる政治的要請に従い、一国の政策や財政に対して問題解決の指針を直接的に提供するという、当初の目標を、かならずしももちつづけるものとはいえなくなってきた。すでにアダム・スミスやリカアドオの経済学説では、経済学が利殖などの単なる個人的目的に利用されるものでないことはもとより、また一国の政策、ひいては政治に対しても、直接技術的に利用されうるものでないことがしだいに明らかとなってきている。しかしそれだからといって、経済学は社会的実践からまったく隔絶した観念の世界に安住するものではけっしてない。ただ経済学は、社会現象を対象とする学問として、必然的にこのような性格をもたざるをえないものとなったのであり、またこうして科学的に資本主義を分析する方法を確立することなしには、真に実践的目的を確保することもできないことが明らかにされたのである。

要するに、ポリティカル・エコノミーとして発生し発展した経済学は、資本主義の発達とともに、その研究の目標そのものを変化し、最初は一国の富の増進の手段を求めることから、しだいにその根源を求め、その性質を明らかにするという方向をとり、ついに資本主義社会の経済過程を対象にとって、その歴史的社会に特有な運動法則を明らかにするものとして、ここに理論的に完成したのである。古典経済学の理論を科学的に継承したマルクスの『資本論』は、もはや資本主義社会で採用される政策の探求を問題とするものではなく、むしろ反対に、社会主義的政治運動の要請する各国の資本主義の、あるいは世界経済の、客観的な具体的分析を究極の目標としている。しかしそれにしても『資本論』で、ただちにそういう目的が達成されるというのではない。『資本論』は、そういう具体的分析の基準となる基本的原理を明らかにしたものであった。『資本論』がその究極の目標をただちに追求しないで、むしろそのための基礎となる基本的原理を体系化したということは、まさに経済学の発展の全歴史を完成するものにほかならなかったのである。

こうして経済学は、資本主義の発展にともない、その典型的発達をとげたイギリスを中心として発生し、発展し、長期間にわたった理論的探求のうちに、みずからその対象を資本主義的経済に集中するとともに、それを分析する社会科学的方法を明らかにしてきたのであって、ここに経済学は政治学や法律学や倫理学などの学問から分離した独立の科学として、社会科学の基礎を確立するにいたったのである。それと同時に経済学によって解明された資本主義社会の基本的原理は、資本主義の世界史的な発展過程の一般的規定に役立つものとなり、またこの一般的規定を基礎としてはじめて各国の資本主義の具体的分析が可能となることが明らかとなる。資本主義社会で採用される経済政策も、ここにその歴史的な必然的根拠において明らかにされるものとなる。そればかりではない。こうした経済学的研究の諸成果は、法律学や政治学などの諸成果とも密接に関連するものとなる。経済学の理論的確立は、社会諸科学の内面的統一をあらたに要請するものとなるといってよいのである。

第二章　一七世紀の経済学

一　重商主義思想

重商主義思想の歴史的意義とその一般的特徴

資本主義が発生するとともに、資本主義に特有な経済思想はまず最初に重商主義思想(mercantilism, mercantile system)として現われた。ところで重商主義思想というのは、大体一六世紀後半から一八世紀前半にいたる初期資本主義の時代に支配的におこなわれた経済思想である。それゆえわれわれは、この思想がなによりもまず、資本のいわゆる原始的蓄積の過程を反映するものであったことを銘記しておかねばならない。

すでに明らかにされたように、この原始的蓄積の過程は、旧社会のもとで封建領主に隷属していた農民や手工業者など、従来生産手段と直接に結合されていた労働者が、その生産手段から分離せしめられてきた過程にほかならない。そしてそれがとりもなおさず産業資本家を発生・形成せしめる過程でもあった。しかもこの原始的蓄積の過程は、当時の商人資本と、それに結びつかざるをえなかった当時の王権とによって、強力的に促進されたのであって、中世紀から伝来された商人資本は、ここに近代国家を背景にした新しい歴史的役割をになって、一六世紀後半以後、資本主義の初期の資本形態を代表するものとして登場したのである。したがってまたこのような原始的蓄積の過程を反映した重商主義思想は、資本主義以前におけるとは異なった歴史的意義を付与された商人資本が、ひろく支配的に作用した時代の経済思想ということができる。

いうまでもなく商人は、商品をなるべく安く買入れ、それをなるべく高く売ることによってその利益を獲得する。そしてこのような操作を反復することによってその貨幣財産を蓄積する。元来資本の蓄積は、歴史的には商人によるこうした貨幣財産の蓄積から出発したのであった。商品経済が社会の表面をひろく蔽《おお》うにいたったこの段階では、富はもはや直接に生活を豊かにするものとしてではなく、市民社会の商品的富として、間接的に貨幣によって代表されるものに転化している。こうした社会の富を、当時の商人資本は積極的にみずからの貨幣財産の蓄積として集中したのであった。これによって旧来の小生産が商品経済的分解をこうむり、小生産者の賃銀労働者化が促されたのは当然である。資本主義のもとでのいわゆる国富の増大は、まず最初はこういう形で達成されていったのである。

このような当時の経済過程を反映して、重商主義者たちはいずれも、大体において、貨幣としての金銀を重視し、これを富の唯一の形態とみなした。またそうした富の増大の源泉を、生産物が商品化し、したがって貨幣に転化する流通領域にもっぱらもとめたのである。

重商主義思想の変遷

重商主義思想は、右のような特徴を多かれ少なかれ共通にもって、一六世紀後半から一八世紀前半にかけて台頭したのであるが、しかしそれは、その間における経済関係の発展に対応して、その基調を変化せざるをえなかった。すなわち、まずはじめは、貨幣としての金・銀を極度に重視し、その蓄蔵ないし蓄積を強調したいわゆる重金主義思想(bullionism Monetarsystem)として現われ、一七世紀中葉あたりからは貿易関係の一層の拡大につれて、いわゆる貿易差額主義(balance of trade system)に転換し、そして一七世紀末から一八世紀前半にかけては、国内産業の発展を背景として、これを外国資本の競争から一般的に保護する思想となって現われたのである。

重金主義

さて、一六世紀後半以後のイギリスには、王権の財政的必要と直接に結びついて商人資本の利害を代表する初期の重商主義政策が採用された。海外市場の拡大にともなう外国貿易の伸張はこの段階におけるもっとも特徴的な事実であるが、当時、都市の商人たちは国王から外国貿易の独占的特権を授けられるとともに、その取引にあたってはつねに貨幣の増大をはかるための厳重な規制を受けた。たとえば輸出にあたってはその代金の一部を外国貨幣または地金銀で国内に輸送せしめ、輸入にあたってはその代金を国内商品の買入れに使用すべきものとし、また王の認可を受けた両替人からなる王立取引所（Royal Exchange, Royal Mint）に一切の為替業務を集中せしめて貨幣の授受を監視したりするなど地金銀の輸出を禁止し、取引ごとに貨幣を確保するための種々の規制がなされたのである。そこでこうした重金主義はまた取引差額主義（balance of bargain system）とも呼ばれる。当時の代表的な重金主義的思想家はジェラール・マリーンズ（G. Malynes, A Treatise of the Canker of England's Commonwealth, 1601 ; Consuetudo, 1622）とトマス・ミルス（T. Milles, Customer's Apology, 1601）であった。

マリーンズは、私的金融業者による外国為替取引の悪用が地金銀を海外に流出せしめることを警戒して、為替取引の直接的規制を提唱し、ミルスもまた個々の取引に対する監視制度の必要を強調した。

貿易差額主義とトマス・マンの学説

しかし重金主義思想は一七世紀にはいってから、しだいに貿易差額の思想へと移行していった。この移行の直接的契機をなしたのは、東インド貿易をめぐる論戦である。一六〇〇年に設立された東インド会社は、香料その他の東洋商品を輸入してこれをヨーロッパ諸国に再輸出するいわゆる仲介貿易に主として従事していたのであるが、当時インドからの輸入は増大する一方であったため、貿易の逆調を埋めるための貴金属の輸出はいちじるしく増大した。そこでこのような東インド貿易は当然に重金主義の立場から、激しい非難をこうむることになった。そしてこの非難にこたえ、これをしりぞけるべく、あらたに貿易差額の思想が台頭したのである。代表的な貿易差額論者としてひろく知られているのはトマス・マン*(Thomas Mun)である。

* トマス・マン(一五七一―一六四一年)は、ロンドンの毛織商の子に生まれ、早くから貿易商人として近東貿易に従事し、一六一五年に東インド会社の理事に選ばれて同会社の指導的地位についた。マンの論作は、『東インド貿易論』(A Discourse of Trade from England into the East-Indies, 1621)、『東インド会社の請願と抗弁』(The Petition and Remonstrance of the Governor and Company of the Merchants of London, Trading to the East Indies, 1628) および『外国貿易によるイギリスの財宝、または外国貿易の差額がわが国財宝の基準たること』(England's Treasure by Foreign Trade, or the Ballance of our Foreign Trade is the Rule of our Treasure, 1664) の三つからなる。(以上三者は堀江英一・河野健二訳『重商主義論』に収録されている。また張漢裕訳『外国貿易によるイギリスの財宝』がある) このうちもっとも有名なのは、主著『外国貿易によるイギリスの財宝』であるが、これはマンの没後、一六六四年にその子ジョン・マンの手ではじめて公にされ、その後各国に流布した。重商主義の代表的文献としてこの書物をはじめて本格的にとりあげたのはアダム・スミスである。(『国富論』、第四篇、第一章「重商主義の原理」)

しかし、これよりさきエドワード・ミセルデン*（E. Misselden）が、はやくも同じ思想をいだいて登場した。

＊　エドワード・ミセルデン（不詳、一六〇八―一六五四年に活躍）は、当時の有力な貿易会社マーチァント・アドヴェンチァラーズの指導的役員であった。かれの論作は『自由貿易論、または貿易振興の方途』（Free Trade, or The Means to Make Trade Flourish, 1622）と『商業循環論』（The Circle of Commerce, 1623）である。

ミセルデンは自分の関係していたマーチァント・アドヴェンチァラーズを弁護して、東インド会社を激しく論難した人であるが、思想的には重金主義に対立して先駆的な貿易差額の思想を表明した。すなわちかれは、マリーンズの説をしりぞけ、これに代えて一国の「貿易バランス」を重視し、輸入に対する輸出の超過によってその国は貴金属を受けとり富裕となることを強調した。このような議論を前進せしめて、きわめて体系的に貿易差額の思想を展開したのがマンである。

マンの処女作『東インド貿易論』は、東インド貿易が香料などの奢侈品《しゃしひん》のために貴金属を流出せしめるという重金主義的非難にこたえて、東インド会社を直接的に弁護するために書かれたパンフレットである。このなかでマンは、輸入された東インド商品は諸外国に再輸出され、その結果、最初に輸出された貴金属よりもさらに多量の貴金属がイギリスに流入し、イギリス全体の富が増大すると説明した。しかしその証明はまだ素朴な弁護論の域を脱しなかったばかりか、部分的にはマリーンズ流の重金主義的主張の残滓《ざんし》すらとどめていた。

これに対して『外国貿易によるイギリスの財宝』では、一特定商会のための弁護的説明はもはや影をひそめ、為替投機を警戒するマリーンズの説や取引差額主義などとも激しく対立し、貿易バランスの思想を基軸として一般的な国富増進論が展開されたのである。念のために本書の篇別構成をみると、全巻二一章はほぼ三つの内容からなっている。第一は、「王国を富まし、わが財宝を増加する一般的原則」を主題として、国富増進の唯一の方法は外国貿易であることを詳説した第一章ないし第七章、第二は重金主義または取引差額主義を積極的に批評し、同時にこれに関連して外国為替論を説明した第八章ないし第一五章、第三は王の収入および一国の富強が、外国貿易による富の増進に依拠しなければならないことを論じた第一六章ないし第一九章、そして以上の論述に対する余論および結論として終りの二章がこれにつづいている。このような整然たる構成をもつ本書においてマンが一貫して強調しているのは、いうまでもなく、重金主義的統制ないし制限に対する強力な反対論と、外国貿易における有利な差額を基準としての国富の増進論である。同時にこうした議論の背後で、暗黙のうちに東インド貿易を弁護せんとしている点も見のがせない。マンによれば、貿易上の有利な差額、すなわち一国の貿易を「総括的な貿易バランス」に計上し、総輸入に対する総輸出の超過をとおしてのみ国富の増進がもたらされる。それゆえ第一に自国生産物の輸出を増進する一方、外国商品の国内消費を減じなければならないが、またこの際東インド商品のように、のちに諸外国に再輸出されるはずの商品輸入のための正貨輸出も奨励されなければならない。というのは、たとえば一〇万磅《ポンド》を東インドに送って香料を買入れ、これをイタリー、トルコに再輸出すれば七〇万磅《ポンド》にもなりうるのであって、その意味では重金主義に従って貨幣をいたずらに保蔵するのは有害無益であり、むしろ「貨幣は貿易を生み、貿易は貨幣を増大する」というのである。

このような主張を盛ったマンの議論には、二つの特色が認められる。一つは、かれが貨幣を単に富一般として語ることからさらに進んで、貨幣を積極的に剰余をもたらすような仕方で、すなわち資本として運転することを説き、そしてそのために輸出入の拡大を論じていることである。この点は、外国貿易の面から国内の商品流通を拡大せしめ、これをとおして貨幣資本の増大をはかろうとするものであって、初期資本主義における商人資本の要求を端的に示したものとみることができる。もう一つは、かれが重金主義に対する批判的立場から以上の議論を述べるにあたって、少なからず分析的思惟《しい》をはたらかせ、抽象的概念を設定しようとしている点であって、それは為替相場についてのかれの見方のうちに集中的に現われている。貴金属の流出入の原因をもっぱら為替に求めたマリーンズに対立して、すでにミセルデンは、為替それ自体が商品貿易の量に依存することを洞察するにいたったのであるが、この点はマンの手で一段と明確にされた。すなわちマンは、貴金属の国際的運動と外国為替相場の変動とを外国貿易の量によって規定し、その際ミセルデンにならって貿易のバランスという概念を設定し、これを考察の基準において、貿易差額が貴金属の流出入をもたらし、貴金属の流出入が為替相場の変動となって現われると説明したのである。またこのばあいマンは、輸出と輸入の関係から貿易バランスを見つけだすにあたり、商品も貨幣も自由に流出入しなければならないと説いて、これを「通商の法則」(Law of Commerce) と呼んだのであった。

しかし以上二つの特色のうち、第二の特色は第一のそれの背後にかくれて消極的な意義しかもっていなかった。なるほど、富としての貴金属の蓄蔵を強調した重金主義思想に対立する、思想的観点から書かれたこの『外国貿易によるイギリスの財宝』において、はやくも対象についての理論的考察の第一歩が踏み出されており、そしてその意味で本書は、のちに述べるウィリアム・ペティの著書とともに、発生期の経済学を代表する一文献とみなされるのであるが、しかしマンの理論的考察はペティにくらべてまだきわめて表面的であり、それはせいぜい外国貿易という局限された流通面を対象として、商品貿易、貨幣および為替という一連の流通関係を摸索《もさく》したにすぎないのであって、全体としては本書はまだ、経済学の書物というよりも、むしろ直接には東インド貿易を擁護した弁駁《べんばく》の書であり、ひいては広く一六世紀末以来の貿易関係の拡大を背景とする時代の、あらたなる重商主義的文献にほかならなかった。

かくてイギリスにおける重商主義思想はトマス・マンの登場を転機として初期の重金主義から貿易差額主義へと移行し、そしてそれは一七世紀末以後の後期重商主義にとっての思想的基礎をなしたのである。マンにつづいて現われたサー・ジョサイア・チャイルド(Sir Josiah Child, 1630－1699 ; A Discourse about Trade, 1693 ; A New Discourse of Trade, 1693)およびチャールズ・ダヴナント(Charles Davenant, 1656－1714 ; An Essay on the East India Trade, 1697 ; An Essay upon the Probable Methods of Making the People Gainers in the Ballance of Trade, 1699)は、いずれも当時の著名な重商主義思想家として、ほぼマンと同一論旨の筆陣をはり、一国における年々の総括的なバランスに世人の注意を向けようとつとめたのであった。

保護主義

ところで、後期重商主義政策の特徴は、もはや王の財政収入の直接的確保を目標とするものではなく、関税その他の一般的な貿易政策をとおして、むしろ国内産業の資本主義的発展を援護せんとするところにその特徴が存した。この点、はやくも主張の重点を国内産業の上に移そうとしたのはダヴナントであったが、それにつづく一連の論者によって、こうした政策的主張は一段と積極的に述べられた。*

＊　一七世紀の七、八〇年代から、キャラコなどの東洋産織物のイギリス毛織物に対する競争の問題を

めぐって一つの論戦がおこなわれた。そのさいチャイルドやダヴナントが東洋産織物をもたらす東インド貿易擁護の立場をとったのに対し、これに反対したジョン・ポレックスフェン（John Pollexfen ; A Discourse of Trade, Coin and Paper credit ; England and India inconsistent in manufactures, 1697）やジョン・ケリー（John Cary, ？－1720 ; A Discourse concerning East India Trade, shewing how it is unprofitable in the Kingdom of England, 1695）は、当時の代表的産業たる羊毛工業の関係者たちの利益を代弁して、国内産業保護の思想を述べた。このような主張は、さらに一八世紀にはいって『ブリティッシュ・マーチァント』誌に健筆をふるったチャールズ・キング（Charles King, fl., 1713 ; British Merchant or Commerce preserved, 3 vols., London, 1721）などの手で、同じく羊毛工業を主体とした当時の対仏政策を思想的にバックするために書かれた文献において、有力に表明された。

しかしながら、これらの論者は、いずれも輸入に対する輸出の超過を基準としての貿易政策の面から国内産業の保護を目指したのであり、したがってまたかれらにとって国富の増大は、結局においては依然として貿易の超過差額たる余剰貨幣として表現されていたのであって、それはけっして単なる産業保護の思想ではなかったのである。

二　ウィリアム・ペティ

経済学の発生

一七世紀のイギリスを支配した経済思想は、大体において貿易バランスの思想を基調とした重商主義思想であった。それは、国民の富を単に貴金属としての貨幣に求める重金思想を批判する形であらたに発生し、そうした批判のうちに、貿易および為替などの流通関係に対する最初の理論的摸索を試みたマンの『外国貿易によるイギリスの財宝』を生み出したのであるが、同じ一七世紀の後半に、イギリスの社会生活を急速度に拡大せしめた当時の商品経済を対象として、それの経済学的観察をはじめて企てた注目すべき文献が出現した。ウィリアム・ペティ* (Sir William Petty) の一連の著書である。

* ウィリアム・ペティ(一六二三―一六八七年)は南西イングランドのハムプシャにあるラムジー(Rumsey or Romsey)という町に生まれた。かれの父はその町の貧しい羊毛織元(clothier)であった。一六四三年から四六年にかけて、当時国王と議会との対立から勃発《ぼっぱつ》した内乱(Civil War)を避けるために大陸にのがれ、オランダおよびフランスにおいてもっぱら医学と数学との研究に従事した。この間ホッブス(Thomas Hobbes, 1588―1679)としたしく交わり、またオランダの生んだ有名な解剖学者ヴェサリウス(A. Vesalius, 1515―64)の著作の影響を強く受けた。一六四九年、オックスフォードのブレーズノーズ・カレッジ(Brasenose College)の解剖学教授に迎えられ、やがて、同カレッジの副校長と音楽の教授をも兼ねた。一六五一年当時のクロムウェル政府からアイアランド派遣軍づきの軍医に任命され、クロムウェルの手で征服されて廃墟《はいきょ》と化した直後のアイアランドに渡った。そこでかれは、アイアランド叛徒《はんと》からの没収地の分配という難事業にみずから当ることとなり、そのために「ダウン・サァヴェー」(Down Survey)と呼ばれる土地測量をなしとげた。この事業を機縁としてかれは、当時のアイアランド社会をしたしく観察し解剖することができたのである。かくてペティは植民地の行政官として高い地位にのぼり、広大なるアイアランドの土地を所有し、また多くの蓄財をした。しかし一六五八年クロムウェルの死去とともに、かれの社会的地位はきわめて不利

となり、そこで官を辞して一時ロンドンに退いた。そしてその地の自然科学者たちと交わって、しばしば集会を開き、やがてかれらとともに「実験による自然的知識の改善のための王立協会」の創設に力をつくしたが、同時にまたこのころからペティの関心はしだいに社会・経済問題に移り、アイァランドで得た知識経験を駆使して、一六六二年に処女作『租税貢納論』(A Treatise of Taxes and Contributions, 大内兵衛・松川七郎訳) を公にした。つづいて二年後には、イギリスの対オランダ戦争(一六六四―六五年)にもとづく租税問題を論じた『賢者には一言をもって足る』(Verbum Sapienti,〔1664〕London, 1691) を執筆した。その後ペティは、アイァランドの自己の所有地にイングランド人の新教徒を移民せしめ、製鉄や製銅などの作業場を設けて、植民事業を経営したために、かれの経済学的文筆活動はしばらく中断されたが、一六七一―七二年ごろにはふたたび執筆を開始し、有名な『政治算術』(Political Arithmetick,〔1676〕London, 1690 大内兵衛・松川七郎訳) および『アイァランドの政治的解剖』(The Political Anatomy of Ireland,〔1672〕London, 1691 大内兵衛・松川七郎訳〔同訳書には、『賢者には一言をもって足る』も訳載されている〕) の二著を書き上げた。いずれも王政復古直後の政治情勢を反映していて、その執筆目標は明らかに政治的・政策的である。すなわち前著は、チャールズ二世の治下にあったイングランドが、当時隆盛におもむいていたルイ一四世治下のフランスおよびオランダに対抗して前途ますます優勢となりうるゆえんを、貿易・租税・利子率・船舶・建築物などの諸指標をとって具体的に証明・力説せんとした論策である。これに対し後著は、当時イングランドの新植民地と化したアイァランドがイングランドの政治的発展に貢献しうる仕方を論じ、そしてそのためにアイァランド社会に解剖のメスを加えた著書である。両著の特色をなすのは、いずれも観察に統計数字が利用され、中世紀的思弁を排してもっぱら統計的考察がなされている点である。その意味で『政治算術』は近代統計学の最初の書物ともいわれ、ペティは統計学の師祖ともいわれる。『アイァランドの政治的解剖』は、こうした統計的方法が一段と詳密に適用された文献である。最後にペティの著わした書物は、『貨幣小論』(Sir William Petty's

Quantulumcunque concerning Money,〔1682〕London, 1695）である。これは、当時銀貨の磨損にもとづく貨幣制度の混乱を救うために提案された貨幣改鋳問題について、かれの見解を、三一条の質問とそれに対する答弁の形で述べたものである。以上の諸著作は、のちにチャールズ・ヘンリー・ハルによって『ペティの経済学的著作集』（The Economic Writings of Sir William Petty, edited by Charles Henry Hull, 2vols., 1899）に集録され、また未刊の遺稿の中の重要な論文は、マァキス・オヴ・ランスダウンの手で『ペティ論文集』（The Petty Papers, Some unpublished Writings of Sir William Petty, edited from the Bowood Papers by the Marquis of Lansdowne, 2vols., 1927）として公にされた。これらのうちペティの経済学的主著とみなされるものは『租税貢納論』であり、これについで『政治算術』が重要である。

ペティの主著『租税貢納論』は、元来イングランド王国の財政的基礎を強化するためのかれの政策的主張を盛った書物である。すでにみたように、王の財政収入を直接に確保する目的で設けられた独占的な特許制度という初期のイギリス重商主義政策は、その後国内商工業の発展にともなって一七世紀後半以後はほとんどまったく廃止され、これにかわってやがて関税その他の貿易政策が表面化してくるのであるが、こうした動きに対応して、国家財政もその依拠する基礎を明白に近代的な関係に求めざるをえなくなってきた。すなわち中世紀以来の伝統的な王領地収入や、王権に直接もとづく諸種の特権収入にかわって、関税その他のいわゆる間接税を主とする近代化した租税制度がしだいに導入され、これをもとにして国家財政がまかなわれるようになったのである。このことは、すでにイギリス社会に商品経済が広汎《こうはん》に侵入して、そうした市民社会の商品経済的富を基礎として国家財政が維持される時期が開始されたことを物語るものであって、それだけに複雑化した財政問題は当時のイギリスが直面した重大な政治問題の一つをなしたのである。かくして『租税貢納論』は、このような社会的背景のもとで、直接には、一六六〇年の王政復古直後の財政建てなおしという政治的要請にこたえて、一六六二年、公収入に関する諸問題をテーマとして書かれたのであるが、しかし本書は単なる財政上の論策にとどまらなかった。すなわち財政政策の観点から出発したペティは、進んで公収入の源泉をなす市民的富を取り上げて、これを数量的に観察・計量しているばかりか、さらにそうした富の商品経済的性質にまで立ちいった省察を加えているのである。そしてこのような観察の仕方は当時として可能でありまた必要でもあった。けだし、すでに一七世紀のイギリス社会においては、市民の手にある物的富の大部分は一定の価格表現をとった商品経済的富として、数量的観察の対象となりうるものであったし、またこれらの富について、その商品経済的性質を掘りさげて観察することは、国家財政の物質的基礎を確立せしめるという政策的観点からも、多かれ少なかれ必要とされたのであった。いずれにしてもペティが、国家財政の基礎をなした、一七世紀のイギリスの商品経済的社会関係そのものにまで迫って、その内面的関連を多少とも洞察するという最初の経済学的観察を企てているところに、経済学的文献としての本書の特色が存するのであって、この点は、さきの『外国貿易によるイギリスの財宝』において、王の財政が貿易差額を基礎とする富の増進に基礎をおかなければならないという、商人的主張に終始するマンの思考と明らかに区別せられるところである。

『租税貢納論』の構成、および経済学の理論的展開の端緒

このような特色をもつ『租税貢納論』は、公収入の性質、標準およびその徴収の仕方を論じて、全巻一五章からなる。その構成をみると、第一章および第二章は国家経費についての論述にあてられ、軍事費、行政司法費、宗教費、教育費および公共土木事業費などの各種の経費が国家の富強達成という観点から論じられている。つづく第三章以下の諸章は、全体として公収入論に属していて、はじめに、合理的な租税制度を確立するうえの条件として租税負担の公平という理念が掲げられ、ついで地租、家屋賃料税などのいわゆる収益税についての論述、さらに関税および国内物産税などのいわゆる消費税についての論述、最後に王権にもとづく特権的諸収入に対する論評からなっている。大体以上の構成が『租税貢納論』の本論をなしているのであって、さきに指摘した本書の特色は、諸種の収益税や土地測量を論じた第四章および第五章のいわば余論として、地代・地価および利子についての断片的な論述の上に現われているにすぎないのである。

ペティの租税政策論を貫く租税負担の公平という理念は、租税が社会の各成員の所有する富に比例的に課せられることを指すものであって、むろんそれは、商品経済の拡大につ

れて必然的に要請される政策上の理念の一つにほかならない。この理念を実現するために、ペティはさしあたり客観的な課税標準を見いださなければならないと考え、そうした政策的意図から出発して、あらためて租税の源泉をなす市民的富の商品経済的性質についての究明に移っているのである。こうして租税問題から独立に観察されることになった富は、地代や利子などからなる「諸々の賃料」(rents) である。ペティはこの「賃料」の根幹をなす地代から観察を開始する。かれはまずはじめに地代一般を規定し、地代とは、一定面積の土地から一定時間の労働によって生産された総穀物量のうち、耕作者自身の生活資料に相対する部分および種子として残される部分を控除した剰余部分の穀物量であると述べる。ついでこの地代に相当する一定量の穀物が、いったい貨幣ではどれだけに値するかと問い、それに対して、右の穀物量は、別の人が右と同一時間の労働によって採掘・精錬し、そして輸送を終えた一定量の銀のうち、自分の費用をさし引いた銀の剰余生産量と等しいはずであると答える。こうしてペティは、同一時間の労働によって獲得された穀物と銀とは同一価値に評価されねばならない、したがって、たとえば一ブッシェルの穀物の価格は銀一オンスであるという結果になる、と主張する。すなわちペティは、生産物の価格の背後に価値を発見し、このばあい穀物と銀は労働の相等しい分量からなる相等しい価値を基準とする一定の比率で交換される、と説明するのである。

さらにペティは、土地の賃料としての地代を右のように規定したのちに、貨幣賃料としての利子をとりあげ、利子が地代からの派生物であると規定している。

以上のとおりペティは、「賃料」としての地代を究明する過程において、労働生産物の商品価値にまで到達し、こんにち労働価値説と呼ばれる基本的学説を萌芽《ほうが》的な形ではじめて展開したのであった。資本主義社会においては、封建社会と異なって、物的富の大部分が商品経済的富として現われることになる。そこではすべてのものが商品として生産され、売買交換をとおしてはじめて消費せられるという商品経済的社会関係がつくり出されてくるからである。したがって、商品経済を対象としてとりあげて商品の価値を分析することは、資本主義社会を解明するうえの基礎的研究をなすものであって、事実、経済学は、ペティ以後スミスにしても、リカアドオにしても、いずれも商品経済の考察から経済学の論述を開始し、労働価値説を全学説の土台に置いている。この意味において、ペティの達成した理論的成果は、じつにイギリスにおける古典経済学の誕生を告げるものであったと同時に、そうした業績によってペティは経済学史上、経済学の創始者としての不抜の地位を占めることとなったのである。

発生期の経済学の特色

しかしまたペティのあげた成果は、労働価値説の端緒的規定を引き出したということだけにとどまらなかった。すでに『租税貢納論』において前述のとおり商品価値の規定のほかに地代・利子についての規定が与えられているばかりか、分業・貨幣などについても注目すべき若干の規定が展開されており、本書につぐ重要なかれの経済学的文献『政治算術』においても、また『貨幣小論』においても、こうした経済学上のいくつかの基本的概念についての規定が散見されるのである。むろんそれらは発生期の学説としてまだきわめて素朴な形で、しかも断片的に示されていたにすぎなかったのではあるが、それにしても当時の複雑化したイングランドおよびアイァランドの現実社会に対するペティの観察をとおして、ともかくこのような抽象的な理論的規定が取り出されたということは、かれの手で経済学における原理論の確立への第一歩が踏み出されたものとして注目に値するのである。

すでに見たように、『租税貢納論』は一七世紀中葉のイングランド王国の政治的要請のもとに書かれた一篇の政策論であった。『政治算術』もまた同様な性格の書物であった。この書物の冒頭には国王への献辞が掲げられ、その中でペティの執筆目的が、「イギリス王位の勢力と重要さとを示さんとする」にあるとうたわれているが、まさしく本書は、当時のイギリスの国富が最近四〇年間にいちじるしく増加したことを誇示し、さらにこの国富の一層の増大をはかるための方策を示さんとしたすぐれて政治的な論述にほかならなかった。それゆえこうした著書をつづったペティにとってはもともと富という概念も、それはけっして最初から経済学的概念として設定されたものではなく、むしろ富というものは国家的目的のために利用され、この富の増大をとおしてのみ国家の勢力が維持されるといった一七世紀に特有な思考様式において設定されたものであった。またそれゆえに、かれがそうした思考様式に従って観察を企てた当初の対象は、富強の維持を必要とした当時のイングランド王国、またはその新植民地アイァランドという国家全体であり、そうしたいわゆる政治体を一つの無秩序な全体として受けとって、それの人口とか貿易量とかいった、せいぜい容易に見いだされうる、しかし、きわめて複雑な内容をはらんだ指標をわずかのたよりに、尨大《ぼうだい》な対象に対する経済学的観察を開始したのであった。しかし、このようにしてペティは、直接的観察による一つの混沌《こんとん》たる表象から出発し、一七世紀における現実の国家形態に総括された複雑な具体的経済関係をある程度抽象して、その結果、商品経済に関する一般的規定のいくつかを析出し、発見することに成功したのである。もとよりペティが現実に対して企てた経済学的考察は、こんにちわれわれが、たとえば日本資本主義に対して試みうるような経済学的分析とはちがった性質のものであった。当時にあってはまだこんにちにおけるように、具体的分析のために、なんらかの形で駆使さるべき経済学の理論そのものが確立されていなかったからである。むしろペティの観察をとおしてそうした理論そのものの確立への端緒が引き出されたところに、かれの著書が最初の原理論的古典となりえたゆえんが存したのである。それと同時に、資本主義の原理的解明への道は、ペティの試みたような現実の対象からの抽象という方法をとおしてのみ、はじめて開けるものであるということが、ここに有力に示されたのであって、その意味でかれの業績は、特定の時代の、特定の社会を対象として、そこから一般的な資本主義的関係を抽象し、資本主義一般の法則を明らかにするという科学的作業のじつに最初の試みを提示したものといえるのである。

もちろん、ペティの経済学説には一七世紀という初期資本主義の時代に生まれた経済学としての特徴が強くきざまれていた。

第一にかれの説明している商品経済的富は、なによりも、主として地代からなる土地の「賃料」である。そしてその「賃料」も、前述のとおり、生産された一定量の穀物から耕作者の生活資料に相当する部分と種子部分とを控除した剰余の穀物量と規定されているだけであって、正確にいえばそれは地代のほかに利潤部分をも含んでいる。いいかえると、ペティの規定ではまだ利潤は賃料から分離され、独立化していない。地代と利潤とはなお未分離の状態のままに叙述され、地代を「賃料」の一般的な形態として、利子をその副次的・派生的形態として説明している。そしてこの「賃料」と呼ばれる土地の剰余生産量についての規定のうちに、わずかに商品価値の規定を展開しているにすぎない。このことは当時、急速に資本主義化しつつあったイギリス社会において、資本ではなくて土地を優勢とする社会的要素がまだ十分に克服されていなかったことを物語るものにほかならない。土地およびその「賃料」としての地代がなお有力な国民的富の生産的基礎とせられていたのである。「労働は富の父であり、土地はその母である」という有名なかれの言葉もそういう背景をもっていたのである。

第二にペティは、そういう資本主義の初期の発展を反映して、一方ではすでに富が貨幣以外に存することを強調し、そうした物的富の商品としての価値を人間の労働に還元せしめて理解しているにもかかわらず、他方ではなお価値を体現する唯一の富として貨幣を重要視し、これに大きな関心を払っている。この点はかれが、一般に貨幣としての貴金属を富の代表的な形態とみなす重商主義思想から完全に脱却していなかったことを示すものである。しかし重商主義思想といっても、かれの政策的思想の基調はすでに初期の重金主義からは抜け出た後期重商主義の立場の上にあった。すなわちかれは、王権にもとづく特権的諸収入に対して、消極的または否定的な見解を述べ、貴金属の輸出を禁止することに反対し、部分的には貿易バランスの思想を表明し、さらに後期重商主義政策の有力な一環として採用された、原料羊毛の輸出禁止策に格別の関心を向けているのである。そうした政策的思想を基調とする立場から重金思想を批評し、その思想的制約を脱するものとして、ペティの経済学説は現われたのであった。

のみならず以上のような特徴をもったペティの経済学説が、一七世紀におけるイングランド王国の政策または財政に関するかれの論述のうちに、いわば余論の形で断片的に展開されたにすぎなかったことはさきにしるしたとおりである。ここでは経済学の理論は政策的主張のうちに包括せしめられていたのであるが、しかしそうした政策的主張を盛ったペティの著書が、貿易差額主義者や保護主義者たちの単なる重商主義的論策とは明らかに類を異にしたものであったことを見落してはならない。かれは、前者のように単に国民の富を貿易バランスのみから説明しはしなかったし、また後者のように単に主張の重点を国内産業の上に移して、国富を貨幣以外に求めるというにとどまらなかった。進んで前述のとおり、「賃料の神秘的性質」（ペティ）を、すなわち商品経済的性質を社会的生産関係において内面的に解明するという科学的見地をわずかながらも展開しているのであって、その意味ではかれの著書は、一七世紀を支配した重商主義思想の枠の内部で、なおこの思想から独立する面を生み出していたということができる。そしてこの面にこそ、いいかえるとポリティカル・エコノミーとして一国の政策または財政の目標を提示せんとする積極的面よりも、むしろこれに埋没せしめられていたこの消極的面にこそ、経済学がペティの手ではじめて重商主義の単なる政策的主張から分離し、経済学の科学的発展にとっての礎石となりえたものが存していたのである。

第三章　一八世紀の経済学

一　自由主義思想の台頭

重商主義から自由主義への転回

初期資本主義の時代における代表的な資本形態として現われた商人資本は、一八世紀前半にはすでにある程度まで生産者と生産手段との中世紀的結合を分離せしめて、資本主義的生産方法の基礎的条件をつくり出すとともに、資本が生産過程そのものを支配するあらたな社会関係の形成を媒介するというその歴史的使命を達成したといってよかった。そしてこれに対応して、そうした商人資本の作用を誘導しまたは援護した重商主義の政策および思想も、一八世紀前半にいたって、その歴史的意義をしだいに喪失することになった。一八世紀後半以後は、資本主義的生産方法の確立と発展の時代に特有な経済思想として、あらたに自由主義思想が登場したのである。

重商主義の基礎をなした資本形態は商人資本であった。これに対し自由主義の基礎をなす資本形態は、商人資本のような過渡的な性格の資本ではなくて、資本主義的生産関係そのものに立脚した産業資本である。一六世紀後半から一八世紀前半にわたって初期の発展をとげたイギリス資本主義は、一八世紀後半から一九世紀はじめにかけて産業革命の進行のうちに、しだいに産業資本成立の物的基礎をつくり出したのであって、いまや資本は、生産過程を内面的に支配する産業資本として、資本主義に特有な生産方法を展開し、それによって資本主義的生産関係をみずから維持し拡大してゆく機構を漸次形成してきた。資本主義があらたな一社会形態として確立される時期が到来したわけである。そうなってくるにつれて、すでに述べたように資本がこれまで必要としてきた政治的権力または政策の大半は、当然に不用に帰することとなったばかりか、資本みずからにとっての負担にさえなってきた。国家は外観的にはイギリス社会の前面から退かねばならなくなった。こうした社会関係の推移と発展を背景的基礎として、重商主義から自由主義への転換がもたらされたのである。

要するに、あらたなる経済思想としての自由主義思想は、資本が生産過程を支配するあらたな社会関係を、一面では反映し、他面では予定して芽ばえた思想形態にほかならない。それは前代の重商主義思想そのものの発展として現われたものではなかった。むしろそれは、最初から重商主義思想そのものに対抗し、それを否定する形で発生したのであった。

それというのも、政治的権力の擁護をまつまでもなく、みずから生産関係を維持し拡大しうる資本主義的生産方法にとっては、もはやみずからにとっての負担または拘束と化しつつあった重商主義諸政策を、なによりも廃棄することが、当面の緊切な課題をなしていたからである。かくて重商主義の否定はとりもなおさず自由主義の確立に通じるものであった。

経済思想の変遷と経済学の発展

それゆえ、重商主義から自由主義への転回期には、重商主義の政策および思想に対する苛《か》烈《れつ》な批評と果敢な挑戦とが試みられた。同時に他面では、いっさいの政治的または政策的干渉から独立した資本主義的生産関係を、自由主義的思想をもって理論的に体系づけんとする経済学が、ペティ以来の科学的成果を土台として有力に立ち現われ、そしてそれが重商主義に対していわば積極的に対置せしめられた。こうした転回期の消息をもっともよく示しているのは後述のアダム・スミスである。かくて一八世紀後半以後、重商主義諸政策がつぎつぎと現実に廃止せられていくにつれて、経済学は重商主義にかわるあらたな自由主義の立場をますます有力に代表していった。スミスを学んで古典経済学を一段と高めたリカアドオでは、もはやスミスにおけるような重商主義論難の思想は影をひそめ、かわって経済学的主張がもっぱら自由主義を代表するものとして表明されたのであった。実際また一九世紀前半に展開された自由貿易運動の口火を切ったかのロンドン商人の請願書は、アダム・スミス以降の古典経済学に依拠した、ほかならぬ当時の経済学者の筆になったのである。

このように古典経済学はたしかに自由主義の立場を代表したのではあるが、しかしそうした古典経済学がそのまま自由主義思想であったというのではない。スミスおよびリカアドオの古典経済学の理論そのものは、それに先行する経済諸学説、なかんずく資本主義的商品経済の内部的関連を、多少とも究明した諸研究の発展的成果として現われたものにほかならない。経済学の理論的発展は、あらたな思想による旧思想の否定という様式において示される経済思想の変遷とは異なって、前代の成果をいたずらに否定しないばかりか、これを深化・拡充する形でなしとげられるのである。しかし、もちろん古典経済学をして、このように前代の諸成果を基礎とする理論的体系化をはじめて可能ならしめたのは、一八世紀後半以後のあらたな思想的立場である。その意味では、重商主義から自由主義への経済思想の変遷または転回は、経済学の理論的発展を現実に媒介せしめることに役立ったのである。すなわち、重商主義思想のうちに埋もれ、多かれ少なかれ思想的に制約されていた萌芽《ほうが》的な、断片的な経済学の理論は、いまや自由主義思想によって当の重商主義思想が払拭《ふっしょく》せられ、その結果それから解放される範囲において、はじめて体系的展開をもなしとげることができたのであった。かくしてペティ以来の古典経済学は一八世紀の七〇年代にはアダム・スミスの手ではやくも体系的な理論を生み出すにいたったのである。

二　ステュアートとケネー

(一)　ジェームズ・ステュアート

過渡的学説としての『経済学原理』

重商主義から自由主義への転回を画したアダム・スミスの『国富論』が一八世紀の経済学を代表して出現する直前、これに先行する重要な経済学説がイギリスとフランスとにそれぞれ生まれた。ジェームズ・ステュアート*の著書と、ケネーを中心とするフランスの経済学者の著書である。

* ジェームズ・ステュアート（Sir James Steuart, 1712―1780）はスコットランドのエディンバラに生まれ、エディンバラ大学を卒業後、その地で弁護士を開業したが、まもなくヨーロッパ大陸に渡って、オランダ・フランス・スペイン・イタリーなどを旅行して帰った。一七四五年に、当時の対仏戦争に巻きこまれて亡命の余儀なきにいたり、ふたたび大陸に渡って、今度はフランス・ベルギー・ドイツ・イタリー・オランダなどを転々と歩いた。一七年にもわたる長い亡命生活のあいだに主著『経済学原理』の執筆が準備された。

『経済学原理』(An Inquiry into the Principles of Political Economy, being an Essay on the Science of Domestic Policy in Free Nations, in which are particularly considered Population, Agriculture, Trade, Industry, Money, Coin, Interest, Circulation, Banks, Exchange, Public

Credit, and Taxes.）は、一七六七年に上下二冊の初版本が公にされ、ついで七〇年に三分冊からなる第二版が、さらに九六年に五分冊からなる第二版の新版が公刊された。この尨大《ぼうだい》な著書は五つの篇からなっていて、第一篇は人口および農業、第二篇は商業および工業、第三篇は貨幣および鋳貨、第四篇は信用および公債、第五篇は租税および租税収入の適切な使用方法、と題されている。

このほかにステュアートには、貨幣および穀物問題を扱った著書が二、三ある。なお、一八〇五年にはロンドンでつぎのようなステュアート著作集が出版された。The Works, political, metaphygical, and chronological, Now first collected by General Sir James Steuart, Bart. his son, from his father's corrected copies. To which are subjoyned Anecdotes of the Author, 6 vols.

ステュアートの主著『経済学原理』は、イギリスにおける重商主義から自由主義への転回の過渡を代表する経済学説として出現した。ステュアート自身は依然として重商主義思想の枠内にありながら、しかも重商主義に固有の、商人的幻想にかならずしもとらわれない一面を生み出しているというところに本書の一特徴が存する。前にしるしたとおり、重商主義者たちはいずれも、富の源泉を国内または国外における商品取引それ自身に、いいかえると流通過程の内部に求めようとした。ステュアートもまた個々の資本家があげる実際の利益を、単に取引上の操作によるものとして商人的に理解しようとした。すなわちその利益は、資本家が商品をその価値以上に高く販売することから生ずる「譲渡にもとづく利潤」（profit upon alienation）にほかならないと説明した。けれどもステュアートは、このような「利潤」はなるほど商品の売手にとっては利益となるが、商品の買手にとっては損失を意味し、したがって社会全体の「資財」(stock) にとってはなんらの増加ともならないから、それは「相対的利潤」(relative profit) といわれるべきであり、これに対して、なんびとにも損失とならない「積極的利潤」(positive profit) は人間の労働、勤労の増大から生ずる、と規定したのである。しかしステュアートは、せっかく「積極的利潤」を「消極的利潤」から区別して表象していながら、それが人間の労働からいかにして生まれるかについては立ちいった関心を示そうともしなかった。すなわちかれは、「積極的利潤」を個々の資本家が取得する利潤から完全に分離して理解してしまい、したがってそれをせいぜい労働の生産力の増大によってもたらされる物的富の形で理解したにとどまった。ステュアートにとって本来の利潤は、どこまでも流通過程の内部において摸索《もさく》されたにすぎなかったのである。それにしてもステュアートがかならずしも重商主義者たちと商人的観念をともにしないで、むしろこれに対して消極的な形で疑問を提出している点は注目に値するのであって、この点でかれの見解は重商主義的見地にあらたな展開を与えうる契機を有していたということができる。地代と未分離のままの利潤を観察したペティの賃料論が『国富論』におけるスミスの利潤論へと発展する過程には、スミスに直接先行してこのような過渡的な学説が介在したのである。

なお『経済学原理』には、以上のほかにもう一つの特徴が存していた。それはステュアートが、のちに見るリチャード・ジョーンズ (Richard Jones, 1790—1855) と並んで豊かな歴史的感覚に恵まれており、またしたがって経済諸関係に対する抽象的理解よりもむしろ具体的・現実的理解を得意としていたことである。この点はたとえば、労働の様式の差異や労働者が生産手段から分離する歴史的過程や、貨幣および信用の具体的な形態などを詳しく観察していることに現われている。けれどもその反面には、経済学上の諸規定が現実の素材とからみ合って十分には抽象されず、したがってまた本書はきわめて豊富な内容を盛りあげた大著であるにもかかわらず、『国富論』に見るような体系的理論の展開をなすものとはなっていないのであって、それは全体として合理的に整理された重商主義的知識を包括的に集大成した書物という印象をとどめているのである。

(二)　フランソワ・ケネー

フィジオクラシーの歴史的意義

ステュアートの『経済学原理』がスミスの『国富論』の出版より九年前にロンドンで公にされたのとほぼ同じ時期に、すなわち一八世紀の六〇年代の主として後半期に、大陸のフランスではケネー*を中心とするいわゆるフィジオクラシー**の文献が相次いで出現した。

* フランソワ・ケネー（François Quesnay, 1694－1774）はパリの近村の貧しい農家に生まれた。もともとペティと同じく医者で、最初はマント市で外科医を開業したが、やがて当時の国王ルイ一五世の愛人ポンパドゥール侯爵夫人（Madame la marquise de Pompadour）の侍医となって、ヴェル

サイユ王宮内の一室に起居するようになり、のちにはルイ一五世の侍医ともなった。こうして宮廷に出入するようになってからのケネーは、多くの思想家たちと交わり、政治または経済上の諸問題に関心を向けるにいたった。そして当時ディドロー（Denis Diderot）とダランベール（Jean L. R. d'Alembert）が共同編集していた『大百科辞典』（Grande Encyclopédie）にみずから経済学上の論文をいくつか発表した。

かれの名とともに有名な『経済表』は一七五八年にヴェルサイユ王宮内の印刷所ではじめて四部だけ印刷に付されたが、そのときは公表されず、その後になって再刊、普及するにいたった。この『経済表』といわれるものにはつぎのものがある。

1 Tableau économique avec son explication et les maximes générales du gouvernement économique qui y sont jointes sous le titre d'Extraits des économies royales de M. de Sully, 1759.（増井幸雄・戸田正雄訳『経済表』）

2 Analyse du tableau économique, 1766.（同右訳書）

『経済表』以前のケネーの経済学的著作としては、『借地農論』（Fermiers, 1756）（坂田太郎訳『ケネー経済表以前の諸論稿』、堀新一訳『ケネー商業と農業』）および『穀物論』（Grains, 1757）（同上）などいくつかある。

なおケネーの著作集にはつぎのようなものがある。

Physiocrates Quesnay, Dupont de Nemours, Mercier de la Rivière, L'Abbé Baudeau, Le Trosne, avec une introduction sur les doctrines de Physiocrates, des commentaires et des notices biographiques, par Eugène Daire, Première Partie, Paris, 1846.

Oeuvres économiques et philosophiques de François Quesnay, accompagnées des éloges et d'autres tiavaux biographiques sur Quesnay, Publiées avec une introduction et des notes par Auguste Oncken, Frankfort s. M. et Paris, 1888.

＊＊　フィジオクラシー（Physiocratie, physiocracy）というのは、当時ケネーを中心とした一団の思想家、経済学者からなる学派の名称である。この中には、ケネーのもっとも熱心な信奉者であったミラボオ（Marquis de Mirabeau, 1715－1789）をはじめ、メルシエ・ド・ラ・リヴィエール（Mercier de la Rivière, 1720－1794）、テュルゴー（Anne Robert Jacques Turgot, 1727－1781）、ル・トローヌ（Le Trosne, 1728－1780）、ボードー（L'abbé Baudeau, 1730－1792）、デュポン・ド・ヌムール（Dupont de Nemours, 1739－1817）などが数えられる。かれらはみずからエコノミスト（Economistes）と呼称し、大体同一の思想的立場から多くのすぐれた論著を発表したり、Ephémérides du Citoyen.（1767－1772）など、二、三の雑誌を編集したりして、当時の思想界に大きな影響を与えた。後年この派の呼び名となったフィジオクラシー（physiocratie）の語源は「自然の統治」（tês phuseês Kraêtsis）であり、この言葉を最初に用いたのはデュポン・ド・ヌムール、また一説にはケネーといわれる。スミスは『国富論』でこの派のことを agricultural system といい、わが国では重農主義、または重農学派と訳されている。

周知のとおりフランスにおける資本家的商品経済の発展はイギリスにくらべていちじるしく立ちおくれたばかりか、当時なお封建社会の諸要素が相当に根強く残存し、国民の大部分は貧窮のうちに零細な農耕に従事していた。一七、八世紀のフランスの農民の大多数は、農具や種子を提供する地主に対して収穫物の半分またはそれ以上を納める分益農（métayer）からなり、極端に細分化された土地で二圃《にほ》制度による牛耕経営をいとなんでいたのであるが、ケネーが宮廷生活を始めたころから北部諸州にはイギリス式の輪作法が輸入されはじめ、これらの比較的に富裕な地方ではやくも賃銀労働者を雇傭《こよう》する近代的な借地農業者（fermier）が少数ながらも現われて、三圃制度による馬耕経営を開始したのである。ところで当時のフランスには、これより先ルイ一四世の時代に国債制度や工業上の特権的保護を中心としてコルベールの手で採用された重商主義的諸制度がなお強力に支配していた。残存する封建的諸負担に加えて国債制度に伴う租税負担の重圧下に主としてあえいだのは、前記の貧しい小農民たちであったが、一方独占その他の王権による干渉は都市の商工業にとってもしだいに拘束と化すべき性質のものであった。

このように封建制度から抜けきれない、まだ農業生産の支配的なフランスの初期の資本家的商品経済を地盤として、直接にはコルベールティズムに対する反動の形で台頭したのが、ほかならぬフィジオクラシーであった。したがってフィジオクラアトの政策の基調は最初から重商主義の諸制度と中世紀的な封建的諸拘束とを排除せんとする自由主義にあったが、イギリスとちがって、そうした自由主義の政策は、商工業を重視したコルベールティズムの重圧下に疲弊していた当時のフランスの農村をば、近代的な借地農業の発達をとおして再建し、ひいてはこれによって国家財政の確実なる基礎をうち立てるという、あらたな政治目標を指向して、もっぱら「重農主義」の見地から提唱されたのである。

フィジオクラアトを代表するケネーの経済学も、元来こうした政治目標を指示する論策として出発した。有名な『経済表』の前に書かれたケネーの二つの経済学的論文『借地農論』および『穀物論』には右の政策的意図が端的に示されている。すなわちケネーはこれらの中で、「分益農」(métayer) と「富裕な借地農」(fermier riche) との経済様式を比較して後者における農業生産性の増大をうたい、その大規模経営によるフランス農業の確立を構想する一方、コルベールティズムの採用した穀物の輸出禁止が、当時の低い穀物価格の原因をなすものであることを指摘して穀物貿易の自由を強調し、また農民にとっての負担をなした租税制度の改革を提唱しているのである。

『経済表』

しかしケネーの経済学はこのような政策的主張にのみ終始しはしなかった。農業の改善と国家財政の基礎の確立という政治的目標をもって、ケネーは大規模の借地農業を対象として富の生産を考察したばかりか、さらに進んでかかる農業を中心とする一社会を抽象的に想定し、その社会の全体としての経済過程を考察するという画期的な仕事に従事し、その成果を『経済表』(Tableau économique) として世に問うたのである。

『経済表』ではまず、大規模な借地農業がひろくおこなわれている一つの国が想定されている。その国の総人口は三、〇〇〇万、しかしそれは三つの階級、すなわち農業人口からなる「生産的階級」と、固有の地主のほかに君主や教会からなる「地主階級」と、商工業人口からなる「不生産的階級」に区分される。

耕地面積は一億三、〇〇〇万アルパンと見積られている。「生産的階級」はその耕地に一二〇億リーヴルの資金を投じて耕作をおこなう。そのうち一〇〇億リーヴルは「原前払」と呼ばれる固定資本、二〇億リーヴルは「年前払」と呼ばれる流動資本である。ただし「原前払」の年々の消耗額はその一割、すなわち一〇億リーヴルと見積られているから、農業経営に必要とされる年々の資金は合計三〇億となる。この三〇億リーヴルでもって一年間に五〇億リーヴルの総収穫がもたらされると仮定される。したがって投ぜられる費用以上に出ずる二〇億リーヴルの剰余が年々農産物の形でつくり出されるわけである。これが「純生産物」（produit net）と呼ばれる真の富であって、それは地代として「地主階級」に帰することとなる。

他方、「不生産的階級」では一〇億リーヴルの資金が原料に投ぜられ、そして生産期間中に同じ一〇億の生活資料が消費されることによって、二〇億リーヴルの工業生産物が生産されるにすぎず、そこでは「純生産物」はつくり出されないものと仮定されている。

以上の数字は当時の模範的な大規模農業にもとづいた推算といわれている。さてケネーは、右のような諸仮定のもとで、一国の富が生産されて、流通をとおして諸階級間に分配され、その結果生産手段が年々あらたに補塡《ほてん》されて生産の反復が可能となると同時に、諸階級の消費が確保されるという、全体としての一社会の経済過程を、わずか一枚の紙面に六つの起点と終点とを結びつけた五行の線でもって図示することに成功したのである。*

＊　ケネーの『経済表』といわれるものには、もともと「原表」と「略表」と呼ばれる二種類があるが、

一社会の全体的な経済過程を考察したものとしては、後者のほうが前者よりもすぐれている。したがってふつうはこの「略表」と呼ばれる「経済表範式」を指してケネーの『経済表』といっている。後年バウエル教授が範式における図線の連結の点で変更を加え、改作した表を発表した。(Stephan Bauer, Quesnay's Tableau économique. Economic Journal, 1895, p. 17) 左に「経済表範式」とバウエルの表との二つを掲げて簡単な説明を施しておこう。

前述のように仮定された『経済表』において、われわれは「生産的階級」における五〇億の年総生産物から出発する。このうち二〇億はこの階級の内部で再生産に必要な費用として現物のままただちに控除され、補塡される。残りの三〇億の農業生産物は、現物では二〇億の生活資料と一〇億の工業原料からなるものとされる。このほか「生産的階級」はあらかじめ一国の貨幣総額として二〇億を保有すると仮定される。したがってこの貨幣を媒介にして一国の流通に投ぜられ、分配される生産物は「生産的階級」の手にある三〇億の農業生産物と「不生産的階級」の手にある二〇億の工業生産物である。

さて「生産的階級」は「地主階級」に二〇億リーヴルの貨幣を地代として支払う。後者はその半分の貨幣をもって前者から生活資料を買う。これで、一〇億リーヴルの貨幣が「生産的階級」に回流し、同時にそれだけの農業生産物が流通をとおして消費領域にはいる。つぎに「地主階級」は他の半分の貨幣でもって「不生産的階級」から工業生産物を買入れ、後者は受取った貨幣で「生産的階級」から一〇億リーヴルの生活資料を買う。これでさらに一〇億の貨幣が「生産的階級」に復帰し、同時にそれだけの農業生産物が流通から消費領域へとはいる。つぎに「生産的階級」は復帰した貨幣のうちの一〇億をもって、「不生産的階級」から農業用の工業生産物を買入れる。これで一〇億の貨幣が「不生産的階級」に移ると同時に、工業生産物は流通をとおして農業用の資材の補塡に当てられることになる。最後に「不生産的階級」は一〇億の貨幣をもって所要の原料品を「生産的階級」から買入れる。これで一〇億の貨幣はふたたび「生産的階級」に復帰し、農業生産物の全部が処理されることになる。

経済表範式(原形)

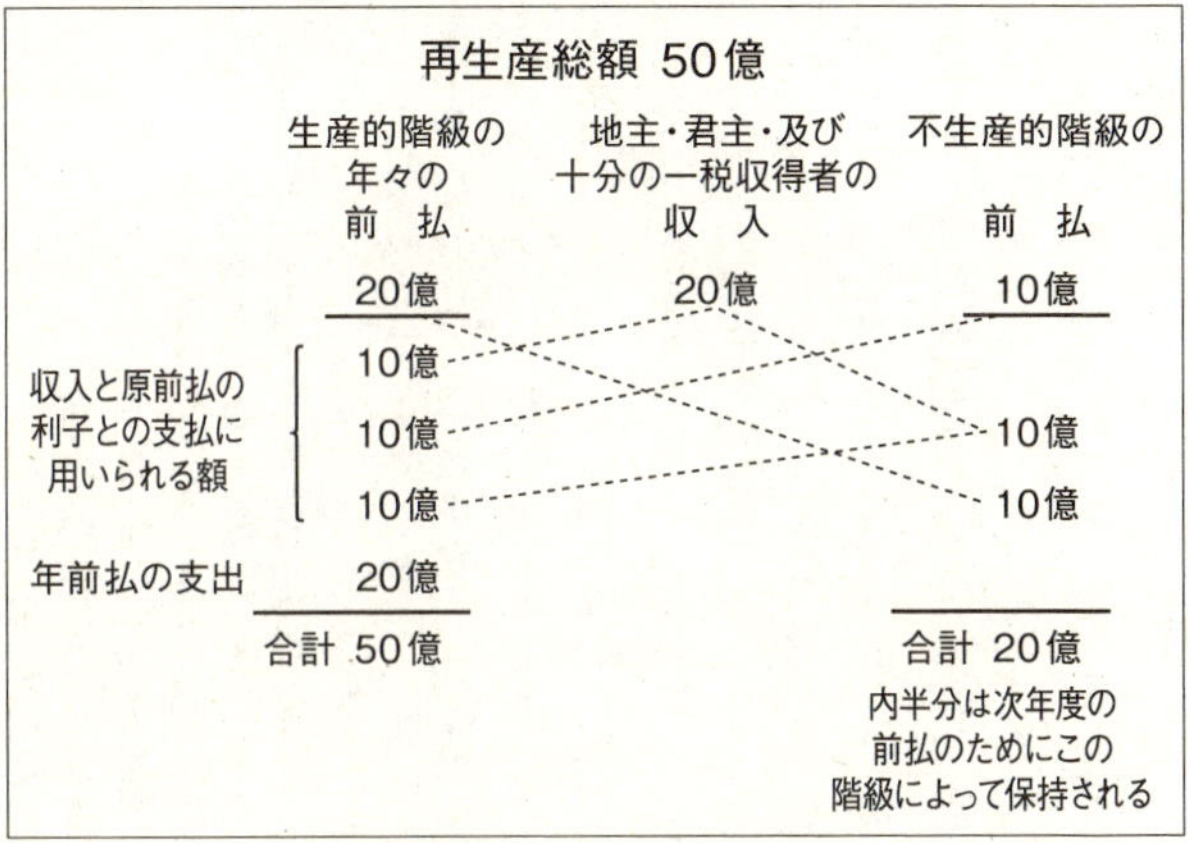

経済表範式(バウエルの表)

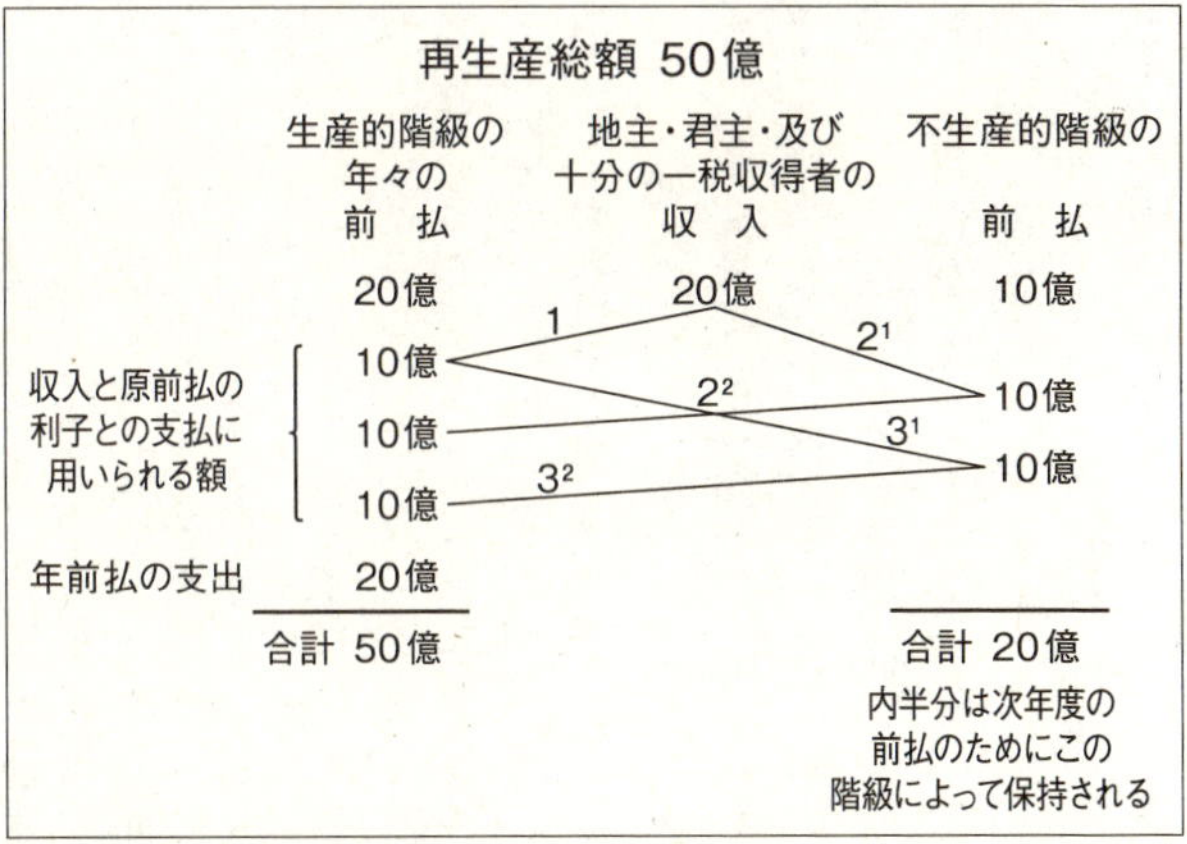

以上で「経済表」の流通は完了する。「生産的階級」における二〇億の「年前払」はすでに現物で補塡されており、「原前払」の損耗部分一〇億は流通をとおして補塡された。一方、「不生産的階級」では一〇億の原料と一〇億の生活資料が流通をとおして更新され、「地主階級」には一〇億の農業生産物と一〇億の工業生産物からなる一年間の生活資料が帰属している。のみならず「生産的階級」の手には二〇億の貨幣が元どおり復帰している。かくして、借地農業を中心とするこの国の諸階級の消費は確保され、また同一規模の再生産の条件が完全に満たされることとなるのである。

このように『経済表』は単なる「重農主義的」論策ではなかった。また一八世紀のフランスの社会を現実に分析したものでもなかった。むしろそれを資料的基礎となして、そこから右に見たように一社会の総括的な経済過程を抽象し、大規模の借地農業を中心とする一社会の再生産過程が、いいかえるとその社会における諸階級の消費の確保と生産の反復とが年々の社会総生産物の流通をとおして可能となる諸条件を、簡単な図表で表現したものにほかならなかった。『経済表』において外国貿易や価格の変動が捨象され、また再生産が年々同一の規模でくり返されるものと想定されるのも、そうした社会的再生産過程の理論的究明を純粋な形でなしとげるための科学的操作にほかならない。しかし『経済表』のこのような意義については、イギリスの経済学者はスミスにしてもリカアドオにしてもほとんどまったく無関心であった。のちにマルクスによってはじめて『経済表』の真の意義が発見されて、マルクスの理論の一部に積極的に摂取されたのであった。けれども『経済表』に要約されている、「純生産物」に関する経済学的規定ははやくもスミス以後の古典経済学にとっての直接の理論的素材として役立ったのである。

前述のとおり「生産的階級」は年々三〇億の資金を支出して五〇億の農業生産物を生産する。そこでケネーは二〇億の剰余生産物を「純生産物」と呼んで、これを真の富または国民的収入の唯一の項目とみなした。富および富の増大の源泉は、重商主義批判の思想的立場をとったケネーによって、はじめて明確に流通の領域から生産の領域へと移されたのである。もはや商業は、ケネーにとってより多くの富をつくり出すものではなく、ただ既存の価値に従って生産物を交換するにすぎないものとされた。こうしたケネーの学説は、貨幣としての貴金属を富の代表的な形態とみなす重商主義的見地から脱しえなかったペティより一歩前進を示すものであるとともに、重商主義的観念に対するステュアートの消極的疑問に一つの解答を与えうるものであった。

しかしケネーは、真の富としての「純生産物」のつくり出される領域を単に農業生産にのみ求めたにすぎなかった。ひとり農業人口だけが「生産的階級」と呼ばれ、商工業人口が「不生産的階級」と呼ばれたのはそのためである。したがって「純生産物」は農業生産の内部において、年々の総収穫から消費された生産手段と生活資料とを控除した残りの剰余生産物という物的形態においてのみ把握されたばかりか、それは土地という「自然の贈りもの」であり、またそれはもっぱら地代として土地所有者に帰属するものと説明されているのである。この点ケネーは、同じく地代からなるところの「賃料」と呼ばれる富を取りあげてその商品経済的性質を究明しようとしたペティとは進路を異にしていたのであって、価値としての富の考察から労働価値説を引き出すような仕事を、最後まで企てることができなかった。それればかりかケネーの経済学説には、農業資本家と土地所有者との関係も、資本の利潤と地代との関係も、明確に展開されなかった。この関係は、一八世紀におけるフランスの経済的事情を反映した不明確な形態をもって把握されているにすぎない。前述のとおり大規模の借地農業を前提とした「重農主義」の見地からコルベールティズムに対立したケネーの自由放任（laissez faire）の主張も、資本家的商品生産に対するいっさいの干渉の排除を、表むきは土地所有の利益の名において宣言したものであった。

三　アダム・スミス

『国富論』の構成、および経済学の理論的体系化

アダム・スミスの大著『国富論』*は、さきにも述べたとおり、その立っている自由主義思想の立場を代表して最初から重商主義に対立し、一八世紀後半から一九世紀にかけての資本主義的生産方法の自由な発展を全面的に促進するというあらたな政治目標を指示するポリティカル・エコノミーとして出現した。

＊　アダム・スミス（Adam Smith, 1723 − 1790）は、スコットランドのエディンバラからほど近い海岸の小都市カアコーディ（Kirkcaldy）に生まれ、その地で初等教育を受けたのち、グラスゴウ大学（Glasgow College）に学び、さらにオクスフォード大学のベリオル・カレッジ（Balliol College）で六年間学んだ。一七五一年グラスゴウ大学の論理学の教授となり、のちには道徳哲学を講じた。スミスの講義がしだいに有名になるにつれて、聴講のためにグラスゴウに留学するものが少なくなかったと伝えられている。一七六三年に同大学を辞して、翌年、若いバックルウ公爵（Duke of Buccleugh）とともに大陸旅行に出かけた。この旅行において、当時著名なフランスの思想家たち、たとえばケネー、テュルゴー、ディドロー、ダランベール、ヴォルテールなどと親しく交わる機会を得た。六六年に帰国し、翌年にはロンドン王立協会会員に選ばれた。その後一七七六年に、つまり帰国後、約十箇年の歳月をへて大著『国富論』の上下二巻を世に送った。ついで七八年にはスコットランドの関税監督官となり、さらに八七年から死の前年までグラスゴウ大学の学長をつとめた。

　スミスの著書にはつぎのものがある。

1 The Theory of Moral Sentiments, 1759.（米林富男訳『道徳情操論』）

2 An Inquiry into the Nature and Causes of the Wealth of Nations, 1776.（広くおこなわれている版本として、キャナン版がある。邦訳としては、大内兵衛訳『国富論』（岩波文庫版）をはじめ、竹内謙二訳、青野季吉訳がある）

3 Essays on Philosophical Subjects, to Which is Prefixed an Account of the Life and Writings of the Author ; by Dugald Stewart, 1795.

4 Lectures on Justice, Police, Revenue and Arms, delivered in the University of Glasgow by Adam Smith, reported by a student in 1763 and edited with an introduction and notes by Edwin Cannan, 1896.（高島善哉・水田洋共訳 アダム・スミス『グラスゴウ大学講義』、樫原信一訳『アダム・スミス政治経済国防講義案』）

5 An early draft of part of the Wealth of Nations-W. R. Scott : Adam Smith as student and professor, Glasgow, 1937, part. Ⅲ.（大道安次郎訳『国富論の草稿その他』、水田洋訳『国富論草稿』）

著作集としてはつぎのものがある。

The Works of Adam Smith, LL. D. and F. R. S. of London and Edinburgh: With an Account of his Life and Writings of Dugald Stewart, 5 vols., 1811 – 1812.

スミスはグラスゴウ大学の学生時代に、『人性論』(A Treatise of Human Nature) の著者ヒューム (David Hume) を友人にもち、また『道徳哲学体系』(A System of Moral Philosophy) の著者ハッチスン (Francis Hutcheson) の講義をきいて大きな影響を受けたといわれる。この講義にはなにほどかの経済学的論述が含まれていて、この点から、後年かれが偉大な経済学者となった最初の教育を、ハッチスンによって与えられたと見られている。スミスのグラスゴウ大学における道徳哲学の講義は四部に分れ、第一部は自然哲学、第二部は倫理学、第三部は正義論、第四部は経済学であったといわれる。このうち第二部の倫理学は『道徳感情論』の想源をなしているといわれ、また第四部の経済学はのちに『国富論』の内容の一部をなすにいたった。さらにこの第三部と第四部にあたる部分の筆記録を浄書したものがスミスの没後一八九六年にキャナン (Edwin Cannan) の手で刊行された。これが『グラスゴウ大学講義』である。本書はつぎの五部から構成されている。第一部正義について――序論、第一篇公法学について、第二篇家族法、第三篇私法――、第二部政治について――第一篇清潔と安寧、第二篇低廉または豊富――、第三部国家収入について、第四部軍備について、第五部国際法について、このうち経済学に関する部分は第二部第二篇と第三部である。この『講義』と、一九三五年にスコットによって発見された『国富論草稿』とが、『国富論』についで重要なスミスの経済学的著作である。

なお『国富論』は一七七六年の初版にひきつづいて、スミスの在世中五度も版を重ね、没後も多くの人の註釈《ちゅうしゃく》や解説を加えて数回出版されたが、そのうち第三版において大きな増訂がなされた。こんにちでは前述のとおり、キャナン版が広くおこなわれている。

『国富論』は序論およびつぎの五つの篇からなっている。

第一篇　労働生産力の改善の原因と、労働生産物が諸階級の人々のあいだに自然的に分配される秩序について（一一章）

第二篇　資財《ストック》の性質、蓄積および用途について（五章）

第三篇　諸国民間における富裕の進歩の差異について（四章）

第四篇　経済学説について（九章）

第五篇　元首および国家の収入について（三章）

標題からも知られるとおり、第一篇と第二篇には資本主義的商品経済を対象とした経済学の理論が含まれている。第三篇は主として歴史的叙述にあてられ、各国の富がそれぞれの国の政策によってどのように異なった影響を受けたかを説明している。第四篇は経済学における従来の主義思想ないし学説を論じたもので、重商主義とフィジオクラシーが論評せられている。最後の第五篇は国家財政に関する論述からなっている。

スミスの経済学は右のように篇別構成された『国富論』となって現われているのであるが、いったいスミス自身は、経済学という学問をどのように考えていたのであろうか。

スミスは第四篇の序論で、経　済　学《ポリティカル・エコノミー》を政治家または立法者の学問の一部であると定義し、その目標を二つあげている。第一は国民に豊かな収入をもたらすこと、あるいは国民が豊かな収入をみずから獲得するようにさせることであり、第二は国家に対して、公共の職務を遂行するうえに十分な収入を供給することである。一言でいえば、「この学問は人民と主権者とをともに富ますことを目的とするものである」と。

すなわちスミスは経済学を、一国の富の増進という目標を達成するための政治的または政策的な学問と見る考え方から出発している。この点では、一八世紀の経済学を代表するスミスの『国富論』も、一七世紀の経済学を代表するペティや、スミスに先行したケネーなどと同じく、一定の政治目標を指示せんとするポリティカル・エコノミーとして生まれ出たことが明らかである。同時にまた、ケネーなどと同じように、主権者と人民との富裕を志向するスミスの考え方の中には、国家または主権者の威力は富の大いさに比例するという、一七世紀以来の経済学的見地が受けつがれていることもうかがわれるのである。

しかし、右の目標を達成するためにスミスの手で設定された政策はいうまでもなく自由主義である。それはいわば政策なき政策であり、むしろ一六、七世紀以来の重商主義政策の排除を目的とするものであったことはすでに述べたとおりである。そこでスミスは、第四篇の大部分を重商主義の政策および思想に対する批判にあてて、これを激しく論難攻撃しているのである。すなわちこの第四篇の第一章ではまず、貨幣を唯一の富とみなす重商主義の特徴を指摘することからはじめて、貴金属の輸出禁止や、貿易差額を基準として貴金属を獲得しようとする思想と政策を排撃し、ついで個々の重商主義諸政策の論評に移る。第二章および第三章では高率関税その他の輸入制限の諸政策、第四章および第五章では戻し税や輸出奨励金などの輸出奨励の諸政策を取りあげ、さらに第六章ではイギリスとポルトガルとのあいだに結ばれた特恵的通商条約たるメシュイン条約、第七章では植民地貿易を論じている。以上の論評を通じてスミスは、重商主義の諸政策がすべて貿易および産業の自由を妨げ、国内における特定の商人および製造業者に独占的地位を保証するという理由でこれに強く反対する。こうしたスミスの重商主義批判は、重商主義の歴史的意義を正当に評価しないで、どこまでも自由主義の立場からする一方的排撃に終始している点が特徴的である。

したがって第四篇の最後の章をなすフィジオクラシーの論評では、スミスの筆は一転してきわめて寛大な、同情的な調子を帯び、コルベールティズムに対立したこの派の自由放任の思想と政策を称揚する。そしてこの章ではむしろケネーの経済学説の紹介につとめて、これを理論的に摂取する態度を示しているのである。

かくてスミスは、重商主義のような「奨励または抑制を主張する主義が完全に排除されるならば、明白にして簡単な自然的自由の制度がおのずからにして確立する」と帰結する。そしてこの帰結に立脚したスミスの国家財政に関する論述が第五篇において展開される。その第一章では、いわゆる夜警国家としての役割をせいぜい果せばよいとされる国家の諸経費が論ぜられ、第二章の公収入論では、「自然的自由の制度」が要求する有名な租税原則、すなわち平等・確実・便宜および最少徴税費という四つの公準が掲げられ、それにもとづいて各種の租税が論ぜられている。最後の章は公債論からなり、しばしば戦費調達のために利用される公債が租税負担の過重化をもたらすことを指摘する。このようなスミスの財政論の中心思想をなすのは、いわゆる安価な政府《チープ・ガヴァメント》という考え方である。

以上のとおり、政治家の学問として出発したスミスの経済学《ポリティカル・エコノミー》の立場は、明らかに、発達した資本主義的生産を前提として、一八世紀後半以後において急速に成長しつつあった自由主義の立場であった。「見えざる手に導かれて」社会の「自然的秩序」が予定調和的に実現されるというスミスの言葉は、右の立場からするかれの資本主義讃歌《さんか》にほかならない。しかしこうした自由主義は単なる具体的経済政策としては現われなかった。したがってスミスの経済学はもともと政治的または政策的な学問として、一七世紀以来の経済学と共通の性格をもつものであるにしても、それはもはや直接的に政治に役立てるための、単なる政策論的研究とはいいきれない面を生み出さざるをえなかった。それだからこそ『国富論』では、当時の具体的なイギリスの経済状態の分析による具体的な経済政策の指示というよりも、むしろ自由主義という政策なき政策の立場から、イギリスを中心として各国の経済状態に関する広汎《こうはん》な歴史的資料が渉猟され、この豊富な資料を基礎として抽象された資本主義的商品経済に関する経済学の理論が、第三篇以下の政策論や財政論からいちおう分離・独立して、最初の二つの篇の中に体系的に展開されるのである。しかも全五篇が「国民の富の性質および原因に関する研究」という理論的研究を標榜《ひょうぼう》する題目のもとに統一されている。前にも述べたとおり自由主義は、みずから生産関係を拡大しうる資本主義的生産方法を理論的に体系づける経済学をもって、これを重商主義に対置せしめる思想的基盤をなすわけである。

『国富論』における経済学の理論

さてスミス経済学の理論体系をおさめた最初の二篇は、労働生産力の増進と労働生産物の配分を論じた第一篇と、資本の諸形態および蓄積などを論じた第二篇とからなっているが、そうした篇別構成を採用した理由についてスミスは、これを『国富論』冒頭の序論の中で述べている。スミスによれば、国民の富は「年々の労働によって生産される生活必需品および便益品」である。そしてこの富の増減を左右する要因に二つある。一つは労働の生産力である。もう一つは生産的労働者の数であり、そして労働者の数または労働の量は資本の量に依存し、したがってまた蓄積の大きさに依存する。すなわち第一篇は前の要因を主題とし、第二篇はのちの要因を主題としたものであるという。このようにして構成された二つの篇においてスミスは、前代の理論的諸成果を摂取しつつ、資本主義的商品経済を対象として、それの表面に現われてくる種々様々の諸現象を記述する一方、それの内面的関連を統一的に説明しようとした。ペティ以来の古典経済学は、かくてスミスにおいて集大成され、経済学が包括する所要の理論領域をいちおう網羅し、これを体系化することがここにはじめて企てられたのである。

まず第一篇の概要を述べよう。スミスは、労働生産力を増進せしめる最大の原因をいわゆる分業に求める。そして第一篇を分業の説明からはじめ、ここで有名なピン製造所内の分業を例示する（第一章）。ついでこの分業を発生せしめる原因を、交換し交易するという人間の性質における一傾向に帰着せしめる（第二章）。そこで分業のおこなわれる程度が当然に交換の範囲、すなわち市場の広さに依存することを論じて、商品経済の考察にはいってゆく（第三章）。まず商品交換を基礎とする「商業社会」が考察の対象をなすことを明らかにし、ついで物々交換の不便や、商業の一般的要具としての貨幣の必要などについて説明したあとで、「種々の商品を貨幣または他の商品と交換するにあたって、人々が自然に遵守する法則はなにか、私は進んでこれを考察しようと思う。これらの法則は商品の相対価値または交換価値と呼ばれるものを決定する」と述べる（第四章）。かくて商品の価値の分析が開始される。商品経済がある程度に発達したところでは、個々の生産者がみずからの労働によって生産するものは一種または数種の生産物にすぎず、かれらはその労働の生産物をたがいに商品として交換することによって、必要な生活資料その他の物的富を獲得する。すなわち人が富を獲得する程度は、かれがその所有する商品と交換に支配しうる他人の労働量に依存するのであるから、このばあい商品の価値は、それによって購入しまたは支配しうる労働量にひとしい。またすべての商品はそれを生産するうえに一定の「労役と苦心」(toil and trouble)を要し、したがって一定量の労働を含んでいる商品は、これと同量の労働を含む商品と交換される。労働はすべてのものに対して支払われた最初の価格、「本源的な購買貨幣」(original purchase-money)である。すなわち人間労働はあらゆる商品の交換価値の基礎をなし、その真実の尺度をなすと説く(第五章)。ついでスミスは、このような労働価値説にもとづいて資本主義的生産の分析を始める。「資本がひとたび特殊の人々の手に蓄積されるや否や」、かれらの一部は労働者を雇って利潤を得るために資本を使用し、また「ある国の土地がすべて私有財産となるや否や」、土地所有者は土地から生ずる労働生産物の一部を地代として要求するにいたる。この利潤と地代は、労働者が原料につけ加える価値の一部を源泉とする。したがって労働者の労働からなる価値は労働者の賃銀のほかに利潤および地代に分割され、そして利潤または地代を源泉として社会の各種の収入が派生するというのである。このように説いたスミスは、しかしまた他方ではこれと対立する別の説明を並置する。すなわち商品の価値または価格は、それぞれ労働・資本および土地という独立の三要素を源泉とする賃銀・利潤および地代の三つの収入形態の合計によって構成される(第六章)。そして現実の市場価格は賃銀・利潤および地代の自然率からなる自然価格を中心として競争をとおして変動するという事実をあげる

（第七章）。最後に、賃銀・利潤および地代の自然率が社会の富の種々の状態のもとでいかに変動するかを考察し、ここでスミスは、賃銀については、ケネー以来の学説を摂取して、それが労働者とその家族の生活必要費に依存することを述べ、地代については、その高低が価格高低の原因ではなくて結果であると説明するのである（以上第八―第一一章）。

第二篇はまず資財《ストック》の分類から始まり、社会の総資財《ストック》を、直接に消費される部分と、固定的資本《キャピタル》および流動的資本との三部分に分つとともに、資本の循環を考察し、さらに一国の総収入と純収入という問題をとりあげて、賃銀・利潤および地代からなる純収入こそ国民の富の実質的内容をなすことを指摘する（第一―第二章）。ついで資本の蓄積に論及し、資本が維持する生産的労働を不生産的労働と区別して、前者の大いさによって国民の富の増減が左右されると述べる（第三章）。そして最後に利子つき資本および信用制度を説明し、また資本の種々なる用途を論じて本篇を終っている。

以上の概要からも明らかなように、スミスの経済学の理論は、価値・貨幣・価格・賃銀・利潤・地代および資本などの、資本主義的商品経済に関する一般的規定を包含した体系である。それはもはや一七世紀の経済学とちがって、イギリス社会の経済学的観察による政策的主張ということから離れて、経済学の理論そのものの展開という方向を明らかにうち出している。すなわち豊富な資料的基礎による現実から抽象された理論として現われているばかりでなく、その理論そのものが一定の系列に従って展開されているのである。

右に見たようにスミスは、分業の説明から始めてただちに商品交換の考察へと移り、商品経済的富の分析を起点として経済学の理論を展開したのであるが、ただこのばあいスミスは、商品経済の歴史的特殊性を問題としてこれを積極的に解明するということをしなかった。スミスにとって、商品経済はむしろ、社会の自然的発展による当然、自明の産物とみなされたにすぎなかった。しかしこの点をしばらくおけば、ペティ以来の労働価値説はここにはじめて、資本主義的生産の内面的機構を分析するための基礎理論とされたのである。

かくてスミスは、すでに見たように、資本の生産過程における労働者の年々の労働によってあらたな価値が生産され、そのうち賃銀を回収する部分を除いた残余の価値部分を源泉として、利潤および地代がそれぞれ資本および土地所有者の手に分配され、そしてこれから各種の収入が派生する、ということを明らかにした。そのばあい、農業生産という特定の領域内でのみとらえられたケネーの「純生産物」の生産が、スミスの手で、資本主義の生産のいっさいの領域において認められるにいたったことが知られるのである。

以上のとおりスミスは、資本主義的商品経済を対象として、ペティやケネーの学説のうえに刻まれていたような、旧社会的残存形態を払拭《ふっしょく》した近代的理論を樹立したのであったが、しかしまた右のように、こうしたスミスの理論には、富の商品経済的性質を究明し、そこから獲得した商品の価値規定を基礎として、賃銀や利潤や地代などを説明するという側面と、これとは反対にこれらの既存の収入形態をそのまま無反省に受取って、これから商品の価格および価値を説明するという――のちにいたって生産費説と呼ばれた――側面とが素朴に相矛盾する形で交錯して含まれていた。したがってスミスにつづく後代の経済学者にとっては、一見生産費説が妥当するもののごとく見える複雑な諸現象を、価値規定の基礎の上に説明するという科学的作業が残されることとなった。この作業に正面から従事したのが、つぎに述べるリカアドオである。

第四章　古典経済学の確立とその解体

一　デーヴィド・リカアドオ

リカアドオ経済学の目標

リカアドオ*はイギリスにおける古典経済学の頂点に立つ経済学者である。

＊　デーヴィド・リカアドオ（David Ricardo, 1772―1823）は、ロンドンの大きな証券取引業者の家に生まれた。リカアドオ家はもともとイベリア半島の有力なユダヤ人団体に属していたが、宗教上および商業上の理由から、最初にイタリー、ついでオランダへと移住し、デーヴィドの父エイブラハム（Abraham）の時代に、さらにロンドンへ転じてイギリスに帰化した。リカアドオはロンドンの父およびオランダにいた伯父《おじ》のもとで普通教育を受け、また父の従事していた貿易および証券売買の業務を手伝って実際上の知識・経験を得た。そして一七九三年に独立して証券取引業者となり、当時のナポレオン戦争期のイギリス経済界の変動を利用して巨額の産をなすにいたった。

リカアドオ経済学の土台として役立ったのはスミスの『国富論』であるが、一七九九年にリカアドオはこの『国富論』を偶然入手する機会を得て、このときから、かれの経済学的思索が始まったといわれる。折からイングランド銀行券の兌換《だかん》停止や物価の変動など、相ついで生起した経済問題に対してリカアドオの理論的関心はしだいに高まっていった。かくて一八〇九年にかれの経済学上の処女論文『金の価格』(The Price of Gold) が、友人ジェームズ・ミル (James Mill) の手を通じてモーニング・クロニクルに発表された。ついでリカアドオは一八一〇年に『地金の高い価格』(The High Price of Bullion)、一八一一年には『ボオズンキット氏に答う』(Reply to Mr. Bosanquet's Practical Observations on the Report of the Bullion Committee)、さらに一八一六年には『経済的にして安固な通貨のための提案』(Proposals for an Economical and Secure Currency) ——右の論著の邦訳はいずれも小畑茂夫訳『リカアドオ貨幣銀行論集』にあり——を世に問うた。この間、一八一〇年に、イギリス議会には有名な『地金委員会』が設置され、同委員会は、地金の高い価格と為替相場の下落を説明した『地金報告』と呼ばれる報告書をもたらした。この報告書の内容と部分的に一致したリカアドオの通貨理論は、物価の変動を通貨量から説明するいわゆる貨幣数量説に立脚していた。

ついでリカアドオの関心は、当時の一方における主要な時事問題をなした穀物関税の問題に向けられた。これよりさきリカアドオは前記のミルのほかに多くの著名な学者・思想家と交わるにいたったが、これらの交友のうちには、リカアドオの学問生活にとって特に重要な関係をもったマルサス (Thomas Robert Malthus) がいた。かれはマルサスと穀物問題を中心に手紙で論争を重ねていくにつれてしだいに自説に確信を得て、一八一五年に『穀物の低い価格の資本利潤に及ぼす影響を論ず』(An Essay on the Influence of a Low Price of Corn on the Profits of Stock. 大川一司訳、吉田秀夫訳——訳書名はいずれも『農業保護政策批判』) を公にし、マルサスに対立して穀物の自由貿易を主張した。この論文で、賃銀・利潤および地代に関する理論を部分的に述べたリカアドオは、その後ミルの激励を受けて体系的な経済学の理論を著わすことを志すにいたり、かくて一八一七年に、経済学史上、不朽の名著『経済学および課税の原理』(On the Principles of Political Economy and Taxation. 小泉信三訳、堀経夫訳、吉田秀夫訳) を公刊するにいたったのである。

その後リカアドオは証券取引所を退いてから国会議員となる一方、執筆活動をつづけて、一八二〇年には『減債基金論』(Essay on the Funding System. 井手文雄訳『公債論』)、一八二二年には『農業保護論』(On Protection to Agriculture. 大川一司、吉田秀夫前掲訳)を著わした。

リカアドオには以上の著作のほかに、遺稿として『国立銀行設立案』(Plan for the Establishment of a National Bank) および『マルサス評註《ひょうちゅう》』(Notes on Malthus. 邦訳は吉田秀夫訳『マルサス経済学原理』中にあり)があり、またマルサス、マカロック、トラワーの三人にあてた書翰《しょかん》集(中野正訳)がある。

著作集としては、マカロックの編さんしたもの(The Works of David Ricardo, by J. R. McCulloch, 1846)とゴンナーのもの(Economic Essays by David Ricardo, by E. C. K. Gonner, 1923)とのほかに、一九五一年から新しくスラファ(Piero Sraffa)がドッブ(Maurice Dobb)の協力を得て編さんした『デーヴィド・リカアドオ全集』(The Works and Correspondence of David Ricardo)全一〇巻が刊行された。これにはあらたに発見されたリカアドオの書翰、未定稿および覚え書などが含まれている。

なお、『経済学および課税の原理』は一八一七年の初版につづいて、一九年に第二版、二一年に第三版と、リカアドオ在世中に三度も版を重ねたが、この第三版では、価値に関する章が改訂されたうえに、あらたに機械論と題する章が付加された。

すでに見たように、経済学は『国富論』においてはじめてその理論の体系的展開をなすところまで発展していた。しかし一八世紀の経済学を代表する『国富論』は、もともと経済学を政治家の学問の一部と考え、したがって主権者と国民の双方に豊かな収入を確保せしめることにその目標をおいて書かれた書物であった。これに対しリカアドオ経済学の目標はなにに求められているであろうか。『経済学および課税の原理』の序言にはつぎのように書かれている。

「土地の生産物——労働、機械および資本を結合して投下することによって土地の表面から獲得されるいっさいのものは、社会の三階級、すなわち土地の所有者、耕作に必要な資財《ストック》、いいかえると資本の所有者、およびその労力によって土が耕作される労働者の、三階級のあいだに分割される。しかしながら社会の発達の異なった段階に応じて、地代・利潤および賃銀という名称のもとに、これら諸階級のおのおのに割当てられる土地全生産物の比率は大いに異なるであろう。それは主としてそのときにおける土地の豊度、資本の蓄積と人口、農業上に用いられる熟練・工夫、用具のいかんによって左右される。この分配を左右する諸法則を規定することが経済学の主要問題である。」

ここでは明らかに、資本主義的商品経済の社会における分配関係の原理を究明することが経済学の目標とされている。しかし、リカアドオにあっては、この分配関係は単に年々の社会的生産物が資本家・労働者および土地所有者のあいだに分配せられるということを指しているのではない。分配関係それ自身は、社会的生産において右の諸階級が占める地位によって決定され、そしてこの関係はまた生産力の発展するに従って推移し変化するものとされる。すなわちリカアドオは『国富論』におけるスミスの分析に従って資本主義社会の基本的な三大階級を抽出し、労働者と資本家との関係、および労働者と資本家と土地所有者との関係を究明すると同時に、この階級関係の推移、変動の傾向を明らかにするという、経済学《ポリティカル・エコノミー》の基本的な研究目標をあらためて設定し、そうした目標のもとに、ペティ以来の科学的伝統をついで資本主義的商品経済の内面的機構を掘りさげて分析しようとしたのである。しかしそれかといって、リカアドオにおいて政治的、または政策的目標が消失したわけではなかった。むろんペティのように、現実のイギリス資本主義を分析して具体的な政策を指示するというようなことはなかった。むしろ政策は、スミスと同じように、資本主義の一般的法則を究明する原理論をとおして与えられるものとされたのであって、この点ではリカアドオ経済学もまた、自由主義思想に立脚して資本主義を肯定し、スミスの経済学と同様に資本主義の発展を促進せしめるという政治的目標をもってその研究が進められたのであった。

『経済学および課税の原理』の構成——『国富論』との対比

かくて古典経済学は、リカアドオにおいてはじめて、経済学の原理論をそれ自体として積極的に問題とする段階にまで到達した。したがって『経済学および課税の原理』の全巻三二章は、政策論その他、多彩な内容を盛った『国富論』とちがって、もっぱら経済学の「原理」を主題として構成され、配列されている。もっとも、標題からも明らかなように、リカアドオは本書においては本来の経済学の理論のほかに租税の問題を扱っている。そして前者は最初の六章に含まれ、後者は以下の諸章に含まれている。のみならず第七章以下の諸章には租税のほかに、しばしばスミスその他の経済学説を批判する形で述べられた部分的な経済学の理論が含まれている。したがって本書は全体として、第一に経済学の理論を含んだ六つの章と、第二にこの六章のいずれかの付録または補論として書かれた章と、第三に租税に関する章とからなっているわけであるが、この租税に関する諸章も、内容的には、最初の六章において樹立された原理の単なる応用または解説として書かれている点が特徴的であって、われわれはしばしばこれらの諸章から、リカアドオの理論の細目をあらためて学び取ることさえできるのである。要するに全巻三二章には、ペティ以来の労働価値説に立脚した経済学の原理が有力に展開されているといってよい。経済学は、ペティからスミスをへてリカアドオへと発展するにしたがって、特定の時代の、特定の国の経済学的観察から資本主義的商品経済一般の法則を究明するものとなってきているのである。

さてリカアドオの原理論を集約的に含む最初の六章はつぎのように配列されている。

第一章　価値について
第二章　地代について
第三章　鉱山地代について
第四章　自然価格と市場価格について
第五章　賃銀について

このように構成されたリカアドオの理論体系にとって直接の基礎となったのは、いうまでもなく、はじめて体系的な理論を生み出したスミスの『国富論』である。じつにリカアドオは、『国富論』の最初の二篇に含まれたスミスの理論を仔細《しさい》に検討し、それを基礎として、みずからの原理論を樹立したのであった。ところで前に見たとおり、『国富論』第一篇は第一章「分業について」の説明から始まってしだいに対象を商品経済に集中せしめてゆく論述がなされ、第四章「貨幣の起源および効用について」の末尾において、はじめて商品交換の法則の究明が主題とされるにいたっている。そして第五章以下の諸章はこの主題から出発した理論の展開を内容としているのである。これに対しリカアドオの理論は冒頭「価値について」から始まっている。すなわちリカアドオは対象を最初から商品経済それ自体に求めて、商品の分析、したがって商品交換の法則の究明から出発してその理論を展開している点にスミスとの相違が認められる。けだしスミスにおいては、同じ理論的展開にしても、『国富論』という標題の示すように、まだ当面の目標が、「年々の労働によって生産される生活必需品および便益品」からなる一国の物的富の増進におかれていたからである。いずれにしても、経済学はその理論的な展開を明確にしてくるにつれて、対象を商品経済に集中し、商品経済の分析の基軸をなす価値論から出発せざるをえないものとなってくるのである。

スミスを学んだリカアドオの『経済学および課税の原理』第一章ないし第六章における理論は、『国富論』の第五章以下の理論的展開を基礎として展開されるのであるが、いま両者の構成を対比してみるとつぎのようである。*

リカアドオは、スミスの理論を仔細に検討した結果、スミスが、労働価値説を商品交換または商品経済の基本的原理として採用し、これから賃銀や利潤や地代などの複雑な資本主義的関係を説明しているにもかかわらず、しかも一方では、この原理の適用を、「資本の蓄積と土地の占有に先立つ初期未開の社会」に限定してしまって、資本主義的生産のもとでは商品の価値、または価格はそれぞれ労働・資本および土地を源泉とする賃銀・利潤および地代という収入でもって構成される、と述べている点に疑問をいだいた。そしてリカアドオは、さらに進んで、もしもスミスのいうように労働価値説が「資本の蓄積と土地の占有」という事実によって変更されるとすれば、いったいそれはいかなる程度まで変更されるかということを確証することが重要であるにもかかわらず、スミスがこの仕事を積極的に取り上げていないことに不満をもったのである。こうしてリカアドオは、さきにも述べたとおり、一見して生産費説が妥当するもののごとく見える資本主義の諸現象を、労働価値説でもって説明してゆくという、スミスの残した作業をみずからひきつぐこととなった。したがってかれは、労働価値説から出発して、まず第一に、資本および利潤と価値との関係を分析し、そしてこれにつづいて、「土地の占有およびその結果たる地代の発生

『国富論』第一篇		『経済学および課税の原理』第三版	
第五章 第六章	諸商品の真実価格と名目価格について 諸商品の価格の構成部分について	第一章	価値について
		第二章 第三章	地代について 鉱山地代について
第七章	諸商品の自然価格と市場価格について	第四章	自然価格と市場価格について
第八章	労働の賃銀について	第五章	賃銀について
第九章	資本の利潤について	第六章	利潤について
第一〇章	労働と資本の種々なる用途における賃銀と利潤について		
第一一章	地代について		

＊　この表は、スラファが『国富論』と『原理』第一版とを対照した表によったものである。
(Works and Correspondence of David Ricardo, vol1, p. xxiv)

が、生産に必要な労働量とは無関係に、商品の相対価値に変更をもたらすであろうかどうかを考察する」（第二章）ことを第二に取扱っているのであって、前頁の表の示すように、地代論の章だけが、『国富論』の配列とちがって、「自然価格と市場価格について」の章の前に価値論の章にすぐつづいて取り上げられているのである。

ところで、商品の価値が、その生産に必要な労働量とは無関係に、賃銀・利潤および地代という既存の諸収入を源泉として構成されるというスミスの生産費説から、つぎの一帰結が、すなわち賃銀の変動は商品価値に影響するという一帰結が導き出される。スミス以後の経済学者の大多数はこうした生産費説をスミスから受けつぎ、したがって右の帰結が当時の支配的な通説をなしていたのである。*スミスの全学説を再検討してそこから労働価値説を基本的原理として引き出そうとしたリカアドオは、当然に、賃銀の商品の価値に及ぼす影響に関する通説と正面から対立することとなり、それゆえに第一章「価値について」の冒頭にはこのような通説の否定の上に築かれた労働価値説の命題が掲げられるにいたった。**

* 「アダム・スミスと、かれを継いだすべての学者は、私の知るかぎり一人の例外もなく、労働の価格における騰貴は、一様に、すべての商品の価値における騰貴をともなうであろう、と主張したことを注意しておくのが適当であろう。」（第一章、第六節の末尾）

** 「一商品の価値、またはそれと交換せられる他の商品の数量は、その生産に必要な労働の分量によって決定され、その労働に対して支払われる報酬の多少によって決定されるものではない。」

かくてスミスの学説を検討し、それを基礎としたリカアドオの原理論の核心をなす部分は、価値および地代を論じた最初の二章に含まれることとなった。リカアドオはここで、スミスに対する簡潔な批判とともに、労働価値説にもとづく理論を集約的・統一的に展開しており、そしてこの理論の細目またはより詳しい具体的規定をのちの四章において補充し、あるいはあらたに展開しているのである。以下、その理論の要旨を述べよう。

価値論

商品経済の考察から出発したリカアドオはまず、経済学の対象とする商品が、骨董《こっとう》品や特別な高級ブドー酒などの日常生活からは縁遠い商品ではなくて、資本主義的生産のもとで日々生産され日々取引される労働の生産物たる商品に限定せられるべきであることを明確にする。「これらの商品（骨董品や高級ブドー酒）は、日々市場《しじょう》で取引される商品の全量のきわめて小さい部分を占めている。欲望の対象たる諸財の最大部分は労働によって獲得されるのである」（第一章）。したがって「商品について、その交換価値について、およびその相対価格を左右する諸法則について論ずるにあたっては、われわれはつねに、人間の勤労の発揮によって分量が増加されうるような、かつその生産には競争がかぎりなく作用するような商品のみを意味するのである」（同右）。そこで、「人間の勤労によって増加しえないものを除外するかぎり、労働が真実にすべての物の交換価値の基礎であるということは、経済学におけるもっとも重要な学説である」（同右）。このリカアドオの言葉は、第一にかれが、市場にあるいっさいの商品を一挙に説明しうるような包括的な法則を発見するかわりに、人間の物質的な社会生活の根本をなす商品を取り上げて、それの価値規定を、単なる市場の売買関係からではなく、市場関係そのものを規制する生産的基礎において究明しようとしていることを示している。第二にこうした価値規定は、大工業的生産と自由な競争のおこなわれる社会、いいかえると資本主義社会を前提とするものであることを示している。このようにまずリカアドオは、ペティから始まってスミスをへた労働価値説、すなわち商品の価値はそれを生産するのに必要とされる労働の分量によって規定され、そして諸商品は、この労働の相ひとしい分量からなる相ひとしい価値を基準とする一定の比率でたがいに交換せられる、という伝統的学説を、いまここに資本主義的商品経済の基本的原理として採用する論拠を明らかにするのである。

ついでリカアドオは、商品の生産において使用される生産手段が、資本主義社会においては特定の階級の人に独占せられ、そして資本として運転せられる事実に着目し、この資本としての生産手段の価値が商品の価値に入りこむことを労働価値説でもっていかに説明するかを考察する。そしてこれに対して、商品の生産に資本として使用された生産手段も、商品の価値の形成に関するかぎりでは、単に一定量の蓄積された労働として現われ、したがってこの生産手段の生産に要した労働は、あらたな商品の生産に必要な労働の一部とみなされるものであって、たとえばもめんの靴下が商品として市場にもたらされるためには、それに先行して原棉《げんめん》の栽培労働、紡績労働、織布労働その他の各種の具体的労働が支出されているが、それらはいずれも靴下の生産に必要な総労働量として靴下の価値を形成する、ということを明らかにする。

賃銀論および利潤論

このように確定された労働価値説から二つの帰結が導き出される。一つは、商品の価値は労働の生産力に反比例するということである。もう一つは、商品の価値は労働の報酬の大いさによって左右されないということである。ついでリカアドオは、スミスにならって、労働量によって決定された生産物の価値のうち、生産手段部分の価値を除いた価値部分、すなわち労働者の直接労働からなる一定の大いさの価値は二つの部分に分割され、一部は労働者に支払われる賃銀をなし、他の一部は資本の利潤をなす、という命題を打ち立てる。けだし労働の全生産物が労働者に帰属しない資本主義社会においては、その労働の報酬たる賃銀はつねに生産物の価値よりも小さく、その残余の部分が利潤として資本家の手にはいるからである。こうして生産費説を退けることによって、先の第二の帰結は一段と確証せられる。

さらにリカアドオは、労働賃銀を「労働の価値」または「労働の自然価格」と呼び、その大いさを、ケネーから始まってスミスをへた賃銀学説、すなわち賃銀は労働者とその家族の生活必要費に依存するという学説に依拠して、労働者の必要とする生活資料の価値によって規定する。したがって生産力が一般に増進すると、生活資料の価値の下落をとおして賃銀水準が下落する。しかもこの賃銀の大いさは商品の価値を左右しない。商品の価値は賃銀部分と利潤部分に分割されるのであるから、賃銀の騰貴または下落はこれに対応した利潤の減少または増加をもたらすこととなる。それゆえ労働の生産力の発達は賃銀を下落せしめ、その結果、利潤を増大せしめる。すなわち資本の利潤は労働の生産力に正比例するというのである。*

＊「利潤率は賃銀の下落によるほかはけっして増進することなく、そして賃銀の永続的下落は、賃銀が支出する必需品の下落の結果としてよりほかにはおこりえない、ということは、私が本書全体を通じて証明しようと努めたところである。」（第六章）

労働価値説に立脚して展開された以上の理論は、帰するところ、冒頭に提示された経済学の目標ないし課題に対する解答となるものであった。すなわちリカアドオは、右に見たように、資本主義社会における基本的社会関係をなす資本家と労働者の関係を、年々の労働によって生産される生産物の価値の、賃銀と利潤への分割比率として、理論的に表象し、そしてそれが生産力の変動をとおしてどのように推移し変化するかを説明しようとしているのである。

地代論

他方、リカアドオは土地所有および地代の発生が労働価値説と矛盾しないことを証明しようとして地代論を展開する。まずかれは、同一面積の各種の土地に同一量の資本が投ぜられて耕作のおこなわれるばあい、土地の豊度という自然的条件の差違があるために、各土地に生ずる農産物の数量が異なることを指摘する。一方、このばあいの農産物の市場における価格は、最劣等地の農産物の価値、すなわちそれの生産に必要とされた労働量によって決まると説明する。そして最劣等地の生産物の数量と各優良地の生産物の数量とのあいだの差から生ずる資本の収益が、地代の源泉をなすことを明らかにする。いわゆる差額地代論である。*

＊　リカアドオが第二章においてあげた一例、すなわち同一の資本を三種類の土地に投下して、それから得られる総収穫のうち資本の維持費を控除した残余の「純生産物」がそれぞれ一〇〇、九〇、および八〇クオタアであるばあいを、次頁に表示しよう。（価格はIIIの価値によって決定され、一クオタア当り五ポンドと仮定する。）

ただリカアドオは、このさい農業における生産力の漸進的低下、すなわちいわゆる収穫逓減の法則という一面的な誤った前提を設定し、耕作がつねに優良地から劣等地へと向かうばあいのみを取りあげて地代の増進を説明している。しかしそれにしてもかれは、この

土地種類	エーカー	資本	利潤		地代	
		ポンド	クオタア	ポンド	クオタア	ポンド
Ⅰ	一	一〇〇	一〇〇	五〇〇	二〇	一〇〇
Ⅱ	一	一〇〇	九〇	四五〇	一〇	五〇
Ⅲ	一	一〇〇	八〇	四〇〇	〇	〇

ような説明にあたって、資本家と労働者と土地所有者がそれぞれ利潤・賃銀および地代を取得する関係が、「社会の発達」、したがってまた生産力の変動をとおしてどのように変化するかということに主要な関心を向けていて、たえず冒頭の課題に答えようとしているのである。

価値論の例外的修正

以上のとおりリカアドォは、経済学が取扱うべき領域をほぼ確定した『国富論』によって、そこに記述された資本主義的商品経済の多様な諸現象から、労働価値説を純粋に抜き固めつつ、これと一見矛盾するような資本・賃銀・利潤および地代などの経済関係をこの基本的原理に従うものとして説明することによって、みずから学説の正しさを証明したのである。じつにこの点にかれの学説が一つの科学的体系となりえたゆえんが存しているのであるが、しかし元来、資本主義的関係から商品という簡単な要素を抽象し、それの価値規定を基礎として、賃銀や利潤や地代などの複雑な関係がどこまでこの出発点と対応するか、または矛盾するかということを正しく証明するためには、同時に地代に対する利潤、利潤に対する賃銀、といった複雑な資本主義的関係そのものについての正しい抽象がなされねばならない。この点、リカアドオの抽象はけっして十分ではなかったのである。したがってかれの証明の仕方には、最初から、抽象的な商品価値の規定でもっていきなり複雑な諸関係を説明するという、いいかえると両者のあいだにもっぱら直接的な対応関係を設定するという、無理が含まれていた。この無理から、労働価値説にもとづくリカアドオ理論の全面的な展開に一つの難点が生み出されることとなった。リカアドオはその難点を認めて、その結果、せっかく確定した労働価値説を部分的に修正するの余儀なきにいたったのである。

かくて、労働価値説の部分的修正を認めた二つの節が、価値に関する第一章の論述の中に部分的に挿入せられることとなった。第四節と第五節がそれである。第四節には、「諸商品の生産に投ぜられる労働の分量がその相対価値を左右するという原理は、機械その他の固定的かつ耐久的な資本の使用によって、かなり修正される」という標題が付されており、第五節には、「価値は賃銀の騰落とともに変動しないという原理は、資本の耐久力の不等なることによって、また資本がその使用者に回収される速度の不等なることによっても、修正される」という標題が掲げられている。いずれも基本的原理が修正を余儀なくされる諸原因を示したものであるが、しかしこの両節の内容を検討してみると、そこには共通の一修正原因がひそんでいて、もっぱらそれを前提とする修正説が述べられているのである。その修正原因というものは、資本間の自由な競争がおこなわれる資本主義社会においては、一定の大いさの資本に対して、一定の期間に一定の利潤がもたらされるという傾向的事実である。もし商品が労働量によって規定せられた価値でもって売買されるならば、賃銀その他の条件に変化がないとして、より多数の労働者を使用する同一の大いさの資本には、より多量の利潤がもたらされることとなる。そこでより多量の利潤を追求する個々の資本の競争をとおして、社会全体としては、一定の労働からなる一定の価値をもつ商品が、その資本に対して、一定の平均的利潤を与える価格をもって売買せられるという関係が形成されざるをえなくなる。リカアドオはこの現実の関係を認めていて、スミスに従ってこのような価格を「自然価格」と呼び、これを中心として日々の市場価格が変動する事実を記述した。第四章がそれである。しかし前述のとおり抽象力において不十分であったリカアドオは、こうした現実の市場現象を、基本的原理から出発した説明の中に不用意に取りこむこととなり、せっかく生産物の価値の分割部分として分析した利潤も、右の平均利潤によって不明確にされ、したがってまた生産物の価値も右の「自然価格」によって不明確になるという欠陥を免れないことになった。そしてその結果、諸商品がそれぞれ有する価値とは異なった「自然価格」でもって売買せられる事実に圧倒されて、労働価値説は例外的に修正されるという帰結を引き出すこととなったのである。

たしかにこれはリカアドオの理論体系上の難点をなすものではあったが、しかしもともと、リカアドオがスミスの経済学の科学的成果を摂取して、資本主義的商品経済の基本的原理たる価値規定とそれを形成する複雑な諸関係とが、いかに一致するかという作業を正面から取り上げたからこそ生まれた難点であって、その意味ではむしろ経済学がスミスからリカアドオへと一段と高度の理論的展開をとげた証左の一つともなるものであった。かくて、労働価値説を基本的原理とするペティ以来の古典経済学は、ようやくリカアドオにおいて、この原理をもって一貫した理論の体系化が企てられることになったのである。しかしその完成はなおマルクスの出現をまたなければならなかった。

二　リカアドオ以後

失業および恐慌の問題、資本主義弁護論の台頭および若干の注目さるべき著書の出現

リカアドオ以後、マルクスが出現するにいたるまで、経済学はしばらく混乱と停滞の歴

史をたどった。スミスの『国富論』がイギリスにおける産業革命の発端期に生まれたのに対し、リカアドオの『経済学および課税の原理』が書かれたのは、いわゆる大工業の嵐と熱狂の時期である。この時期をへて確立したイギリス資本主義は、一九世紀の二、三〇年代以後はやくも体制上の諸矛盾をみずから暴露しはじめた。このあらたな錯綜《さくそう》した局面のもとで、若干の注目すべき書物の出現をみた以外は、リカアドオの学説に対する賛否両論の対立や、あらたな出来事をめぐるいくつかの論戦などがおこなわれ、それにともなって無数の小冊子が、しばしば匿名《とくめい》のものをもまじえて生み出された時代であった。経済学《ポリティカル・エコノミー》は全体として動揺をきたした時代といえるのである。

産業革命はなによりもまず第一にイギリスの労働者に深刻なる影響を及ぼした。機械の出現と同時に労働者は機械と競争し、機械は労働者に代位してこれを駆逐するという事態が生じた。しかし機械の採用によって労働者は駆逐せられるとしても、労働者にふたたび就業の機会が与えられるかどうか。当時の経済学者や実際家は一様にこの問題を取りあげた。リカアドオもむろんその例にもれなかった。かれははじめこの問題に対して比較的に無関心であった。せいぜい、「労働を節約するという効果をもつような機械が、いずれかの生産部門に充用せられることは一般の利益となる」（第三一章）という程度の理解にとどまっていたのであるが、機械と労働者との抗争が激烈化した現実をまのあたりに見ていたそのころ、たまたま接したジョン・バアトン（John Barton）の著書*から影響を受けて、従来の見解に反省を加え、その結果、『経済学および課税の原理』第三版（一八二一年）において、あらためて機械に関する一章（第三一章）を付加してつぎのような見解を述べるにいたった。「機械と労働とはつねに競争の地位にあり、前者はしばしば労働が騰貴するまでは使用されえない。……資本の増加とともにかならずそのより大きい割合が機械に投ぜられる。労働に対する需要は、資本の増加とともにひきつづき増進するであろう。しかしながらそれは資本の増加には比例せず、増進の比率は必然的に逓減するであろう。」と。

＊『社会の労働階級の状態に影響する諸事情についての考察』(Observations on the Circumstances which influence the Condition of the Labouring Classes of Society, 1817)

このようにリカアドオは、機械の資本主義的使用の限度を認めると同時に、資本構成の高度化と労働人口の相対的過剰化の事実を指摘して、かれの特徴たる科学的公平さを示したのであるが、これに対し当時の経済学者、たとえばジェームズ・ミル (James Mill, 1773－1836)、マカロック (McCulloch, 1789－1864)、およびトレンズ (Torrens, 1780－1864) などは、労働者を駆逐するいっさいの機械は、賃銀支払にあてられる「流動資本」を、それが使用される産業より遊離せしめ、同時にこれを他の産業に使用せしめることによって同数の労働者に就業の機会を与えるという、いわゆる補償説をもっぱら採用したのであった。しかしこの補償説は、いうまでもなく、右のリカアドオの見解をくつがえすに足るものではなかった。むしろ機械制工業を基礎とする資本主義の現実を隠蔽《いんぺい》することによって、資本主義そのものに対する弁護的説明を施したものにすぎなかった。

経済学がこうした資本主義弁護論に堕する傾向は、一九世紀二〇年代以後、発達した資本主義に固有の周期的恐慌が開始され、それと同時に労働者がたえず生活上の不安定を余儀なくされるという、あらたな事態が発生するに及んで一段と目立ってきた。すなわち、経済学の対象とする当の資本主義が、みずからの発展のうちにこのような自己批判的局面を生み出すにつれて、はやくも古典経済学は自由主義としての資本主義的思想に制約された限界を現実に露呈しはじめたのであって、この時期以後においてもなお、いままでどおりの資本主義的思想に立脚して資本主義を肯定せんとかかる経済学者は、もはや古典経済学の科学的伝統をも放棄し、進んでは資本主義に対する思想的弁護の道を開くほかはなかったのである。かくてリカアドオの確立した古典経済学は、リカアドオ以後の学者たちの手でよりいっそうの理論的展開をみるかわりに、かえって解体の運命をたどることとなった。

前章で述べたように、リカアドオの体系には労働価値説の例外的修正という難点が含まれていた。この難点をめぐって、当時の経済学者は二つの陣営にわかれて対立した。一方はマルサス*やトレンズなどからなるリカアドオ反対者の一群であり、他方はジェームズ・ミル**やマカロックなどからなるリカアドオ擁護者の一群である。元来リカアドオが例外的にも労働価値説を修正するにいたったのは、すでに指摘しておいたように、かれが商品の価値を十分に正しく抽象しないままに、価値規定と一見矛盾する競争現象に直面したからであった。この難点を前にして、マルサスなどのリカアドオ反対者たちは、競争現象を価値規定から展開するという古典経済学の科学的伝統をほうむり去って、逆に後者を前者の中に解消せしめるという態度に出たのである。これと対立してリカアドオの難点を救済する役を買ったジェームズ・ミルなどのいわゆるリカアドオ学徒たちも、価値規定を基礎として競争現象を説明するかわりに、後者を単なる外観として退けることによって前者を無理な形で生かすという方法をとったにすぎなかった。いずれも、リカアドオが残した問題を、古典経済学の科学的伝統をついで正しく解決することなく、結局、伝統的理論から脱落して俗流的解釈におもむくほかはなかった。それと同時に、経済学の理論的展開というよりも、それにかわってさきの機械に関する補償説のごとき、資本主義の弁護論的傾向が、これらの学者に共通の特徴となって現われたのである。

＊　マルサス（Thomas Robert Malthus, 1766－1834）は、はじめ父の旧友から個人的に教育を受け、その後ケンブリッジ大学のジイザス・カレッジに学んだ。同校を卒業後、サリ州の副牧師となったが、一八〇五年にヘイリベリの東インド大学（East India College）に招かれて、終生そこで歴史および経済学を講じた。マルサスの経済学的主著としては、つぎの三つがある。『経済学原理』（Principles of Political Economy, 1820. 吉田秀夫訳、依光良馨訳）、『価値尺度論』（The Measure of Value, 1823. 三辺清一郎訳、玉野井芳郎訳）、『経済学における諸定義』（Definitions in Political Economy, 1827.

小松芳喬訳、玉野井芳郎訳）。そのほか、農業および地代問題に関するいくつかの論文がある。マルサスの経済学はリカアドオ理論の欠陥の一、二を指摘した点に功績をもつものであったが、結局においては労働価値説を破壊する面を切り開いたところにその特徴が存した。有名な著書『人口論』（An Essay on the Principle of Population. 高野岩三郎・大内兵衛訳、その他）は、一七九八年に匿名で出版された。当時、フランス革命の影響下にあったイギリスの思想界では、ゴドウィン（William Godwin, 1756－1836）の著書『政治的正義についての研究』（An Enquiry concerning Political Justice, and its Influence on General Virtue and Hapiness, 1793）が圧倒的な高評を博していた。マルサスは、人間理性の勝利を説いたこの著書を吟味して、その結果、これに否定的な見解を盛った『人口論』を世に問うにいたった。マルサスが『人口論』で提示したものは、食物は人類の生存に不可欠のものであるが、人口は制限せられなければ幾何級数的に増加するのに対し、生活資料のほうは算術級数的にしか増加しない、という命題である。これに立脚してマルサスは、人間理性はついにこの自然法則からのがれえないということを論じたのであるが、しかし右の命題の示すように、マルサスの人口論は、単に人口の自然的増加率と、土地という有限な自然的条件に依存する食糧の増加率との対比、いいかえると人口と食糧との自然的対比を問題としたものにすぎなかった。当時の社会問題、すなわち産業革命の進展をとおして形成された尨大《ぼうだい》な貧民と過剰な労働者人口という困難な社会問題は、かくてマルサスの手で単なる自然法則の問題に解消し去られることとなった。その意味でマルサスの『人口論』は資本主義弁護論の出発点をなすものであり、また事実このドグマは、特にリカアドオ以後の学者に抜きがたい影響を与えるにいたったのである。

＊＊ジェームズ・ミル（James Mill, 1773－1836）は、有名なジョン・ステュアート・ミルの父。主著としては『経済学綱要』（Elements of Political Economy, 1821. 渡辺輝雄訳）がある。

資本主義が大規模な周期的恐慌を経験しはじめたのは一八二五年からであるが、それにさき立って、ナポレオン戦争の終結した一八一五年から一八一九年にかけて、過渡的な戦後恐慌が相当に広汎《こうはん》な規模で襲来し、イギリスはもとより、大陸やアメリカもその渦中にまきこまれた。戦後の輸出回復を期待したイギリス諸産業の製品は尨大な滞貨を形成し、経済学者のあいだでは盛んに、「一般的過剰」(general glut) が問題とされるにいたった。リカアドオはむろんこうした戦後恐慌を認めていたが、かれはこれを、「久しい平和ののちの戦争、久しい戦争ののちの平和」からくる「貿易通路上の不意の変動」にすぎないものとみる(『経済学および課税の原理』第一九章)一方、当時大陸において、スミスの学説の通俗的普及に努めていたセー (Jean Baptiste Say, 1767 — 1832, Traité d'économie politique.『経済学』増井幸雄訳)の、「販路説」と呼ばれる見解を採用することによって資本主義的生産を単なる欲望充足の生産に帰着せしめ、同時に「一般的過剰」の可能性を否定した(同上第二一章)。この「販路説」というのは、生産物は結局生産物でもってのみ買われ、市場に供給された生産物はつねにそれ自身に対する需要をつくり出すから、販路の停滞ということはありえないという、資本主義的生産の特色を没却した素朴な説である。リカアドオはみずからの学説の一部に、ともかくこうした見解をまぎれこませていたのであるが、しかしかれは、このばあい、「一般的過剰」の問題を単に市場における商品の供給過剰という側面だけから考察していたのではなく、かかる商品の生産に投ぜられた資本そのものが、はたして過剰かどうかという側面においても考察していたのであって、ここでもリカアドオの学説はセーなどと区別される注目すべき特徴を示しているのである。ところが、リカアドオ後継者たるジェームズ・ミルなどになると、右の「販路説」が全面的に採用されて、資本主義のもとでの恐慌の可能性は完全に否定されることとなった。これが資本主義の弁護的説明に通じるものであったことはいうまでもない。こうした中で、大陸のシスモンディ*は一八一八年にイギリスに渡って、戦後恐慌に見舞われた工業地の実情と労働者の窮乏をつぶさに観察し、帰国後『経済学新原理』(Nouveaux principles d'économie politique, 1819. 菅間正朔訳)を公にした。この著書でシスモンディは、恐慌を資本主義的生産に固有な矛盾としてはじめて取扱い、生産と消費の不均衡、なかんずく労働者の窮乏化にもとづく消費の不足が原因となって販路の停滞、一般的過剰生産がひきおこされるという、いわゆる過少消費説を主張した。ついでマルサスがシスモンディから生産と消費の不均衡という定式を受けとって「一般的過剰」を認めるにいたった。このシスモンディの過少消費説は、今日でこそ、それに含まれた誤謬《ごびゅう》がいろいろと明らかにされているが、当時としては新鮮にして強烈な批判的見解として注目されたのである。もともとシスモンディの『経済学新原理』は、前記のとおり経済的困難を経験していた一八一八—一九年のイギリス資本主義をまのあたりに見たかれが、古典経済学の立脚する自由主義に懐疑をいだき、それに対する最初の批判的見解をつづったものであった。ただこのばあいシスモンディは、資本主義以前の小生産への復帰をみずからの立場としたために、結果においては反動的な思想を表明することに終ったのであった。

＊　シスモンディ（Jean-Charles-Léonard Simonde de Sismondi, 1773－1842）は、ジュネーヴ共和国の新教の牧師の家に生まれた。はじめリヨンのある商会で働き、そこでフランス大革命の激しい光景を目にした。やがてイギリスに渡り、帰国後ジュネーヴに住んで一八〇三年に『商業的富について』（De la richesse commerciale）を著わし、『国富論』の解説と自由主義の主張に努めた。ついで数多くの歴史書および文芸批評を世に問うたのち、前記のようにふたたびイギリスに渡って、帰国後、さきの主著を出版した。なお、晩年の著作として、『社会科学研究』（Études sur les sciences sociales, 1836－1838）がある。

戦後恐慌をへて二〇年代以後、イギリス産業の近代的生活が開始されるにつれて、産業革命の進展下にしばしば機械と抗争してきたイギリスの労働者も、ようやくかかる初期的段階を脱し、機械そのものではなく、資本主義制度自身を問題とする社会主義的思想を受け入れうる情勢に入りつつあった。それと同時に、資本主義と大工業制度を弁護し礼賛した前述のマカロックやジェームズ・ミルその他の当時の経済学者たちの見解は、一転して労働者弾圧の武器として利用されようとする傾向をさえ示しはじめ、またこのような経済学者の見解に正面から反対してこれに激しい論戦をいどんだ初期の社会主義的思想家の一群が、二〇年代から三〇年代にかけて輩出した。かれらはいずれもその批判的見解のうちに多かれ少なかれリカアドオの学説を採用していたのであって、今日では広くこれらの思想家を指して「リカアドオ派社会主義者＊」と呼んでいる。

＊ふつう「リカアドオ派社会主義者」としては、ホジスキンを筆頭に、タムスン（William Thompson, 1783 ― 1833）、グレー（John Gray, 1799 ― 1883）、ブレー（John Francis Bray, 1809 ― 1895）、およびエドモンズ（Thomas Rowe Edmonds, 1803 ― 1889）などがあげられる。

リカアドオ派社会主義者たちは、生産物の価値はそれに投ぜられた労働の分量にひとしいというリカアドオの命題を踏襲した。そしてこの命題が正しいとすれば、一労働日の価値、または労働賃銀は、その一労働日の生産物の価値とひとしくなければならないはずである、という帰結をそこから引き出した。しかるに資本主義のもとでは、労働者はその労働の生産物の一部を賃銀として取得しているにすぎない。そこでかれらは、この資本主義の現実と右の原則的帰結との背反を指摘して、そこに資本家の詐欺《さぎ》と瞞着《まんちゃく》とがひそんでいると主張し、労働者の立場を代弁していわゆる労働全収権を提唱したのであった。しかし右の帰結は理論的には誤謬である。労働賃銀は労働日の価値ではなくて、労働者がその労働を支出するにさきだって市場で資本家に提供する商品としての労働力の価値にほかならない。それからまた労働力の価値としての賃銀は、生産物の価値よりも小さいという結果が成立するのであるが、この点はマルクスが現われるまではついに解明されなかった。初期の社会主義者たちはこうした誤った素朴な理解のままに資本主義の不正を鳴らし、これに代るなんらかの空想的社会を描いて、それの実現のための社会改革を主張したのであった。

リカアドオ派社会主義の代表的理論家はトマス・ホジスキン*である。ホジスキンは当時のイギリス労働者階層の利害を代表して、大体右のような観点から資本主義の諸制度を論難・攻撃するとともに、資本主義の弁護的説明を開始した当時の経済学者の見解に対して正面から反発した。ところで経済学者のあいだには、つぎのような見解が広くおこなわれていた。それは、労働者の労働だけでは生産物は生産されるものではなく、生産手段および生活資料があらかじめ資本家のもとに「蓄積」され、そしてそれらが資本として提供されてはじめて生産がおこなわれ、生産力も高まるのであるから、労働ではなくて「資本」こそが生産的であり、当然資本家は生産物の中の多大の分けまえを受取る資格がある、というのである。このような見解に対抗してホジスキンはつぎの反駁《はんばく》を試みた。すなわち、生産手段および労働者の生活資料からなる「資本」はそれ自体としてはなんら生産的なものではない、機械その他の生産手段は労働者の日々の労働でもって運転せられてはじめて生産的となるものであり、また労働者の生活資料は前もって資本家の手にたくわえられてあるわけではなく、それは多数の各種の労働者が同時に相並んでおこなう社会的な「共存労働」(co-existing labour) によって日々生産されつつあるものである。そうだとすれば、このことと、経済学者の強調する資本の蓄積ということと一体どのような関係があるのか、資本とはじつに、賃銀労働者に対立してその労働を支配し、その労働の生産物から多大の分けまえを収奪する社会的権力にすぎない、というのである。このようなホジスキンの論《ろん》駁《ばく》によって経済学者の資本観は痛烈なる批判をこうむった。生産手段や労働者の生活資料は一般に労働の物的条件である。しかし資本主義的生産のもとでは労働者はそれらを任意に使用することはできない。むしろそれらは労働者から独立して、資本として労働者自身を支配するものとなっている。経済学者はこうした資本主義的生産に特有な形態を、最初から自明のものとして承認したばかりか絶対視し、したがって単なる物としての生産手段や生活資料をそのまま資本として把握すると同時に、それらのものが労働の物的条件として役立つ性質をそのまま資本の性質と誤認したのであった。資本物神観といわれるのがそれである。ホジスキンはこのような経済学者の謬想《びゅうそう》をするどくついたけれども、それでは一体生産手段や生活資料がなぜいかにして資本として労働者と対立するにいたるかということを客観的に証明することはできなかった。ホジスキンはただ資本主義を弁護した経済学者に対して、その露骨なブルジョア的観念を、思想的に排撃する立場を築いたにすぎなかったのである。

＊　トマス・ホジスキン（Thomas Hodgskin, 1787－1869）は一九世紀の二〇年代に、ロンドンの急進新聞『モーニング・クロニクル』の記者となり、当時の急進的思想家や労働者と接触して、労働者のための労働雑誌の創刊や労働学校の設立に力をつくし、労働運動に大きな影響を与えた。著書としては、『労働擁護論』（Labour Defended against the Claims of Capital, 1825. 鈴木鴻一郎訳）および『民衆の経済学』（Popular Political Economy, 1827）などがある。

しかもホジスキンにつづいてやがて三〇年代にはいると、経済学者の側からも、資本というものはかならずしも絶対的なものではない、という考え方が生まれてきた。ジョージ・ラムゼーの学説（George Ramsay, 1800－1871, An Essay on the Distribution of Wealth, 1836）がそれである。それればかりかさらに進んで、資本主義的生産は社会の歴史的発展の一段階に位置する生産様式にすぎない、ということを、詳細な歴史的観察にもとづいて説明した学説も出現した。リチァード・ジョーンズ（Richard Jones, 1790－1855.『富の分配および課税の源泉に関する一論、第一部―地代』An Essay on the Distribution of Wealth and on the Sources of Taxation. Part 1－Rent, 1831. 鈴木鴻一郎訳、『経済学序講』An Introductory Lecture on Political Economy, 1833.『政治経済学講義』Text-Book of Lectures on the Political Economy of Nations, 1852. 大野精三郎訳）がこれである。しかしシスモンディをはじめとして、特に二〇年代以後に現われたホジスキンその他、上記の注目すべき諸学説は、理論的にはリカアドオの達成した水準以上に出るものではなかった。しかもリカアドオ経済学の体系それ自体は、ジェームズ・ミルやマカロックの手でいたずらに教科書的体系へと解消されていくばかりであった。こうした傾向を受けついで、既存の諸研究の一切を折衷的に集大成したのがジョン・ステュアート・ミル*である。

＊　ジョン・ステュアート・ミル（John Stuart Mill, 1806－1873）はジェームズ・ミルの長男。幼少のころから父の手で一種の天才教育を受けた話は、『自叙伝』に詳しい。一八二三年から五八年まで東

インド会社に奉職し、その後国会議員に選出された。経済学に関するミルの著書としては、『経済学原理』(Principles of Political Economy, with Some of their Application to Social Philosophy, 1848. 戸田正雄訳、末永茂喜訳）のほかに、『経済学の若干の未解決の問題に関する論文』(Essays on some unsettled Questions of Political Economy, 1844.『経済学試論集』と題して末永茂喜訳）がある。

ミルの大著『経済学原理』(Principles of Political Economy, 1848) は、第一篇生産、第二篇分配、第三篇交換、第四篇生産および分配に及ぼす社会の進歩の影響、第五篇政府の影響について、と題された五つの大きな篇から構成されている。このようなミルの体系は、ジェームズ・ミルがその著『経済学綱要』を生産、分配、交換 (Interchange) および消費の四つの章に配列して形式的な教科書的体系をつくりあげて以来、広く普及した通俗的伝統を再現したものにほかならないが、そしてこれらの諸篇においてスミス、リカアドオ、マルサスをはじめ各種の学説が集成再説されているのであるが、ただこのばあいに特徴的なことは、ミルが富の分配ということを富の生産ということから区別して扱い、前者は後者と異なって、たとえば政府や議会の制定する諸制度によって、総じて人為的な制度によって左右され変更されうるものであると考えたことである。これはミルが、イギリスおよびフランスの社会主義思想と労働者運動とに対して好意を寄せて、みずから社会改良的な思想をいだくにいたった結果にほかならないが、それだけにまた、資本主義社会に特有な分配関係が存立し、変動する原理の究明を目標としたリカアドオ理論の科学的成果は見失われることになったのであって、ミルの体系とともに古典経済学は完全に骨抜きにされたのであった。一方、この書物の書かれた年の前年、すなわち一八四七年には、古典経済学と社会主義思想とを批判的に研究したマルクスの初期の経済学的著作『哲学の貧困』が、はじめて世に問われたのである。

なお、リカアドオ以後に現われた注目すべき書物の中には、以上述べたもののほかに、トゥック（Thomas Tooke, 1774 — 1858, An Inquiry into the Currency Principle, 1844. 玉野井芳郎訳『通貨原理の研究』、A History of Prices, and of the State of the Circulation, from 1793 — 1856, 6 vols., 1838 — 57）およびフラートン（John Fullarton, 1780 — 1849, On the Regulation of Currencies, 1845. 阿野季房訳『通貨調節論』、天利長三訳『通貨論』）の業績があることをつけ加えておかねばならない。二〇年代以後に開始された周期的恐慌のたびごとに、イングランド銀行を中心として形成されたイギリス金融制度は大きな衝撃を受けて、銀行券の発行制度についての種々の議論が湧き立った。一八四四年にピール条例と呼ばれるイングランド銀行条例が制定されたが、これをめぐって激しい通貨論争が巻き起された。トゥックおよびフラートンの著書はこうした論争の産物であって、貨幣および信用理論の領域において若干の貴重な業績をもたらし、スミスやリカアドオの達成した古典経済学の成果をある程度補足するものとなったのである。

三　古典経済学の限界

古典経済学における科学的伝統と資本主義的思想

一九世紀二、三〇年代以降の資本主義は、一方では周期的恐慌と失業、他方では社会主義運動という、いわば自己否定的な局面をみずからの発展のうちに生み出してきた。リカアドオ以後に示された経済学の動揺の歴史は、古典経済学が、このような資本主義のあらたな局面のもとで、資本主義をつねに理想的、絶対的なものと想定するという、それ自身のもつ資本主義的思想によって制約された限界を現実に露呈した歴史といえるであろう。

すでに見たように、一七世紀のペティにおいてはじまった経済学の萌芽《ほうが》的、断片的な理論は、一八世紀後半以後のあらたな思想的立場を代表したスミス、それにつづいたリカアドオの手で、漸次統一的な体系へと発展をとげ、資本主義的商品経済の内部的関連を究明するという古典経済学の科学的伝統は、スミスからリカアドオへと、しだいに確立せられていったのである。けれどもまたその反面には、スミスおよびリカアドオの理論は、それがもともと自由主義という資本主義的思想の立場に立脚するものであったかぎりにおいて、重商主義の歴史的意義を見失うものであったばかりか、自由主義を生み出した資本主義的商品経済の社会それ自身を、最初から自然的、絶対的なものと想定せざるをえないものであった。

資本主義の出現とともに発生した経済学は、資本主義のもとではじめて広汎《こうはん》な展開を見る商品の売買関係を、最初から考察の中心においてきた。最初の統一的な理論体系をうち立てたスミスの経済学となると、その対象は明らかに資本主義的商品経済に集中され、商品経済の考察を中心としてその論述が開始されるようになった。このスミスの体系を一段と純化せしめたリカアドオの経済学では、商品経済から出発して、資本主義社会の基本的社会関係をなす資本家と労働者との関係を説明することを目標とするところにまで到達した。しかもペティ以来の古典経済学は、こうした商品経済の考察にあたって、これを単に市場面での商品の売買関係に解消することなく、市場における商品の売買交換をその生産的基礎において分析し、社会的な商品交換の基準を求めて商品の価値を発見するにいたった。市場で売買交換せられる商品も、それが人間の労働の生産物であるかぎり、その生産にはつねに一定量の労働が投ぜられねばならない。したがって諸商品は、それぞれの生産に必要とされた一定量の労働からなる、一定の大いさの価値を基準として相互に交換せられる。このような労働価値説が商品経済を律する基本的原理として確定せられたのである。そしてこの基本的原理に従って、スミスもリカアドオも、資本主義社会を解明しようと努力したのであった。要するに、ペティからスミスをへてリカアドオにいたる古典経済学の科学的伝統は、古代や中世の社会とは異なった資本主義社会を、いいかえると商品経済が全面的に展開せられる資本主義社会を、商品経済の基本的原理たる労働価値説に立脚して解明しようとしたところに存したのである。

しかし古典経済学は、単に人間の欲望の対象となる財貨ではなくて、商品としての労働生産物を取り上げて、その価値の考察に従事したけれども、そのばあい商品の価値の大いさがその生産に必要とされる労働の分量、すなわち労働時間によって決定されることをもっぱら明らかにしたにすぎなかった。そしてこの規定にもとづいて、諸商品がたがいにひとしい価値を基準とする一定の比率で交換されるという説明を与えたにすぎなかった。しかし、労働の生産物はつねに商品として交換されるとはいえない。したがってまたその労働はつねに商品の価値を形成するとはかぎらない。封建時代の農民は、その生産物の一部分を直接領主の手に貢納し、またみずから消費するものの大部分をみずから生産したのであって、その生産物を商品として生産したのではけっしてなかった。したがってまたその労働は商品価値を形成するものではなかった。さらにまた、商品の価値が人間労働からなり、価値の大いさが労働時間によって決定されるとしても、商品はその価値を直接に労働時間いくらとして示すものでもない。われわれが市場における売買から知っているように、一商品の価値は、かならず他の商品との関係における交換価値として、現実には価格としてよりほかには表示されえないのである。むろんスミスもリカアドオもこの事実を認めていた。しかし古典経済学は、なにゆえに商品が、その価値を、その生産に要した労働時間でもって直接に表示することができないで一定量の他の商品によって、現実には一定量の貨幣によって表現しなければならないか、という問題を解明しようとはしなかった。いな、そうした問題を提起することさえ知らなかったのであって、じつにこの点に、古典経済学の労働価値説は重大な理論的欠陥をともなっていたのである。スミスにしてもリカアドオにしても、生産的活動としての人間労働がそのままで価値を形成し、そして価値の大いさは労働時間として直接に測定されうるかのように考えて、そうした見地からしばしば誤った価値尺度の議論をいろいろと述べたのであった。このような欠陥はひっきょう、古典経済学が商品としての労働生産物を考察しながら、商品という形態に特有な性質をそれ自体として立ち入って分析することをしなかったことに帰着する。そしてそれは、生産物の商品形態が自然経済のおこなわれる社会の中でもすでに見られるということから、そうした商品形態が全社会を支配するものとなる資本主義社会の特殊な歴史的意義を、明確にすることができなかったことを示すものといってよい。スミスにしてもリカアドオにしても、商品経済を最初から自明の自然的制度とみなし、したがってまた貨幣も、商品経済の必然的な産物としては理解せられないで、それは単に生産物の交換を媒介するのに役立つ便宜的な手段として説明するにとどまったのである。

　このように商品および貨幣を正しく分析することのできなかった古典経済学は、資本の理解にいたってまったくの無力を暴露した。生産手段や労働者の生活資料など、生産の物的諸要素がそのまま資本とみなされたのであって、ホジスキンたちによって痛烈な批判を受けたリカアドオ以後の経済学者の資本物神観は、もともと古典経済学の中にひそんでいたものである。スミスやリカアドオはまったく産業資本家的見地を出なかったのであって、資本主義的生産を絶対化し、永遠化する傾向を免れなかったのである。もっともスミスは、「資本の蓄積と土地の占有」のおこなわれる社会では、「資本の蓄積と土地の占有に先だつ初期未開の社会」におけるのと異なって、労働の全生産物は労働者に帰属せず、かれはその一部を労働の賃銀として取得するにすぎないという、特殊な占有事情の存することを力説した。しかしそれはあくまでも事実の指摘にとどまって、こうした占有事情が商品経済の基礎の上におこなわれることを、労働価値説にもとづいて説明することはできなかった。これに対し、このようなスミスを非難して、資本主義的商品経済の基本的原理として労働価値説を維持したリカアドオは、そのかわりには、こうした占有事情をともなう資本主義社会においては、労働者の労働の価値はその生産物の価値よりも小さい、という説明で満足し、それがなぜそうなるかを論証することはできなかった。いずれもつぎのことを、すなわち資本主義的生産は、生産手段ばかりか労働者の労働力までが商品化することを前提として、資本家と労働者とのあいだでなされる労働力の売買という形式を媒介としておこなわれるものであること、したがって労働者が受取る賃銀は、かれが商品の生産に際して、実際に支出する労働に対する分けまえではなくて、それに先だって資本家とのあいだで取引される労働力という商品の代価にすぎない、ということを最後まで究明することができなかったのである。すなわち古典経済学は、資本主義社会というものは、単に個々の私的生産がその生産物をたがいに交換する関係にとどまらないで、他人の労働によって生産された生産物を、商品として販売する者と、みずからの労働によって生産した生産物の一部を、賃銀という形式をとおして、他人から商品として買いもどす者との、いいかえると、資本家と労働者との、市場における売買関係によって根本的に支配せられる社会であるということを、ある程度までは事実として認めていながら、理論的にはついに明白にすることができなかったのである。このように、生産手段ばかりか労働力までもが商品化して、商品が商品そのものによって生産せられるという根底からの商品生産の社会が出現し、それと同時に、労働力という商品の売買をめぐる資本家と労働者との関係を、全社会の基本的な社会関係とする資本主義社会が出現して、商品形態は従来のいかなる社会におけるとも異なった社会的意義をもつものとなるという点で、資本主義社会はまさに特殊な歴史的社会として、古代や中世の社会と区別せられることになるのであるが、古典経済学はこのことをついに洞見することができなかったのである。スミスにせよリカアドオにせよ、前にも述べたようにかれらが商品経済を歴史的にみようとせず、商品形態をそれ自体として分析することに、格別の関心をもたなかったというのも、このためであったといってよい。

かくて古典経済学は、資本主義社会を分析するにあたっても、資本主義社会の外観をそのままにとるいわば量的考察にとどまって、それ以上に質的な解明を展開するまでにいたらなかった。リカアドオが労働価値説の修正を余儀なくされるにいたったその原因をなす抽象力の不十分ということも、根本においてはこうした欠陥から生まれたものにほかならない。のみならず、かれが労働価値説に立脚して、資本主義社会において資本家と労働者とが占める階級的地位、または関係を、生産物の価値が賃銀と利潤に分割せられる相対的な比率の関係として説明したすぐれた分析も、このばあい賃銀が労働力という商品の代価であることが明らかにされていないかぎりにおいて、結局は、単に日々、または年々の社会的生産物が、資本家と労働者のあいだにそれぞれ利潤および賃銀という名称で分配せられるという、資本主義に特有な常識的観念から脱するものではなかったのである。この点、資本主義社会における階級関係とその推移、変動の傾向を原理的に究明することを目標としたリカアドオ経済学も、資本家的立場から見たこのような通俗的分配論の経済学に堕する一面をもっていたのであって、前に述べたように、一九世紀二〇年代以後の資本主義のあらたな局面のもとで、リカアドオの直接の後継者として現われたジェームズ・ミルやマカロックなどは、資本が労働者に提供されてはじめて生産がおこなわれるものであるから、資本は労働と同様に年生産物から当然に一定の分配分を受取る権利があるという露骨な資本家的主張さえ述べたのであり、さらにまた時代が下ってジョン・ステュアート・ミルとなると、もはや生産物の分配は人為的に左右されうるものであるという主張となって現われて、リカアドオ経済学はここに完全な解消をみるにいたったのである。

このように、それ自身のもつ資本主義的思想によって制約された限界を現実にも露呈することとなった古典経済学が、ペティ以来の科学的伝統をなおも受けついで、一九世紀初葉にいたるまで営々と積みかさねられてきた科学的遺産を基礎として、いっそうの理論的発展をとげるためには、もはや資本主義的思想そのものを止揚するよりほかにはない、という段階に到達したのである。

解説——三段階論を体系的に編集した唯一の書

佐藤優（作家・元外務省主任分析官）

宇野弘蔵（一八九七～一九七七年）は強靭《きょうじん》な思考力を持つユニークなマルクス経済学者だ。まず、略歴を把握して貰《もら》いたいので、『日本大百科全書（ニッポニカ）』（小学館、ジャパンナレッジ版）から引用しておく。

宇野弘蔵（うのこうぞう）

日本の生んだ代表的なマルクス経済学者。明治30年11月12日岡山県倉敷に生まれる。1921年（大正10）東京帝国大学経済学部卒業。ドイツ留学後、東北帝国大学助教授となって経済政策論を担当。当時の労作『経済政策論』（上）を通して、経済学の原理的研究と政策論との関連性についての思索を深めた。38年（昭和13）いわゆる人民戦線事件に連座、起訴され、無罪となったが、結局41年同大学を去り、民間の研究所に移った。第二次世界大戦後、東京大学社会科学研究所教授となり、原理論の研究を進めるとともに、原理論、段階論、現状分析の三つの領域を統合する経済学方法論を樹立した。これがいわゆる三段階論である。宇野理論とよばれるこの独自の体系は、イデオロギーと社会科学を明確に区別するという視点から日本のマルクス経済学界に大きな影響を与えると同時に、戦前からの日本資本主義論争に対しても新しい方法論的視点から光をあてることができたのである。主要著作は前出書のほかに『経済原論』上下（1950、52）、『恐慌論』（1953）、『経済学方法論』（1962）など多数がある。昭和52年2月22日没。〔新田俊三〕

宇野は、マルクス経済学とマルクス主義経済学を区別した。マルクス主義経済学は、資本主義から社会主義への転換は必然であるとする、唯物史観というイデオロギーによって革命に資する経済学を構築する試みだ。これに対してマルクス経済学は、アダム・スミス、デービッド・リカードら、古典派経済学を批判的に継承したカール・マルクスが、『資本論』で展開した理論を基礎にして資本主義の内在的論理をとらえる体系知（Wissenschaft、科学）である、というのが宇野の主張だ。

人間の作業は間違いを免れない。マルクスも例外ではない。従って、『資本論』の内容であっても、論理性や実証性が崩れている場合には、修正する必要があるととらえた。こういった独自の方法論から、宇野経済学と呼ばれる場合もある。

宇野自身は否定するが、宇野経済学の方法論は、実験が可能で法則定立を目指す自然科学と、実験が不可能なので個性記述を中心に据える精神科学（人文・社会科学）を区別すべきだという、新カント派の影響を強く受けている。経済学は、資本主義という特定の時代の個性を記述する、歴史学の一分野に位置づけられる。

また、経済学は原理論、段階論、現状分析の三段階に区分すべきだと、宇野はとらえた。これを宇野三段階論と呼ぶ。

原理論とは、純粋な資本主義を想定し、その中で資本の動きを分析する。古代より、共同体と共同体の間では商品交換が行われていた。商品交換が行われると、そこから必然的に貨幣と資本が生まれる。このような商品・貨幣・資本という流通形態は、社会の周縁にとどまっていたが、イギリスの囲い込み運動で労働力が商品化したことによって、生産過程をとらえることになった。

その結果、商品が商品を生産するという資本主義システムが確立するのである。資本主義は、恐慌を繰り返しながら、あたかも永続するかのごとく現出する。

しかし、歴史的にみた場合、純粋な資本主義は存在しない。必ず国家による経済政策が行われるからだ。この経済政策に基づいて、資本主義は重商主義、自由主義、帝国主義などの段階に区別される。国家の経済過程への干渉を扱う段階論は、同時に国家論でもある。

原理論では、国家の存在は括弧の中に入れられて考察の対象にならなかった。段階論において、経済と国家が総合的に理解されるのだ。

現状分析は、一九一七年にロシアで社会主義革命が起きた後の資本主義について分析する。既に資本主義を超克したシステムが誕生したので、資本主義国家は社会主義革命を阻止するという利害関心に基づいて経済政策を展開する、と宇野は考えた。

宇野のほとんどの著作は原理論をめぐるもので、段階論については経済政策論の教科書を上梓《じょうし》しているが、原理論ほど詳しい研究は行っていない。現状分析は、農業問題を除いてほとんど行っていない。

本書の元になった上下二巻からなる『経済学』（角川全書）は、一九五六年に初版が刊行された。それから六三年を経て本書が角川ソフィア文庫に収録されるのは、宇野が原理論、段階論、現状分析のすべてについて体系的に編集した、唯一の著作だからだ。

本書は、宇野と大島清《おおしまきよし》が執筆した原理論と段階論に関する部分と、玉野井芳郎《たまのいよしろう》が執筆した経済学説史の一部分（古典派経済学）までが含まれている。

原理論においては、『資本論』の冒頭で取り扱われる商品は、古代から存在する単純商品ではなく、資本主義システムから抽象された商品であるという立場が明確にされている。

〈資本主義社会に先行する諸社会に出現する商品経済は、前にも述べたように部分的なるものであって、生産物の商品形態も資本家的に生産される商品のような徹底したものではない。しかし資本主義になっても、いわゆる小生産者は多かれ少なかれ残存するし、また一般に自ら消費する物を生産するということがなくなるわけではない。したがって実際上は資本主義社会においてもそういう関係にある生産物が商品化するという場合も少なくないのであって、資本主義社会を商品経済の全面的におこなわれる社会として理論的に再構成するにあたってその点はきわめて困難な問題となる。『資本論』のような経済学の原理を、厳密に科学的に体系化するものにあっては、その出発点は当然に「商品」となるのであるが、それは資本家的生産が生産物の使用価値を消極的なるものとすることから生ずるものといってよい。ところがまた資本家的に生産されない生産物の商品形態にも、形態自身には資本家的商品と同様の面があり、そしてその面から商品は貨幣形態を、商品・貨幣はさらに資本形態を展開せずにはいないのであって、それが実際上は部分的な商品経済の発展の内におこなわれるために、この面だけを資本家的商品と共通に有する抽象的規定として展開するということがむしろ困難となり、またかかる論理的展開を理解するということも容易ではなくなってくる〉（上巻二二一〜二二三頁）。

資本においては、使用価値よりも価値が優先されるという、宇野経済学の特徴が現れている。さらに、利潤、地代、利子という、剰余価値の分配の内在的論理も『資本論』に基づかなければとらえられない、と宇野は考える。

〈しかしそれは単に商品・貨幣・資本の形態的展開に限らない。資本の生産過程にしても、また生産過程において増殖された価値、すなわち剰余価値の分配関係としての利潤・地代・利子にしても、純粋の資本主義社会としてでなければ、けっして法則的には把握されえないために、難解のそしりをまぬかれない。それはもちろん原理論の欠陥をなすわけではない。さきにも述べたように、現実の資本主義社会はけっして原理論に展開されるような純粋の資本主義社会を実現するものではない。科学的論証は、現実に基礎をおいたものでなければならないといっても、純粋の資本主義社会は単に与えられたる資本主義社会から抽象して得られるものではない〉（上巻二二三〜二二四頁）。

もっとも、『資本論』における利子論は論理が破綻《はたん》しているので、宇野は全面的に理論を再構築している。

資本主義システムが成立するのは、外部（国家の政治力）による労働力商品化であった。先行する封建経済システムから資本主義システムへは、内在的に発展したものではない。

そこには、外部からの契機が不可欠だったのだ。

〈一七、八世紀の資本主義の初期においては、政治力にたよってでも生産手段と労働力との分離を促進し、これによって労働力の商品化をなさざるをえなかったのに対して、産業革命をへた一九世紀においては、いちじるしく事情が異なってきた。一方ではもちろん、資本の生産規模はいちじるしく拡大され、年々追加される資本量も増大したし、他方では労働者人口も、あらたなる社会関係のもとに自然的に増加してきたのであるが、しかし資本の蓄積の増進につれて、資本の要求する労働者人口は単に人口の自然増加だけで充足されるということにはならなかった。いいかえれば資本は人口の増加に制限されることなくその経営を拡大したのであるが、それはますます改良されてきた機械を採用することによって、一方では資本量に比較して労働者数を相対的には減じながら、他方では資本量の絶対的増加によって、労働者をますます多く工場に雇い入れることになったからであった。しかもこの労働者は、いまや単純なる労働力を商品として販売せざるをえない、いわゆる無産労働者にすぎなかった。資本は機械の採用によってはじめて自己の必要とする労働力を、自由に調達しうる労働市場を確立してくるのである。もっともこの関係は、資本が他の生産手段や消費資料のように労働力を直接生産するというのではないために、つねに確保されているというわけにはゆかない。そこであるときは資本の蓄積によって労働者を工場に吸収し、あるときは機械化の伸展によって、これを排除するという、特殊の過程のうちにそれを実現する。機械の改良がそのあいだの媒介をなすことになるのである。資本は、これによってみずから生産することのできない唯一の商品である労働力をも、消極的ながらもみずから調達しうることになるのであって、もはや政治的力のごとき外的力によって、自己の生産関係の確立を擁護せられることを要しなくなるのであった。その生産力の増進による支配力は、かくして自立的なものとなったのである〉（上巻一二〇～一二一頁）。

労働力の商品化という歴史的契機によって、流通過程を占めるに過ぎなかった資本という運動が生産過程をとらえたので、資本主義は自立したシステムになったのである。裏返して言うならば、人間が労働力の商品化を脱構築することに成功するならば、資本主義システムは終焉《しゅうえん》する。ここから、経済学には革命の前提条件を示す意義が生じる。

〈資本主義社会が、一つの歴史的形態として、しかも人類の経済生活を直接的に規定する特殊の形態として——たとえば封建社会のように支配・服従関係を基軸としながらも商品経済を入れるというようなものでなく、全社会を商品経済をもって統一的に規制する社会として――発展してきたということは、たしかにその経済生活を全面的に把握する基礎を確立し、独立の科学としての経済学の成立を可能ならしめたのであるが、しかしまた資本主義は一七、八世紀の西欧諸国に、はじめてその発生を見たにすぎず、その発展もけっして全社会を完全に資本主義化しうるものではなく、一九世紀末のドイツ・アメリカ等の後進国の資本主義化とともに、逆転した傾向をさえ示してくるのである。したがって原理的に想定される資本主義社会は単なる傾向として一定の時期にあらわれるにすぎないものなのであって、われわれは経済原論のような資本主義の原理的展開のうちにその歴史的発展の具体的な過程を押込めるわけにはゆかない。資本主義のそういう具体的過程はその発生、成長、没落の段階として原理を基礎にする別の規定を必要とすることになるのである。そしてそれは以上の叙述でも明らかなように、われわれに次のことを示している。すなわち、商品形態は社会と社会とのあいだに発生するものであるが、資本主義社会はかかる形態を労働者と資本家とのあいだにまで拡大することによって、生産過程までを支配することになった。しかしそれはけっして人間がみずから形成する社会関係をみずから支配し、生産物を処理するという社会ではなく、反対に生産力の発達段階に応じて生産物の商品形態をとおしておのずから形成される社会関係によって、生産物を生産した人間自身が支配されるという形態の社会にすぎなかったということ、これである。それは旧封建社会からいえば、たしかに進歩した形態といえるのであるが、みずから作り出した生産力を処理しえないということになると——しかも自由主義時代のように資本主義がこの矛盾の現実的解決をみずからの発展のうちに求めることができるあいだは、なおそれは成長の時期にあるといってよいのであるが、帝国主義時代のように矛盾の現実的解決がただちに拡大せられた矛盾としてあらわれるということになると、もはやその進歩性は問題とならなくなる。最近のようにすべての資本主義国が、軍需産業をきわめて重要な産業としなければならなくなるということは、その点を端的に示したものといってよいであろう〉(上巻二一二〜二一三頁)。

初期のマルクスは、資本主義社会で人間は(労働者だけでなく資本家も)非本来的な状態に置かれていると考えた。それを転換し、本来の状態に戻すことが革命だ。この疎外論が、『資本論』においても貫かれていると宇野は考えた。日本のマルクス主義解釈においては、廣松渉《ひろまつわたる》氏が提唱した「本来の人間」なるものを否定した関係主義的な物象化論が、現在も無視できない影響力を持つ。しかし、宇野が本書で展開した経済哲学は、「本来の人間」の復活を称揚する疎外論なのである。

二〇一九年三月七日

本書は一九五六年に角川全書で刊行された作品を復刊したものです。

底本には一九六七年の第一八版を使用しました。

復刊にあたり、著作権継承者の御了解を得て、難読と思われる一部旧字の表記を新字に直したり、読み仮名を付すなどの表記上の整理を行いました。また、図表は原本をもとに新たに作成したものです（図表作成本島一宏）。

なお、本文中には「乞食」など今日の人権擁護の見地に照らして、不適切と思われる語句や表現がありますが、原文の歴史性を考慮し、また著者陣が故人であることも鑑みて、底本のママとしました。

経済学《けいざいがく》

上巻

宇野弘蔵《うのこうぞう》＝編著

令和元年 5月25日　初版発行

発行者●郡司 聡

発行●株式会社KADOKAWA
〒102-8177　東京都千代田区富士見2-13-3
電話　0570-002-301（ナビダイヤル）

角川文庫 21643

印刷所●旭印刷株式会社
製本所●株式会社ビルディング・ブックセンター

表紙画●和田三造

ISBN 978-4-04-400437-8　C0133

◇◇◇

角川文庫発刊に際して

角川源義

第二次世界大戦の敗北は、軍事力の敗北であった以上に、私たちの若い文化力の敗退であった。私たちの文化が戦争に対して如何に無力であり、単なるあだ花に過ぎなかったかを、私たちは身を以て体験し痛感した。西洋近代文化の摂取にとって、明治以後八十年の歳月は決して短かすぎたとは言えない。にもかかわらず、近代文化の伝統を確立し、自由な批判と柔軟な良識に富む文化層として自らを形成することに私たちは失敗して来た。そしてこれは、各層への文化の普及滲透を任務とする出版人の責任でもあった。

一九四五年以来、私たちは再び振出しに戻り、第一歩から踏み出すことを余儀なくされた。これは大きな不幸ではあるが、反面、これまでの混沌・未熟・歪曲の中にあった我が国の文化に秩序と確たる基礎を齎らすためには絶好の機会でもある。角川書店は、このような祖国の文化的危機にあたり、微力をも顧みず再建の礎石たるべき抱負と決意とをもって出発したが、ここに創立以来の念願を果すべく角川文庫を発刊する。これまで刊行されたあらゆる全集叢書文庫類の長所と短所とを検討し、古今東西の不朽の典籍を、良心的編集のもとに、廉価に、そして書架にふさわしい美本として、多くのひとびとに提供しようとする。しかし私たちは徒らに百科全書的な知識のジレッタントを作ることを目的とせず、あくまで祖国の文化に秩序と再建への道を示し、この文庫を角川書店の栄ある事業として、今後永久に継続発展せしめ、学芸と教養との殿堂として大成せんことを期したい。多くの読書子の愛情ある忠言と支持とによって、この希望と抱負とを完遂せしめられんことを願う。

一九四九年五月三日

角川ソフィア文庫ベストセラー

木田元の最終講義
反哲学としての哲学
木田　元

若き日に出会った『存在と時間』に魅せられ、ハイデガーを読みたい一心で大学へ進学。以後、五〇年にわたる哲学三昧の日々と、独創的ハイデガー読解誕生の経緯を、現代日本を代表する哲学者が語る最終講義。

日本中世に何が起きたか
都市と宗教と「資本主義」
網野善彦

「無縁」論から「資本主義」論へ——対極に考えられてきた、宗教と経済活動との関わりを解明。中世社会の輪郭を鮮明に描くと共に、現代歴史学の課題を提言する、後期網野史学の代表作。解説・呉座勇一。

仏教語源散策
編著／中村　元

上品・下品、卍字、供養、卒都婆、舎利、荼毘などの仏教語から、我慢、人間、馬鹿、利益、出世など意外な日常語まで。生活や思考、感情の深層に語源から分け入ることで、豊かな仏教的世界観が見えてくる。

仏教経典散策
編著／中村　元

仏教の膨大な経典を、どこからどう読めば、その本質を探りあてられるのか。17の主要経典を取り上げ、読み、味わい、人生に取り入れるためのエッセンスを解き明かす。第一人者らが誘う仏教世界への道案内。

続　仏教語源散策
編著／中村　元

愚痴、律儀、以心伝心——。身近な日本語であっても、仏典や教義にその語源を求めるとき、仏教語の大海へとたどりつく。大乗、真言、そして禅まで、身近なことばの奥深さに触れる仏教入門、好評続篇。

角川ソフィア文庫ベストセラー

角川ソフィア文庫ベストセラー

パリ、娼婦の街
シャン＝ゼリゼ
鹿島　茂

シャンゼリゼ、ブローニュの森、アパルトマン。資本主義の発達と共に娼婦たちが街を闊歩しはじめた。あらゆる階層の男と関わり、社会の縮図を織りなす私娼の世界。19世紀のパリを彩った欲望の文化に迫る。

仏教の思想　1
知恵と慈悲〈ブッダ〉
増谷文雄
梅原　猛

インドに生まれ、中国を経て日本に渡ってきた仏教。多様な思想を蔵する仏教の核心を、源流ブッダに立ち返って解明。知恵と慈悲の思想が持つ現代的意義を、ギリシア哲学とキリスト教思想との対比を通じて探る。

仏教の思想　2
存在の分析〈アビダルマ〉
櫻部　建
上山春平

ブッダ出現以来、千年の間にインドで展開された仏教思想。読解の鍵となる思想体系「アビダルマ」とは？　ヴァスバンドゥ（世親）の『アビダルマ・コーシャ』を取り上げ、仏教思想の哲学的側面を捉えなおす。

仏教の思想　3
空の論理〈中観〉
梶山雄一
上山春平

『中論』において「あらゆる存在は空である」と説き、論理全体を究極的に否定して根源に潜む神秘主義を肯定したナーガールジュナ（龍樹）。インド大乗仏教思想の源泉のひとつ、中観派の思想の核心を読み解く。

仏教の思想　4
認識と超越〈唯識〉
服部正明
上山春平

アサンガ（無着）やヴァスバンドゥ（世親）によって体系化の緒につき、日本仏教の出発点ともなった「唯識」。仏教思想のもっとも成熟した姿とされ、ヨーガとも深い関わりをもつ唯識思想の本質を浮き彫りにする。

角川ソフィア文庫ベストセラー

仏教の思想 10
絶望と歓喜〈親鸞〉
増谷文雄
梅原猛

親鸞思想の核心とは何か？『歎異抄』と「悪人正機説」にのみ依拠する親鸞像を排し、主著『教行信証』を軸に、親鸞が挫折と絶望の九〇年の生涯で創造した「生の浄土教」、そして「歓喜の信仰」を捉えなおす。

仏教の思想 11
古仏のまねび〈道元〉
高崎直道
梅原猛

日本の仏教史上、稀にみる偉大な思想体系を残した禅僧、道元。その思想が余すところなく展開された正伝仏法の宝蔵『正法眼蔵』を、仏教思想全体の中で解明。大乗仏教思想の集大成者としての道元像を提示する。

仏教の思想 12
永遠のいのち〈日蓮〉
紀野一義
梅原猛

「古代仏教へ帰れ」と価値の復興をとなえた日蓮。永遠のいのちを説く「久遠実成」、宮沢賢治に数多の童話を書かせた「山川草木悉皆成仏」の思想など、日蓮の生命論と自然観が持つ現代的な意義を解き明かす。

改訂新版 共同幻想論
吉本隆明

国家とは何か？　国家と自分とはどう関わっているか？　風俗・宗教・法、そして我々の「慣性の精神」――。生活空間と遠く隔たる異空間を包含するこの厄介な代物に論理的照射を当て、裸の国家像を露呈させる。

定本　言語にとって美とはなにか（Ⅰ、Ⅱ）
吉本隆明

記紀・万葉集をはじめ、鷗外・漱石・折口信夫・サルトルなどの小説作品、詩歌、戯曲、俗謡など膨大な作品を引用して詳細に解説。表現された言語を「指示表出」と「自己表出」の関連でとらえる独創的な言語論。

角川ソフィア文庫ベストセラー

改訂新版 心的現象論序説
吉本隆明

心がひきおこすさまざまな現象に、適切な理解線をみつけだし、なんとかして統一的に、心の動きをつかまえたい——。言語から共同幻想、そして心的世界へ。著者の根本的思想性と力量とを具体的に示す代表作。

君主論
マキアヴェッリ
訳／大岩誠

ルネサンス期、当時分裂していたイタリアを強力な独立国とするために大胆な理論を提言。その政治思想は「マキアヴェリズム」の語を生み、今なお政治とは何かを答え、ビジネスにも応用可能な社会人必読の書。

新版 精神分析入門（上、下）
フロイト
安田徳太郎・安田一郎＝訳

無意識、自由連想法、エディプス・コンプレックス。精神医学や臨床心理学のみならず、社会学・教育学・文学・芸術ほか20世紀以降のあらゆる分野に根源的な変革をもたらした、フロイト理論の核心を知る名著。

饗宴
恋について
プラトン
山本光雄＝訳

「愛」を主題とした対話編のうち、恋愛の本質と価値について論じた「饗宴」と、友愛の動機と本質について論じた「リュシス」の2編を収録。プラトニック・ラブの真意と古代ギリシャの恋愛観に触れる。

自殺について
ショーペンハウエル
石井立＝訳

誰もが逃れられない、死（自殺）について深く考察し、そこから生きることの意欲、善人と悪人との差異、人生についての本質へと迫る！ 意思に翻弄される現代人へ、死という永遠の謎を解く鍵をもたらす名著。